普通高等教育经管类专业系列教材

ERP 原理及应用教程

（第四版）（微课版）

刘金安　刘梦莹　介　彬　杨宏霞　编著

清华大学出版社

北　京

内 容 简 介

本书全面系统地介绍了ERP的基本概念、基础理论、处理逻辑、软件系统和实施方法。全书共分12章：第一章介绍了ERP的发展历程及结构原理；第二章介绍了ERP所涉及的相关术语；第三章至第九章详细介绍了ERP的7个核心知识领域(或模块)，包括需求预测与销售管理、主生产计划、物料需求计划、能力需求计划、车间作业控制、采购与库存管理、财务管理系统；第十章介绍了ERP扩展及新技术应用；第十一章介绍了ERP项目实施流程；第十二章介绍了金蝶云星空ERP的应用。

本书内容丰富、结构合理、思路清晰、语言简练流畅，并为每章配有大量练习题，特别适合用作ERP的教材。本书适合用作经济管理、信息管理、计算机应用及其他相关专业的ERP教材，也可供从事企业管理、信息管理和企业信息化管理工作的相关人员用作ERP培训教材或参考书。

本书荣获2018年陕西普通高等学校优秀教材一等奖。

本书配套的电子课件和习题答案可以到http://www.tupwk.com.cn/downpage网站下载，也可以扫描前言中的二维码获取。扫描前言中的视频二维码可以直接观看教学视频。

图书在版编目(CIP)数据

ERP原理及应用教程：微课版 / 刘金安等编著. —4版. —北京：清华大学出版社，2024.4

普通高等教育经管类专业系列教材

ISBN 978-7-302-65921-1

Ⅰ.①E… Ⅱ.①刘… Ⅲ.①企业管理－计算机管理系统－高等学校－教材 Ⅳ.①F272.7

中国国家版本馆 CIP 数据核字 (2024) 第 064515 号

责任编辑：胡辰浩
封面设计：周晓亮
版式设计：妙思品位
责任校对：成凤进
责任印制：刘海龙

出版发行：清华大学出版社
      网　　　址：https://www.tup.com.cn，https://www.wqxuetang.com
      地　　　址：北京清华大学学研大厦 A 座　　　　邮　　编：100084
      社 总 机：010-83470000　　　　　　　　　邮　　购：010-62786544
      投稿与读者服务：010-62776969，c-service@tup.tsinghua.edu.cn
      质 量 反 馈：010-62772015，zhiliang@tup.tsinghua.edu.cn
印 装 者：三河市铭诚印务有限公司
经　　销：全国新华书店
开　　本：185mm×260mm　　　印　　张：14.25　　　字　　数：338 千字
版　　次：2013 年 2 月第 1 版　　2024 年 6 月第 4 版　　印　　次：2024 年 6 月第 1 次印刷
定　　价：79.00 元

产品编号：101131-01

　　企业资源计划(Enterprise Resource Planning，ERP)体现了当今世界最先进的企业管理理念，提供了企业信息化集成的最佳方案，应用先进的计算机技术去整合企业现有的生产、经营、设计、制造和管理，及时地为企业的决策提供准确而有效的数据信息，以便对需求做出迅速的反应，加强企业的核心竞争力。它将企业的物流、资金流和信息流进行统一，并进行管理，对企业拥有的人力、资金、设备、方法(采购、生产、库存等方法)、信息和时间等各项资源进行综合平衡和充分考虑。实践证明，企业实施ERP管理，能有效地降低库存、降低成本、提高管理决策水平，从而最大限度地利用企业现有资源取得更大的效益，增强企业的市场竞争能力。

　　企业应用ERP的关键在于培养既懂技术又懂管理的ERP应用人才。高等院校ERP的教学目标是培养ERP应用人才。ERP已成为经济管理、信息管理、计算机应用及其他相关专业各层次学生学习的重要内容。如何帮助学生快速掌握和理解ERP的各方面理论知识，明确ERP领域的主要问题，成为ERP教学实践研究和本书编写过程中所要解决的主要问题。

　　本书从逻辑性出发，叙述简明扼要，构建了一个完整的知识体系。全书共分12章。第一章介绍了ERP的背景知识、发展历程及结构原理。第二章介绍了ERP所涉及的相关术语。第三章至第九章详细介绍了ERP的7个核心知识领域(或模块)，包括需求预测与销售管理、主生产计划、物料需求计划、能力需求计划、车间作业控制、采购与库存管理、财务管理系统。第十章介绍了ERP扩展及新技术应用，包括客户关系管理、供应链管理、商业智能、电子商务，以及面向服务的体系结构。第十一章介绍了ERP项目实施流程。第十二章介绍了金蝶云星空ERP的应用。本书采用金蝶云星空ERP作为应用的示范软件。根据教学需要，也可采用其他软件公司的ERP软件系统来配合课程的教学演示。

　　本书由刘金安、刘梦莹、介彬、杨宏霞编著。刘金安执笔第二、第六和第七章；刘梦莹执笔第一、第三、第八和第九章；介彬执笔第四和第五章；杨宏霞执笔第十、第十一章和第十二章；最后由刘金安统稿。此外，范丽亚、王迎春、闵亮、杨戈和赵静雨老师也参与了本书的编写工作。江开耀教授、马柯教授、缪相林教授等相关专家对本书内容进行了评审和指导，并对编写提出了宝贵意见。在本书的编写过程中，也得到了金蝶国际软件集团有限公司杜普凡总监和金蝶顾问学院晏忠院长、傅仕伟博士、张喆敏和余波的大力支持，在此一并表示感谢。

　　本书在编写的过程中，参考了国内外的大量优秀教材、著作、学术论文和网上的一些优秀作品，并在书中部分地方引用了编者认为非常科学和实用的观点，有准确出处的已列入参考文献中，未能找到作者真实姓名或由于疏忽没有列入参考文献的著作内容，望作者及时与本书编者联系。我们真诚希望能了解和认识更多的行业专家和学者，共同交流、探讨和研究，不断地完善和改进本书。由于编者水平有限，书中难免有疏漏和不当之处，敬请专家、同行和广大读者批评指正。我们的电话是010-62796045，信箱是992116@qq.com。

在本书的编写过程中，得到了清华大学出版社相关编辑的大力支持，在此特别致谢。

本书配套的电子课件和习题答案可以到http://www.tupwk.com.cn/downpage网站下载，也可以扫描下方的二维码获取。扫描下方的视频二维码可以直接观看教学视频。

扫描下载   扫一扫

配套资源   看视频

编　者

2023年12月

目录

第一章

绪　论

企业资源计划(Enterprise Resource Planning，ERP)是目前世界上最为流行、应用最为广泛的企业计算机信息管理系统之一。它的产生、发展和演变，体现着信息技术和管理理论与企业管理实践的结合过程。自20世纪60年代至今，ERP已经发展成为蕴含最先进的企业管理思想、最佳业务实践的企业信息化集成方案。

对于当今的管理研究人员和各级企业管理人员而言，ERP的基本概念、原理、管理思想、功能框架，是从事管理学研究或企业实务工作必须具备的基本知识。同时，各级管理人员的管理职能中，建设、维护、支持有助于企业战略目标实现的管理系统也是必不可少且非常重要的部分。

本章首先介绍ERP的基本概念及其发展历程，进而阐述其对企业资源的作用以及能为企业带来的效益，并简述其在中国应用的基本情况。

▶ **本章的知识要点：**
- ERP 的引入背景。
- ERP 的管理思想。
- ERP 的发展历程。
- ERP 的应用及带来的效益。

第一节　ERP 的基本概念及内涵

企业资源计划一词是由世界知名的咨询顾问与研究机构Gartner Group Inc.于20世纪90年代初提出来的。当时是作为对未来一段时期内企业管理信息系统的发展趋势进行预测，进而形成的一个模型。经过三十多年的发展，这一预测模型已经在现实系统中得以实现并进一步发展和完善。

对初步接触ERP的人来说，要理解"企业资源计划"，首先要明确什么是"企业资源"。简单来说，"企业资源"是指支持企业业务运作和战略实现的事物，通常是指我们常说的"人""财""物"。例如，企业可以使用的厂房、生产线、加工设备、检测设备、运输工具、资金、各专业操作工人和管理人员都是企业的资源。而ERP就是一个有效地组织、计划和实施企业的"人""财""物"管理的系统。近年来，人们对资源的理解更进一步广泛化，将信息、时间、空间以及其他难以物化的资源也列入企业资源的范畴。ERP就进一步演化成为对企业所拥有的人、财、物、信息、时间和空间等综合资源进行综合平衡和优化管理，面向全球市场，协调企业各管理及业务部门，以市场为导向开展业务活动，以达到尽可能大的有效产出的管理系统。

与通常所说的管理系统不同，ERP是构建在计算机信息技术基础上的一套管理系统，它依靠IT技术和手段来保证管理信息的集成性、实时性和统一性。因此，作为一个管理思想、信息技术和管理实践相结合的系统，要全面、完整地理解ERP的基本概念，也应从这3个角度来认识才更为准确。ERP可以从管理思想、软件产品和管理系统3个层次给出它的定义。

(1) ERP的管理思想是由美国著名的计算机技术咨询和研究机构Gartner Group Inc.提出的一整套企业管理系统体系标准，其实质是在MRPⅡ(Manufacturing Resource Planning，制造资源计划)的基础上进一步发展而成的、面向供应链(Supply Chain)的管理思想。

(2) ERP的软件产品是综合应用了客户机/服务器体系、关系数据库结构、面向对象技术、图形用户界面、第四代语言(4GL)、网络通信等信息产业技术成果，以ERP管理思想为灵魂的软件产品。

(3) ERP的管理系统是整合了企业管理理念、业务流程、基础数据、人财物力、计算机硬件和软件于一体的企业资源管理系统。

从管理覆盖范围上来看，ERP的管控范围超越了MRPⅡ，信息集成范围更为广阔，并且支持动态监控，支持多行业、多地区、多模式或混合式生产。

从系统功能上来看，ERP具有强大的系统功能、灵活的应用环境和实时控制能力，是适应制造业未来信息时代的一种管理信息系统。

从应用效果来看，ERP是目前企业管理信息系统中十分流行的一种形式。大多数的ERP系统，在全面解决企业的供销存、财务、计划、质量、制造等核心业务问题方面均起到了良好的作用，并产生了效益。

综上所述，ERP的意义在于以经营资源最佳化为出发点，整合企业整体的业务管理，并最大限度地扩大企业经营的效率。ERP理论的提出是一个发展的过程，从企业最早关注物料、库存(MRP)，后来延伸到生产计划和制造(MRPⅡ)。随着管理外延和产品功能的不断发展，一个比较完整的制造业ERP系统应该包含了MRP和MRPⅡ。下面将对ERP发展历程中的主要阶段分别予以介绍，以便读者对ERP的理解更为深入和准确。

第二节　ERP 的发展历程

一、ERP 理论的形成历程

ERP的形成是一个长期的过程，大致划分为4个阶段：基本MRP阶段、闭环MRP阶段、MRPⅡ阶段及ERP阶段。ERP理论的形成是随着产品复杂性的增加，市场竞争的加剧及信息资源全球化而产生的。

在MRP出现之前，西方经济学家通过研究库存物料随时间推移而被使用消耗的规律，提出了基于订货点的库存控制方法和理论。同时，设置安全库存量，为物料需求与订货提前期提供缓冲，并将这种库存计划方法应用于制造企业的库存管理中。

到了20世纪60年代，西方工业经济时代竞争的特点逐渐转变为如何有效降低生产成本。随着生产的发展和技术的进步，制造业面临的主要矛盾表现为：生产所需的原材料不能准时供应；零部件的生产不配套，且库存积压严重；产品生产周期过长且难以控制，劳动生产率下降；资金积压严重，周转期长，使用率低。在这一阶段，企业想要降低成本，就必须解决库存积压或短缺的问题。为解决这一问题，1957年美国成立了生产与库存控制协会，开始进行生产与库存控制方面的研究。研究更为精准的库存控制理论和方法成为学术界和企业管理者关注的热点，物料需求计划(Material Requirement Planning，MRP)理论作为一种全新的库存管理理论随之出现。MRP最主要的特点是，通过对产品构成过程在物料和时间两个维度上的精确分析，借助物料清单(Bill Of Materials，BOM)和物料供需关系准确计算物料需要的时间和数量，从而达到科学管理和控制库存的目的。后来随着以MRP理论为基础的企业资源管理理论的不断发展，人们把这一阶段的MRP称为基本MRP。

MRP相较于传统的库存控制方法更为科学。然而，企业的实际生产条件是不断变化的，企业并非独立的系统，要受到整个社会环境的影响，企业经济活动又是一个连续的过程，需要不断根据生产和经营活动的实际执行情况进行调整。随着市场的发展及基本MRP的应用与实践，在20世纪80年代初，基本MRP引入了提前期的概念，形成了以基本MRP为基础的闭环MRP理论。闭环MRP在基本MRP的基础上更进一步考虑了完成生产所需要的能力需求，还将物料需求计划执行的结果反馈到系统中，使得计划能够根据生产的实际情况进行调整。

闭环MRP的管理思想在制造企业的计划管理领域取得了应用的成功。然而，到了20世纪80年代，企业管理者们又认识到企业需要一个集成的信息系统，以便解决阻碍生产的各种问题，同时及时将企业生产运作过程中遇到的问题反映到相应的资金变化中去。管理实践的需求推动了管理理论和应用软件的发展。1977年，美国生产管理专家奥列佛·怀特(Oliver W. Wight)提出了制造资源计划(MRPⅡ)的概念。以MRPⅡ管理思想为核心的新的管理软件MRPⅡ也随之产生了。

自20世纪90年代以来，随着科学技术的进步及其不断向生产与库存控制方面的渗透，解决合理库存与生产控制问题所需要处理的大量信息和企业资源管理的复杂化，要求信息处理的效率更高。传统的人工管理方式难以适应以上系统，只能依靠计算机系统来实现精准的管理意图，而且信息的集成度要求扩大到企业的整个资源的利用和管理中。因此，产生了新一代的管理理论与计算机系统——企业资源计划(ERP)。

ERP的形成和发展过程体现了管理实践需求对管理理论和管理软件发展的促进作用，同时也体现出ERP理论的发展过程并不是对MRP理论和MRPⅡ理论的否定和取代，而是包罗和发展的过程，MRP理论和MRPⅡ理论至今仍是ERP理论的核心组成部分。三者之间的扩展关系如图1-1所示。

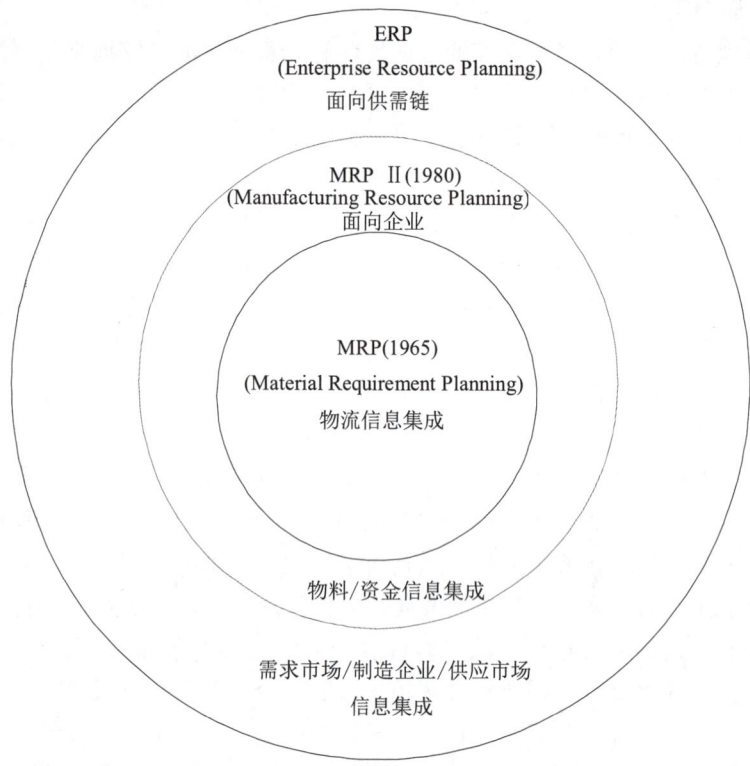

图 1-1　MRP—MRP Ⅱ—ERP 的扩展关系

二、库存订货点法——ROP

在20世纪30年代，西方制造业企业通常采用控制库存物料数量的方式来管理企业的物料需求和供给之间的关系。当时的计算机应用尚未开展，企业库存控制完全依赖于手工管理。因此，企业特别需要简单而有效的管理方式。

在订货采购的模式下，理想的库存控制目标是把握合适的订货时点，从而做到当物料消耗完毕时，订货恰好到货以补充该物料库存。这一点和现代提倡的零库存的管理思想是异曲同工的。

库存订货点法(Reorder Point，ROP)是一种操作简便又在理论上趋于完美的库存控制模型。在这一模型下，每当该种物料的库存量下降到订货点时，就立即进行订货以补充库存。订货点的确定则以物料消耗完毕时，订货物料恰好能够到货以满足该物料后续需求为准则。

假设企业某种物料消耗的速度是均衡的，并且从向供应商发出订货到订单到货补充库存的时间间隔，即订货提前期也是稳定的，那么通过下面的公式可以计算订货点：

$$订货点＝物料消耗平均速度×订货提前期$$

然而，企业采购订货存在各种不确定因素，制造业一般通过设置安全库存来应对不确定风险的发生。安全库存的具体数量一般是根据不确定因素发生的概率和发生的损失确定的，安全库存值和风险发生的概率与损失大小成正比关系。

考虑到安全库存的因素，上述订货点的计算公式应修订为

$$订货点＝物料消耗平均速度×订货提前期＋安全库存$$

在上述公式计算取得的订货点进行订货，则在库存消耗至安全库存时，订货物料到货以补充企业正常生产经营所产生的物料需求。

通过订货点法可以确定物料订货补充库存的时点，补充的数量则一般根据企业的最大库存确定。顾名思义，最大库存量是指企业可以接受的该物料的最大库存数量，一般是根据企业的库存容量、占用资金限制、物料消耗的特点来确定的。在订货点订货数量的计算公式为

$$订货数量＝最大库存－安全库存$$

从上述库存订货点理论可以看出，库存订货点法通过建立库存消耗的数学模型，试图寻找科学的库存补充和控制方法。从理论上来看，这一方法既操作简便又相对科学。然而，实际的情况是，这一理论中有两个假设是构成订货点法科学性的前提：一个是物料均衡消耗，另一个是订货提前期稳定。

下面以物料消耗为例，阐述通过订货点法控制库存在实际应用中存在的问题。

现代企业物料消耗不可能是完全均衡的，用于计算订货点的物料消耗速度来自一定时间范围内的统计值。因此，在企业实际生产经营中，必然会出现物料消耗加快或减慢的现象。

如图1-2所示，当物料消耗加快时，采用订货点法就会消耗掉物料的安全库存，出现物料的短缺。反之，如图1-3所示，当该物料消耗减慢时，仍然按照通过均衡消耗假设计算得到的订货点和订货批量进行订货的话，就会出现物料的超储与积压。

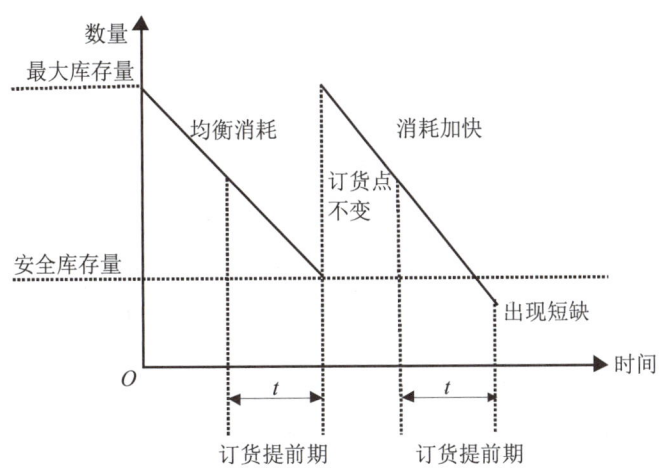

图1-2 物料消耗加快导致的短缺

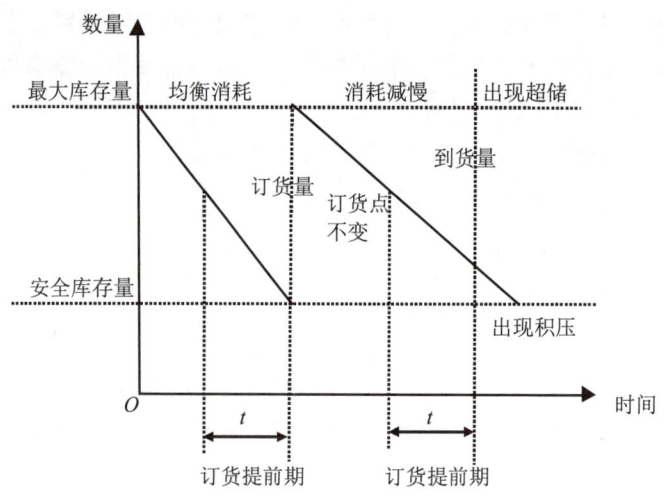

图 1-3 物料消耗减慢导致的超储与积压

在订货点法控制库存的实际应用中，当订货提前期出现延长或缩短的时候也会出现类似的情况。订货提前期延长会导致缺货的发生，而订货提前期缩短则会导致物料的积压和超储。

从上述订货点法的理论分析可以看出，订货点法在当时的经济环境下有一定的科学性和合理性，并对企业的库存控制起到了积极的作用。订货点法在今天的制造业中仍然得到了一定的应用，主要适用于消耗和供应相对稳定且价格占产品成本比例很低的物料。例如，商场中日用消费品的库存补充，以及企业常用的低值易耗品的库存补充等。对于市场变化快、产品复杂性高，原材料成本占产品成本比例较高的物料和经济环境，则显得越来越不相适应。而这些特性已经成了现代经济的主要特点，因此企业库存控制与管理迫切需要更为科学有效的方法。

三、物料需求计划——基本 MRP

（一）基本 MRP 的产生与特点

订货点法受到众多条件的限制，随着制造业市场环境的发展变化，其理论基于的假设也在很大程度上失去了现实经济环境的支持，使得这一方法的应用逐渐表现出很大的局限性。同时，根据统计数据或经验设定的物料消耗速度，也不能反映物料的实际需求。订货点法越来越不能适应企业物料管理的需求。

美国IBM公司的管理专家约瑟夫·奥列基博士(Dr.Joseph A. Orlicky)通过在管理实践中探索，从分析产品结构入手，在1965年提出把产品中的各种物料需求分为独立需求(Independent Demand)和相关需求(Dependent Demand)两种类型，并按需用时间的先后(也就是需求的优先级)及提前期(生产周期或采购周期)的长短，分时段确定各种物料的需求量，率先提出了物料需求计划(MRP)的解决方案。

在这一解决方案的基础上，人们借助计算机的超强计算能力进一步发展完善，形成了物料需求计划的理论和基于这一理论的应用系统，这一阶段的MRP后来被称为基本MRP，也叫时段式MRP。

相比之前的库存订货点理论，基本MRP最重要的观点和特点包括以下几个方面。

(1) MRP认为构成最终产品的各种物料需求不是孤立的，而是相互联系的，各种物料按照一定的层次结构和用量比例构成了最终产品。例如，一支铅笔可以由一个笔体和一个橡皮头组成，而笔体又由一定长度的铅笔芯和一定量的木材加工而成。MRP将这种联系称为产品结构，并用物料清单(Bill of Material，BOM)来最终反映这一配比关系和结构层次。MRP还引入提前期(Lead Time，LD)的概念，将产品结构在时间坐标上进行展开，从而为准确地计算需求时间提供依据。

(2) MRP把所有物料按照需求的性质区分为独立需求和相关需求。其中，独立需求不依赖于企业内部其他物料的需求量而独立存在。例如，企业用于销售的产成品，它的需求量是依赖于客户订单需求或对市场需求的预测数据，因此该产成品是一个独立需求件。反之，如果某项物料的需求量可由企业内其他物料的需求量来确定，则该物料被称为相关需求件。在前面提到的铅笔的产品结构中，橡皮头的需求量可以依据铅笔的需求量来确定，铅笔芯的需求量可以依据笔体的需求量来确定，所以它们都是相关需求。企业中的最终产品都是独立需求件，而原材料、零件、组件、部件则都是相关需求件，也称为非独立需求件。区分独立需求和相关需求的必要性在于，可以根据物料需求的相关性属性对它们采取不同的方法来确定它们的需求量和需求时间。

对独立需求而言，通常由客户订单、市场预测等外在因素确定其需求量和需求时间；对相关需求而言，则通过MRP运算计算其需求量和需求时间。

(3) MRP认为物料的订货应该根据实际需求来确定，而不是根据经验或历史统计数据来确定，并应该是"在需要的时候提供需要的数量"。

(4) 将物料的需求按照时间分段进行计划和控制。

（二）基本 MRP 的逻辑流程——制造业通用公式

通过MRP系统，回答了一般制造业在物料计划中最常见和关键的4个问题，即在一个计划编制期中，企业应解决的如下主要问题。

(1) 要生产什么？

(2) 要用到什么？

(3) 已经有了什么？

(4) 还需要什么？何时生产或采购？

由于上述4个问题是制造业企业编制计划时都需要明确的4个问题，人们称之为"制造业通用公式"。

MRP系统的逻辑流程图体现了这一制造业通用公式的计算逻辑，如图1-4所示。

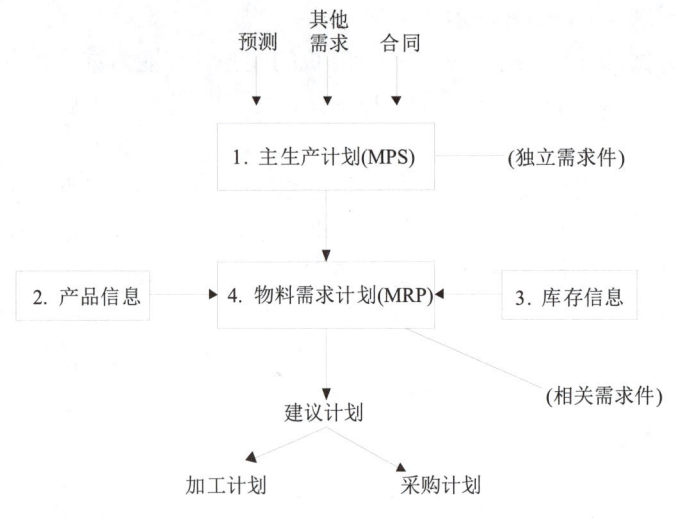

图 1-4　MRP 逻辑流程

其中，"要生产什么？"指企业在一定计划时段内，需要生产完工的产品数量、品种、规格及完成时间，在MRP系统中是指独立需求的生产计划(包括需求量和需求时间)，由MRP逻辑流程图中的主生产计划(Master Production Schedule，MPS)计算得到。计算的依据包括市场预测、已签订的销售合同、订单以及其他需求。

"要用到什么？"指要完成单位独立需求件所需要的配件、部件、原材料等物料的品种、规格、数量及需求时间之间的联系。在MRP系统中主要通过物料清单(BOM)体现的产品结构来提供相关需求物料使用信息。

"已经有了什么？"是指企业已经具备的物料条件，由MRP系统中计划时段的物料可用量来回答这一问题。需要明确的是，物料可用量并非手工管理下的库存台账中的现存量信息，而是在现有库存量信息的基础上考虑生产经营的物料动态变化而得到的更具计划意义的物料信息。其计算可简单归纳为以下公式：

某个时段物料的可用量＝该时段的现有库存量

　　　　　　　　　　＋计划接收量(执行中的生产订单，预期到货，即将入库)

　　　　　　　　　　－计划出库量(生产分配量、销售分配量)

　　　　　　　　　　－不可动用量(不参与净需求计算的库存量)

"还需要什么？何时生产或采购？"指为完成MPS制订的生产计划，企业需要组织采购和生产的物料计划，是由MRP系统在主生产计划(MPS)、物料清单和物料库存综合信息的基础上，通过严谨的计算得到的所有相关需求的生产及采购计划，包括品种、规格、数量、采购或加工时间。

（三）产品结构与物料清单

MRP要正确计算出物料需求的时间和数量，特别是相关需求的时间和数量，首先要能够清楚地知道企业制造出产品需要使用到的物料及其比例关系，也就是我们所称的"产品结构"。产品结构包括构成成品的所有组件、部件、零件等的组成、装配关系和数量要求。

图1-5为一个产品结构的示例。其中，木制方桌X是企业要生产的成品，也就是MRP系统中的独立需求件。其余物料的需求依赖于独立需求的存在而存在，为MRP系统中的相关需求件。

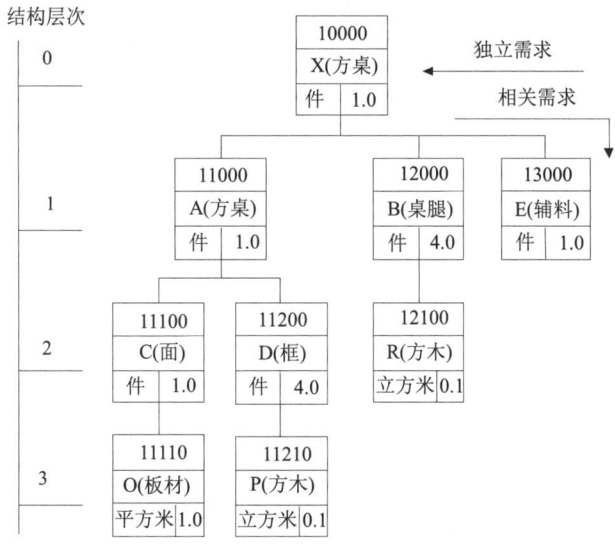

图 1-5　产品结构示例

考虑到上述独立需求及相关需求的加工或采购提前期，将上述示例的产品结构在时间坐标上进行规划就得到了时间坐标上的产品结构，如图1-6所示。

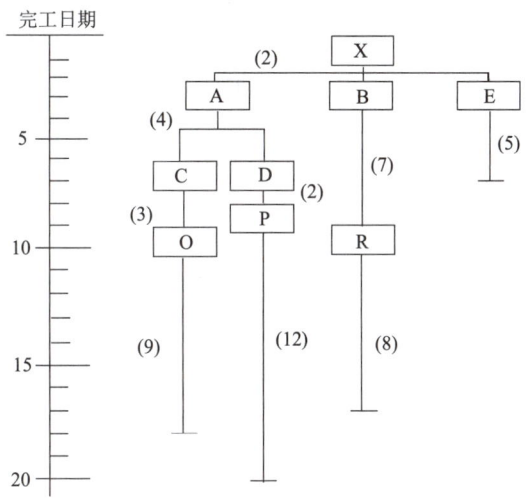

图 1-6　时间坐标上的产品结构

时间坐标上的产品结构包括MRP运算所需要的物料组成、装配关系、数量配比及需求时间之间的关系。它是MRP计算重要的产品结构信息。为便于计算机识别，需要将这一结构转换成为规范的数据格式，按照规范的数据格式编制的描述产品结构的文件就是物料清单(BOM)。表1-1就是一张体现上述产品结构示例的物料清单。

表 1-1　物料清单示例

层次	物料编码	物料名称	计量单位	数量	类型	生效日期	失效日期	成品率	累计提前期	ABC 码
0	10000	X	件	1.0	M	20210101	20231230	1.00	20	A
1	11000	A	件	1.0	M	20210101	20231230	1.00	18	A
2	11100	C	件	1.0	M	20210101	20231230	1.00	12	A
3	11110	O	平方米	1.0	B	20210101	20231230	0.90	9	B
2	11200	D	件	4.0	M	20210101	20231230	1.00	14	B
3	11210	P	立方米	0.1	B	20210101	20231230	0.90	12	C
1	12000	B	件	4.0	M	20210101	20231230	1.00	15	B
2	12100	R	立方米	0.1	B	20210101	20231230	1.00	8	C
1	13000	E	套	1.0	B	20210101	20231230	1.00	5	C

需要注意的是，MRP中的物料定义是指广义上的物料，包括企业为了产品销售出厂，所有需要列入计划、需要控制库存及成本的"物料"的统称。其既包括原材料、配件、部件、在制品、半成品、联产品/副产品、回用品、废弃物、包装材料、标签、合格证、说明书等有形物料，又包括水、电、气等构成最终产品的无形"物料"。因此，在BOM编制的过程中，不仅要包括实物形态的物料，还要包括容易被忽略的无形"物料"。

物料需求计划(MRP)是一种保证既不出现短缺又不积压库存的计划方法，解决了制造业所关心的缺件与超储的矛盾。所有的ERP软件都把MRP作为其生产计划与控制的功能模块，MRP是ERP不可或缺的核心功能。MRP详细的计算过程，参见本书第五章的内容。

四、闭环 MRP

按照MRP原理计算获得的采购和加工计划，由于考虑了产品结构和库存相关信息，完成了制造业企业在物料层面的信息集成，其计算过程反映了物料尤其是相关需求的客观规律，相对订货点法更为科学和合理。然而，现代制造业完成生产计划不仅仅需要物料的供应，还需要设备、工器具等生产资料和人力对生产过程的支撑，甚至还会受到社会环境的影响，例如高峰时段的电力供应等。因此，仅仅满足物料的需求并不能保证制订的采购和加工计划完全可行，还需要对生产必需的设备等生产能力进行测算，以保证计划的可执行性。

此外，任何一个计划无论理论上多么完美，在实际执行过程中仍有可能发生偏离，而企业的生产经营过程是一个连续的过程，前期计划执行的偏差如果不能及时反馈到系统中，势必无法在后续的计划中考虑到实际执行的偏差情况。基于这种与实际执行情况不相符的数据执行MRP运算而得到的下一时段计划，必然是难以执行和不合理的。

针对这些不足，20世纪70年代末至80年代初，随着市场的发展及基本MRP在企业的推广应用与实践，MRP系统进一步改进从而逐步形成了闭环MRP(Close-Loop MRP)。

闭环MRP的逻辑流程，如图1-7所示。

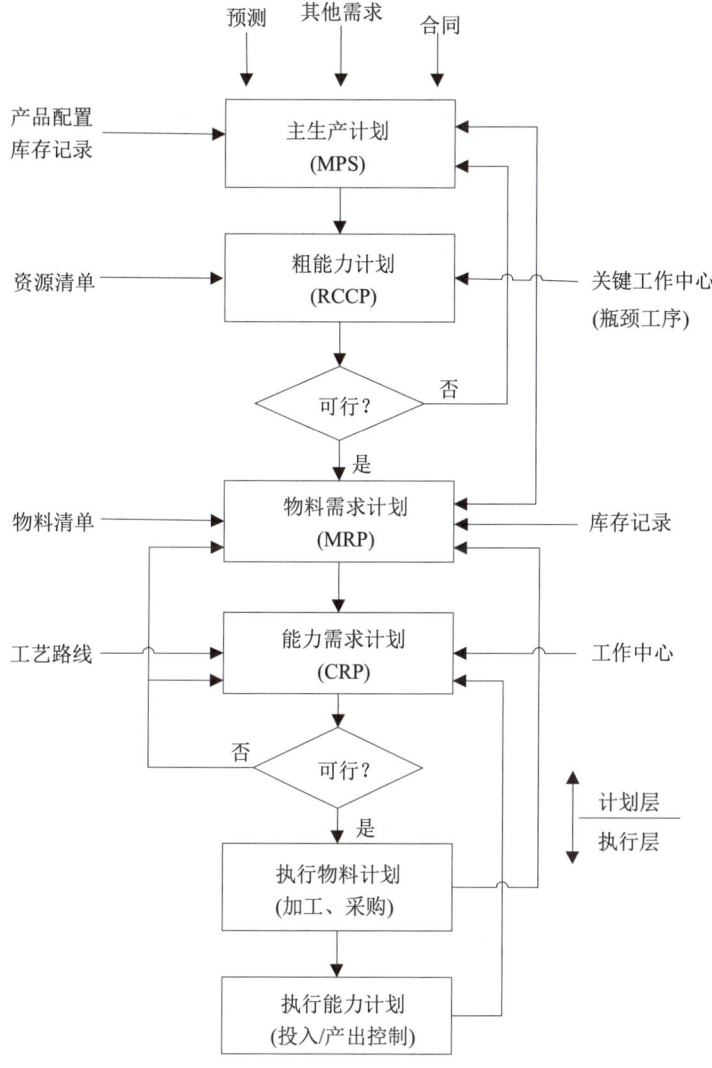

图 1-7　闭环 MRP 逻辑流程

相对基本MRP，闭环MRP主要的进步如下。

(1) 在MRP物料平衡的基础上进一步考虑了生产能力对生产的约束，增加了对能力需求的计划。在主生产计划(MPS)层面增加了粗能力计划(Rough-Cut Capacity Planning，RCCP)，在物料需求计划(MRP)层面增加了能力需求计划(Capacity Requirement Planning，CRP)。

(2) 闭环MRP增加了生产及采购计划执行的反馈。即将采购和加工作业执行的信息，以及能力计划执行的信息反馈到闭环MRP系统中，一般及时反馈偏差至计划部门用以调整和修订主生产计划及物料需求计划。如此而来，在闭环MRP系统中，既有自上而下的计划信息，又有自下而上的执行信息，从而形成了闭环的信息流和业务流。

闭环MRP中的粗能力计划和能力需求计划的计算原理基本类似，区别在于粗能力计划主要针对生产环节中制约产量的少数关键设备或工作中心的能力，也就是瓶颈工序的能力进行测算。如果这些环节的能力能够满足主生产计划的要求，就可以认为主生产计划是基本可行的。而能力需求计划则对完成主生产计划所需的所有能力进行详细测算，是在物料需求计划的加工采购计划下达前的全面能力测算。

能力需求计划的逻辑流程如图1-8所示。

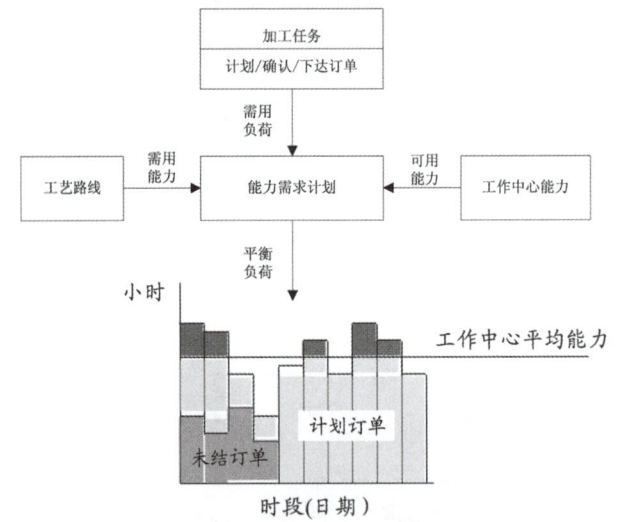

图 1-8　能力需求计划逻辑流程

在能力需求计划的计算中，工艺路线类似于物料需求计划中的物料清单，说明了自制件的加工顺序和标准工时定额。工作中心能力用以说明企业拥有的生产资源的加工能力的总的工时数量，包括机器设备和人力。经过能力需求计划(CRP)将加工任务通过工艺路线按照工作中心进行分解，将得到的加工任务在各工作中心按照时段的能力需求与各工作中心实际的时段能力进行比对，就可以得到拟订的加工任务与实际加工能力的配比情况。

如需用能力在可用能力的范围之内，则计划是可行的，否则就需要对加工任务进行调整以保证生产计划的可行性。

通过闭环MRP系统，企业不仅可以制订自上而下的可行计划，还可以建立自下而上的执行反馈体系，从而达到管理系统对企业生产经营状况的实时应变。

五、制造资源计划——MRP Ⅱ

闭环MRP的出现，使得生产计划涉及的物料、设备、人力等方面在生产管理层面得到了统一。然而，闭环MRP还只是局限于企业管理的生产物流领域中的应用。在企业管理中，生产管理只是一个方面，生产管理中涉及的物流，还需依赖于与其密切相关的资金流的支持。而独立运作的财务管理系统无法将生产管理中的物料变化实时地与财务资金流的变化结合起来。一则通过闭环MRP得到的计划无法考量资金流能否支撑这样的计划，计划在资金层面的可执行性难以保证；二则计划的执行结果到底为企业带来什么效益，是否符合企业总体目标，也无法及时地反馈到体现企业经营管理成果的财务数据中。

随着闭环MRP的应用范围和深度不断扩大，以及信息技术在财务管理、工程技术管理等更多的企业管理领域的应用，管理人员越来越认识到，完全可以建立一个统一的计算机管理系统对企业管理的各个方面进行全面管理。于是，以生产管理专家奥列佛·怀特(Oliver W. Wight)为代表的美国企业管理人员于1977年提出，并随后开发出了集生产、财务、销售、采购、库存、产品数据、成本核算、车间管理为一体的制造资源计划系统。由于制造资源计划系统的英文缩写还是MRP，为了区别于物料需求计划(MRP)，将制造资源计划缩写为MRPⅡ。

美国生产与库存管理协会(APICS)对MRPⅡ的定义如下：MRPⅡ是一种有效的计划制造企业所有资源的方法。它可以用来解决制造企业的经营计划、以货币形式表示的财务计划，并具备模拟功能以回答"what""if"的问题。MRPⅡ包含了很多相互关联的功能模块，如经营规划、销售计划、生产计划、采购与库存管理、成本管理、财务系统等。

MRPⅡ的逻辑流程如图1-9所示。

MRPⅡ相比MRP的主要进步在于：MRPⅡ实现了物流信息与资金信息的集成，用货币形式说明了企业执行物料需求计划所带来的经济效益。

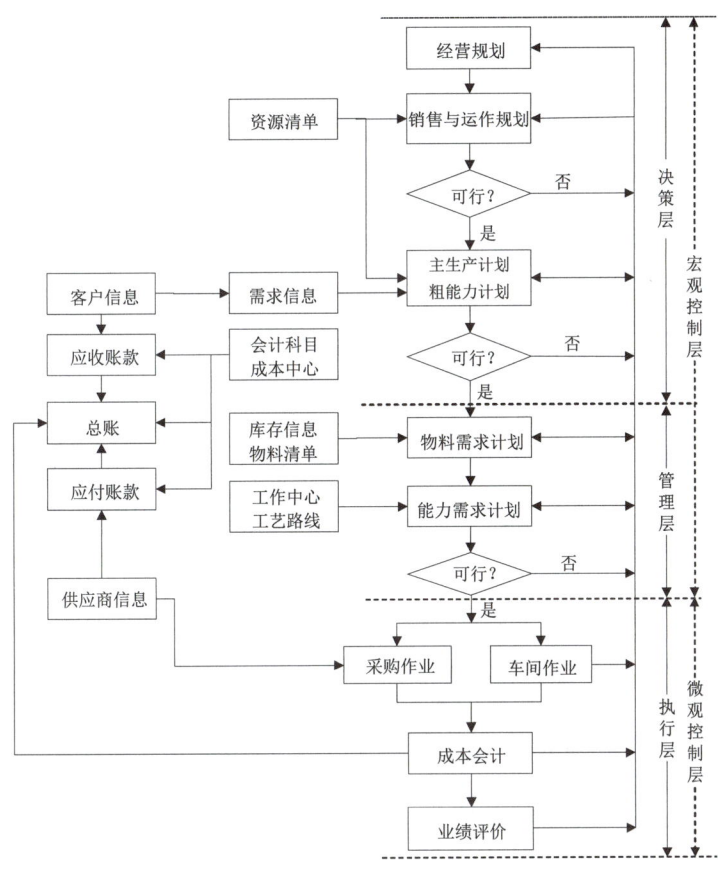

图1-9 制造资源计划(MRP Ⅱ)逻辑流程

从功能上看，MRPⅡ集成了应收、应付、成本及总账的财务管理，从而可以根据物流业务发生的信息直接生成相应的财务信息。例如，采购作业根据采购单、供应商信息、收货单及产品入库单形成应付账款信息(资金计划)；销售商品后，会根据客户信息、销售订单信息及产品出库单形成应收账款信息(资金计划)；可根据采购作业成本、生产作业信息、产品结构信息、库存领料信息等产生生产成本信息；能把应付账款信息、应收账款信息、生产成本信息和其他信息等记入总账等。

上述功能的实现依赖于MRPⅡ系统建立的物料与资金之间的关系，包括静态关系和动态关系。静态关系通过在系统中定义物料价值、计算物料成本、定义物料类别与会计科目的关系建立起来；而物料与资金的动态关系则通过定义"事务"(Transaction)处理类型和相应的会计科目及借贷关系来建立。

MRPⅡ系统按照物料位置、数量或价值状态的变化，来定义"事务"及其账务处理方式，使生产或采购、销售等财务信息直接在上述业务发生的过程中自动生成。在与"事务"相关的会计科目之间，按设定的借贷关系，自动登录及转账，保证了"资金流"(财务账)与"物流"(实物账)的同步和一致。以采购业务为例，表1-2列出了相关的事务与账务处理方式。

表 1-2　MRP Ⅱ中的事务与账务处理方式

事务名称	事务代码	账务处理方式
采购订货	C02	借：在途材料 贷：应付账款
采购物料入库	C05	借：库存材料 贷：在途材料
付款	P01	借：应付账款 贷：银行存款
车间领料	F11	借：车间材料 贷：库存材料

MRPⅡ是第一个着眼于企业内部全方位管理层面上的集成的管理系统，实现了制造企业内部信息的全面集成。MRPⅡ首先在美国制造业得到了大量应用，之后成为全球范围内众多优秀制造业优先选择的管理工具。企业管理人员将MRPⅡ管理思想与企业的管理实践结合起来，形成了基于MRPⅡ的制造业管理模式。

MRPⅡ将企业中的各个管理职能系统有机地结合起来，形成了面向整个企业的一体化管理系统。其管理模式的特点主要包括以下几个方面。

(1) MRPⅡ保障了企业计划的一贯性与可行性。通过MRPⅡ制订的计划，充分考虑了经营规划、销售、采购、库存、生产、资金等各个环节的情况，体现了企业计划周期内的总体目标，并由此生成采购、库存、生产、资金各个局部计划，企业内部整体计划、层层落实。

(2) MRPⅡ通过建立统一的企业级数据库，将企业各方面管理数据实现集中管理和共享，为各个业务子系统统一了数据来源和工作程序，并要求企业各子系统按照各自职能和规定的程序及标准，维护数据的及时性、准确性和完整性。

(3) MRPⅡ具有动态应变性。MRPⅡ系统是一个闭环系统，响应迅速，各个管理和职能岗位及时在系统中输入反馈信息，系统基于动态信息调整计划。

(4) MRPⅡ具有模拟预见性。在MRPⅡ系统中可以实现根据不同的决策方针和计划方式模拟计划的执行结果，辅助高层领导进行生产经营决策。

(5) MRPⅡ实现了物流、资金流、信息流的统一。生产活动直接产生财务数据，通过资金流监控物流，并指导生产经营活动。

六、企业资源计划——ERP

MRPⅡ的出现向人们提供了制造业管理的标准知识体系和工具，企业的各级管理人员可以使用诸如销售与运营规划、主生产计划、物料需求计划、能力需求计划等工具来进行管理。MRPⅡ在制造企业，尤其是离散制造行业的应用，为企业带来了巨大的效益。然而随着外部经济环境、市场环境的不断发展和变化，以及企业对管理要求的不断提高，人们发现MRPⅡ仍然存在一些不足之处。

首先，MRPⅡ是以面向企业内部业务为主的管理系统，不能适应市场竞争全球化、企业需要对整个供需链进行管理的需求。自20世纪90年代以来，随着经济全球化深入和全球市场的出现，越来越多的制造业企业的经营网络超越了地域限制。供应链上下游企业之间的关系也由简单的买卖关系逐渐转变为既有竞争又有合作的伙伴关系，这就对供应链上所有企业的协同工作提出了要求。传统的MRPⅡ不能满足供应链协同的要求。

其次，多数MRPⅡ软件主要是按管理功能开发设计的，一旦业务流程发生变化，调整的工作量和风险都非常大。自20世纪90年代以来，企业在经营战略上最大的转变在于变传统的以制造为中心的经营战略为以客户为中心的经营战略。这就要求企业的组织机构和业务流程都要围绕更好地为客户提供产品和服务来组织。也就是，以客户为中心的经营战略要求企业的组织和流程可以迅速地根据客户的需求变化进行调整，而按照功能开发的MRPⅡ不能适应业务流程变化的需求而进行灵活调整。

再次，MRPⅡ的一些假定(批量、提前期)不灵活，运算效率低，也是制约MRPⅡ在制造业应用面进一步扩大的主要原因之一。企业往往需要花费数个小时进行一次完整的MRP运算。当客户下达紧急订单或生产设备出现故障时，企业管理人员需要很快知道生产及供应还能否满足新的需求。显然，数小时甚至十几个小时的运算时间远远不能满足实时应答的需求。

最后，企业集团多元化经营以及计算机和网络通信技术(互联网)的迅猛发展，也为ERP的出现奠定了技术基础和应用环境。ERP作为新一代的企业管理信息系统，开始被越来越多的学者和企业管理人员所接受和采用。

根据Gartner Group对ERP的定义，ERP的功能标准应包括以下4个方面。

(1) 超越MRPⅡ范围的功能集成，包括质量管理、实验室管理、流程作业管理、配方管理、产品数据管理、维护管理、仓库管理等。

(2) 支持混合方式的制造环境，既可以支持离散型制造环境，又可以支持流程型制造环境，具备面向对象的业务流程重组能力以及在国际范围内的应用，包括支持多语言、多币种、多地点、多种核算方式的应用。

(3) 支持能动的监控能力，提高业务绩效，具备提供企业范围内的计划与控制方法、模拟功能、决策支持功能和图形化报告的能力。

(4) 支持开放的客户机/服务器计算环境和体系结构；支持应用图形化用户界面(GUI)；集成计算机辅助软件工程；应用面向对象的技术、关系型数据库、第四代开发语言；支持数据采集(DAS)和外部数据集成(EDI)。

ERP的逻辑流程如图1-10所示。

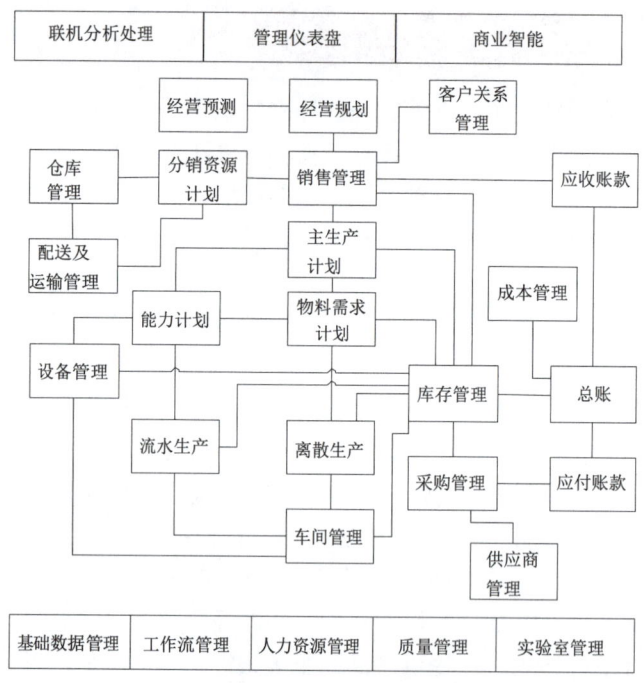

图 1-10　ERP 逻辑流程

管理软件的发展离不开管理需求的促进和信息技术的发展。到目前为止，ERP的概念和应用仍在不断地发展和变化中。近年来，ERP的发展和应用呈现出下面的趋势。

(1) 应用互联网技术将ERP与互联网应用结合起来，更深层次地改变企业的经营管理模式。

(2) ERP软件适应各种行业和企业的需求，并且可以灵活方便地配置、裁剪相应模块。

(3) ERP软件具备良好的开放性，支持多种操作系统、多个数据库，并且支持不同软件公司应用产品的混合选用和数据集成。

(4) 在系统模拟功能的基础上进一步应用人工智能技术，支持更多层面和维度的数据抓取、挖掘，提供更广泛的决策支持。

(5) 支持各种计算机最新技术的应用，包括支持计算机辅助设计、计算机辅助制造、计算机辅助工艺、数控设备的集成，支持集散控制系统(DCS)、制造执行系统(MES)的集成，支持门户(Portal)技术等。

(6) 随着大中型企业应用ERP的程度不断加深，ERP在中小企业中的应用面也不断扩大。有关统计数据显示，我国中小企业数量占企业总数的90%，但大部分中小企业信息化程度比较低，是ERP应用的潜在市场。目前，国内ERP厂商纷纷把关注点投向中小企业，将进一步推进ERP在中小企业中的广泛应用，这也是ERP市场新的增长点。

第三节　ERP 的管理思想

ERP的管理思想，主要体现在以下几个方面。

（一）体现对企业供应链资源进行管理的思想

现代企业的竞争已经不是单一企业与单一企业间的竞争，而是一个企业供应链与另一个企业供应链之间的竞争，即企业不但要依靠自己的资源，还必须把经营过程中的有关各方(如供应商、制造工厂、分销网络、客户等)都纳入一个紧密的供应链中，才能在市场上获得竞争优势。ERP系统正是适应了这一市场竞争的需要，实现了对整个企业供应链的管理。

（二）体现事先计划、事中控制和事后反馈分析的思想

一方面，ERP系统有一整套计划体系，包括各种各样的计划，如企业经营规划、销售与运作规划、主生产计划、物料需求计划、能力计划、采购计划、销售执行计划、利润计划、财务预算和人力资源计划等，而且这些计划功能与价值控制功能已完全集成到整个供应链系统中。

另一方面，ERP系统根据企业的生产业务(如生产计划下达、备品备料准备、原材料采购、质量检验、车间领料、库房发货等)来定义与其相关的会计核算科目与核算方式，在事务处理发生的同时自动生成会计核算分录，保证了资金流与物流的同步记录和数据的一致性，从而根据财务资金现状，追溯资金的来龙去脉，并由此追溯所发生的相关业务活动，实现事中控制、事后反馈分析，实时做出决策。

（三）体现精益生产和敏捷制造的思想

ERP系统支持混合型生产方式的管理，其管理思想表现在两个方面。其一是"精益生产"的思想，即企业把客户、销售代理商、供应商、协作单位都纳入生产体系，同它们建立利益共享的合作伙伴关系，进而组成一个企业的供应链。其二是"敏捷制造"的思想。当市场上出现新的机会，而企业的基本合作伙伴不能满足新产品开发生产的要求时，企业组织一个由特定的供应商和销售渠道组成的短期或一次性供应链，形成"虚拟工厂"，把供应和协作单位看成是企业的一个组成部分，进而组织生产，并用最短的时间将新产品打入市场，时刻保持产品的高质量、多样化和灵活性，这就是"敏捷制造"的核心思想。

第四节 ERP 对企业资源的作用

大部分制造企业都具有基本相似的经营目标，即在有限的资金、设备、人力等资源投入的前提下，达到尽可能大的有效产出，或寻找最佳的投入产出比。就其外延而言，是为了获取最大利润；就其内涵而言，则是使企业资源得到最为合理有效的配置和使用。

企业正常的生产经营活动是一个结构非常复杂的过程，该过程持续不断地运动和协调，以确保企业生产经营活动的有序执行、企业各项功能作用的正常发挥、企业组织按照预定的规则运行以及企业生产经营目标的最终实现。该过程中所有环节的正常运行都必须得到企业资源的支持。

企业资源是企业进行正常生产经营活动必不可少的物质因素。同时，企业资源的内涵是非常广泛的，涵盖了企业所有的物的实体以及其他不能物化的资源，不仅包括原材料、

在制品、半成品、产品、包装材料、其他辅助材料，而且包括机器设备、工装工具、资金、企业员工、供应商和客户，甚至还包括技术资料、办公文档和软件工具等。

企业管理理念的核心是优化和合理配置企业资源。ERP系统作为一种管理工具，其实质是按照数字化的方式，借助计算机技术，利用各种数学优化模型对企业资源进行全面、快捷和精确的优化与合理配置。相对手工管理而言，ERP对企业资源的作用可以总结为以下几个方面。

(1) 从资源可视化的角度来看，ERP系统可以使得企业管理者更为方便地了解企业各项资源的可用数量及使用状态，而手工系统往往无法做到这一点。

(2) 从管理范围的角度来看，ERP系统有足够的能力实现对整个企业资源的全面优化及合理配置，而手工管理方式仅仅对一些典型的、重要的企业资源进行优化和合理配置。

(3) 从管理效率的角度来看，手工管理对生产经营过程中出现的资源浪费和资源过载问题的反应速度，要远远落后于ERP系统。只有借助先进计算机技术的ERP系统，才有可能实现对资源管理的实时反应。

(4) 从最终的管理效果来看，ERP系统中内置的各种管理优化数学模型可以对企业资源进行精细、准确的优化和合理配置，而手工管理方式往往采用经验式的管理措施，其管理效果是有限的。

第五节　ERP 给企业带来的效益

ERP系统可以为企业带来很多方面的效益，但其效益往往要经过一段时间的持续应用和不断深化才能显现出来。同时，ERP给企业带来的效益也因企业的基础管理水平、应用范围、经营特点而呈现出不同的程度和水平。

一般来说，ERP给企业带来的效益可以从定量和定性两个方面进行描述。其中，定量的效益主要包括以下几个方面。

(1) 降低库存投资。库存可以降低20% ～ 50%，库存周转率提高约50%，库存投资减少50% ～ 70%。

(2) 降低采购成本。缩短采购周期5% ～ 15%，并有效地降低采购成本约10%。

(3) 提高按时交货率。根据企业管理水平的差异，按时交货率的提高程度差异比较大，一般可以提高5% ～ 30%，提高了企业产品销售的信誉度。

(4) 提高生产效率。减少生产过程中的物料短缺现象以及文档传递工作环节，可使生产线生产率平均提高5% ～ 10%，装配线生产率平均提高25% ～ 40%，间接劳力生产率平均提高25%。

(5) 降低制造成本。物料需求计划的准确性大大减少了停工待料的现象，从而降低了制造费用。同时，减少加班工时，降低了生产过程中的直接人工成本。一般来说，使用ERP系统可以降低企业制造成本2% ～ 15%。

(6) 提高管理水平。加班工时减少10% ～ 50%，管理人员减少约10%，生产能力提高10% ～ 20%，最终使企业利润可以增加5% ～ 15%。

ERP还为企业带来更为广泛的定性效益，这些效益虽然难以量化，但为企业经营管理带来更深层次的影响，作用的范围和效果也更为广泛和长久，主要包括以下几个方面。

(1) 整合了企业各部门的应用系统和数据，使企业中高层领导可以获得跨部门的、广泛的数据信息，进而使企业高层的决策和中层的管理更加快捷、科学，企业对市场的应变能力和反应速度得到提高。

(2) 理顺了企业的业务流程，打破了企业各部门之间条块分割的格局，增强了员工的全局性观念，使企业部门间的协同工作成为可能。

(3) 提高工程开发效率和促进新产品的开发，加快订单处理速度，降低订单处理成本，提升客户服务水平，提高产品质量。

(4) 使企业员工从烦琐的手工管理中解脱出来，从而能有更多时间从事真正的管理工作，提高管理效率。

(5) 使企业的管理更加规范，减少企业管理中的随意性，提高企业管理的计划性。

(6) 使企业的基本数据管理更加完备、精细，提高准确度。

第六节 ERP 在中国的应用过程

自20世纪70年代MRPⅡ理论产生开始，这一理论在企业中得到了广泛的应用。据有关统计数据显示，在美国，80%以上的大型企业安装了MRPⅡ软件，50%以上的中型企业安装了MRPⅡ软件，30%以上的小型企业也安装了MRPⅡ软件。在德国和英国，80%的机械制造企业应用了MRPⅡ。由此可见，以MRPⅡ为核心的ERP软件的应用，给制造业企业带来了巨大的经济效益。

在我国，计算机辅助企业管理起步于20世纪80年代。1981年，沈阳鼓风机厂率先引进IBM公司的COPICS系统，揭开了MRPⅡ系统在我国应用的篇章。至今，ERP进入我国已经走过了40多年的历程。ERP系统在我国的应用过程，可大致划分为下面3个阶段。

第一阶段是MRPⅡ的引入阶段。在ERP进入中国的最初10年，我国主要是引进、实施以及应用MRPⅡ，其应用范围主要局限在传统的机械制造行业，应用主体主要是一些国有的大中型企业，以机床制造、汽车制造等离散制造行业企业为主。

当时的企业主要面临的是企业劳动生产率低下、产品交货周期长、设备利用率低，以及相对工业发达国家企业的管理水平低等问题。为了改善这种落后的状况，沈阳第一机床厂、沈阳鼓风机厂、北京第一机床厂、第一汽车制造厂、广州标致汽车公司等企业先后从国外引进了MRPⅡ软件。

这一阶段的MRPⅡ应用效果不是很理想，许多企业在花费了大量人力、财力和物力后，最终以失败告终。应用MRPⅡ的企业，大多也停留在局部的应用上。究其原因主要有3个方面：一是当时的经济环境处于计划经济向市场经济转型的阶段，外部市场经济环境尚不成熟，企业的管理基础也比较薄弱，不具备实施MRPⅡ必备的一些管理基础条件；二是企业缺少MRPⅡ实施的经验，管理层对MRPⅡ项目的认识不足，当时只是将其视为一项单纯的计算机技术，没有意识到其是一项管理工程；三是当时的软件系统庞大，操作复杂，国外软件的本土化程度低，缺乏有经验的实施顾问人员，也缺乏配套的技术支持与服务。

第二阶段是ERP的拓展应用阶段。在这一阶段，我国已经初步建立起社会主义市场经济体制，产品市场形势已经发生了巨大的变化。市场变化对企业管理提出了挑战，通过管理软件提升企业管理水平、增强企业在市场上的竞争力，成为企业实施MRPⅡ系统的强大动力。

经过第一阶段的尝试，企业管理人员开始转变观念，同时也积累了一定的实施经验。国家也加大了对计算机集成制造技术这一领域的扶持和指导。北京第一机床厂、沈阳机床厂等具备一定基础的企业启动了国家"863"CIMS重点工程后，其MRPⅡ应用的广度和深度都得到了很大的提升。MRPⅡ开始在这些企业的日常管理中发挥重要的作用。

同时，在这一阶段，MRPⅡ的应用从传统的机械行业扩展到航天航空、电子、家电、制药、化工等多个行业。从20世纪90年代中期到21世纪初期，ERP在中国的应用范围得到扩大，同时这一时期ERP应用的效果也显著提高了。但是，这一阶段ERP的应用还是集中在行业领先的大中型企业，在中小企业的应用则非常少见。

第三阶段是ERP的普及化阶段。随着ERP的进一步发展和完善，出现了我国软件企业自主研发的，以金蝶、用友、和佳等为代表的国产ERP软件，打破了市场上国外软件一枝独秀的局面。ERP也不再是大型企业和行业领先企业的专利。

在这一阶段，越来越多的企业，包括中型企业开始整体或局部地应用ERP系统，也培养了一大批具备相应知识和能力的应用顾问和企业管理人员。ERP在中国企业中得到了广泛的应用，已经培育了一个庞大的ERP市场。根据中商产业研究院统计，2022年中国管理类工业软件市场规模为497.7亿元，同比增速为11%。可以预见，ERP在中国的应用仍会继续保持快速增长的趋势。

思考习题

1. 试从管理思想、软件产品和管理系统3个方面来分析ERP的含义。

2. 按照时间顺序，ERP的形成大致可以划分为哪些阶段？

3. 在存在安全库存的情况下，订货点的计算公式是怎样的？分析订货点法在库存控制中的局限性。

4. 根据MRP逻辑流程图，分析MRP计算需要输入哪些信息。MRP计算可以向企业提供哪些信息以指导生产经营活动？

5. 相对MRP而言，闭环MRP有哪些方面的进步？

6. 简述MRPⅡ管理模式的主要特点。

7. ERP的功能标准应包括哪4个方面？

8. 相对手工管理而言，ERP为企业资源的充分利用发挥了哪些积极的作用？

9. 简述ERP给企业带来的定量和定性效益。

10. ERP系统在中国的应用过程大致可以划分为哪几个阶段？在这些阶段，ERP应用的主要特点是什么？

11. ERP系统是如何体现事先计划、事中控制和事后反馈分析思想的？

12. 结合我国企业现状，简要分析企业内部生产管理面临的问题。

第二章

ERP 相关术语和基本概念

正确理解ERP理论，就必须先了解ERP相关术语和基本概念。ERP的术语和概念很多，本章先介绍ERP的重要术语和与ERP"基础数据"相关的基本概念，包括ERP中的计划与控制、企业生产类型与周期、物料编码、物料清单、工作中心、工艺路线、独立需求、相关需求和工作日历等。

▶ **本章的知识要点：**
- 计划与控制、企业生产类型与周期。
- 物料编码、物料清单。
- 工作中心、工艺路线。
- 独立需求、相关需求。

第一节 ERP 中的计划与控制

一、计划与控制的作用

计划与控制是企业管理的首要职能，统一指导企业的各项经营生产活动。计划是为达到一定的目标而制定的行动方案；控制是为保证计划的完成而采取的措施。计划与控制是相辅相成的，任何计划离不开控制。如果把企业比喻成一个人，企业的经营计划就相当于人的大脑，推陈出新的产品相当于人的血液，生产设施和能力资源相当于肌肉和骨骼，而计划与控制相当于牵动人体各种活动的神经系统。

计划与控制是ERP的核心。计划与控制的作用有以下几点。

(1) 使企业的产出(包括产品、服务、数量和时间)满足市场的需求。

(2) 有效地利用企业的各种资源，合理组织各类产品生产。

(3) 使投入能以最经济的方式转换为产出。

(4) 控制使计划执行的结果不超出允许的偏差。这个允许偏差是指在数量和时间上，客户或市场能够承受的偏差。

在ERP中，计划是由粗到细，由长期、中期到短期，由一般到具体的过程，参与计划的角色(人员)也是从高级决策层到普通操作层。

二、ERP 中计划的层次

ERP中有5个层次的计划，它们分别是企业经营规划(第一层)、销售与运作规划(第二层)、主生产计划(第三层)、物料需求计划(第四层)、车间作业控制及采购作业计划(第五层)。其中，第一层至第三层为决策层面的计划，第四层为管理层面的计划，第五层为执行层面的计划。ERP中计划与控制的层次如图2-1所示。

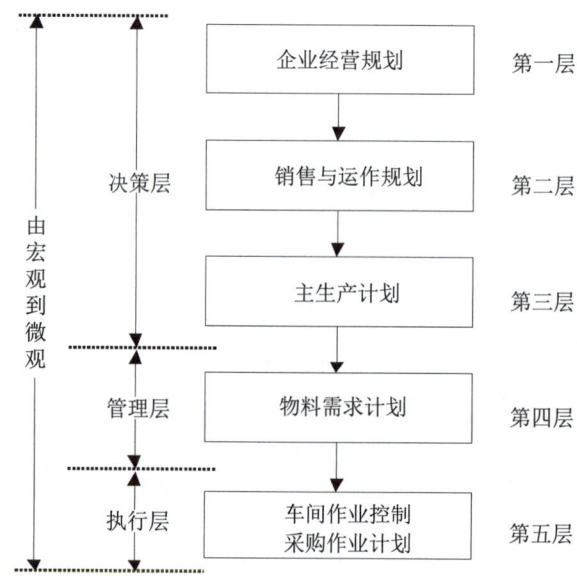

图 2-1　ERP 中计划与控制的层次

（一）企业经营规划

企业经营规划是企业经营目标的具体体现。根据市场调查和需求分析、国家有关政策、企业的能力资源和历史状况、同行竞争对手的情况等有关信息，制订企业经营规划，包括：在未来2～7年的时间内，本企业生产的产品的品种及其在市场上应占有的份额、产品的年销售额、年利润额等，其主要的编制依据是市场分析和市场预测。由此可以看出，该规划具有较大的预测成分。

企业经营规划一般由企业最高管理层会同市场、研发、生产、物料、财务等部门共同制订，或由企业委托第三方咨询公司制订。

（二）销售与运作规划

销售与运作规划是指企业在一定时期内，产品系列的销售数量及销售收入的计划。该规划的展望期一般为1～3年，其计划周期可为月、季度或年。

销售与运作规划一般由企业高层领导会同市场、研发、生产、物料、财务等部门共同制订。

（三）主生产计划

主生产计划以销售与运作规划、合同、预测信息等为依据，以物料的独立需求为对象，按时间段计划企业应生产的最终产品的数量和交货期，并在生产需求与可用资源之间做出平衡。

该计划一般由企业计划部门的主生产计划编制人员编制。主生产计划的规划期一般为6个月到2年。

（四）物料需求计划

物料需求计划是根据主生产计划、产品的物料清单数据、库存信息，来计算物料需求的一套技术。其实现过程是：根据主生产计划对最终产品的需求数量和交货期，推导出构成产品的物料的需求数量和需求日期，直至推导出自制零部件的制造订单下达日期和物料采购的采购订单发放日期，并进行需求资源和可用能力之间的进一步平衡。

该计划一般由企业计划部门的物料需求计划编制人员编制。物料需求计划的规划期一般为3～18个月。

（五）车间作业控制及采购作业计划

车间作业控制及采购作业计划处于ERP的最底层，也是执行层。它根据物料需求计划生成的车间作业控制及采购作业计划，来编制工序优先级、派工单和采购计划。

ERP中计划与控制的各层次关系如表2-1所示。

表 2-1　ERP 的计划与控制层次

计划层次	1	2	3	4	5
计划名称	企业经营规划	销售与运作规划	主生产计划	物料需求计划	车间作业控制及采购作业计划
计划层面	决策层	决策层	决策层	管理层	执行层
计划期	2～7年	1～3年	6个月～2年	3～18个月	—
计划内容	经营战略、产品战略、市场占有率、销售收入、利润、研发技改基建规划	产品类型、品种、数量、售价、销售收入、利润、交货期	交付的产品（独立需求产品）	构成产品的所有零部件（相关需求物料）	执行计划（确定工序优先级、派工、成本结算）
资金计划	预算成本、销售收入、利润	销售收入	销售收入预算	成本预算	成本
编制依据	前期规划、市场分析、市场预测	企业经营规划、销售预测、市场分析	销售与运作规划、销售合同、销售预测	主生产计划、产品信息、库存信息	物料需求计划
能力计划	企业人力、资金、能源等资源能力计划	资源需求计划	粗能力计划	能力需求计划	—

(续表)

制订人员	企业最高管理层会同市场、研发、生产、物料、财务等部门共同制订，或由企业委托第三方咨询公司制订	企业最高管理层会同市场、研发、生产、物料、财务等部门共同制订	企业计划部门的主生产计划人员编制	企业计划部门的物料需求计划人员编制	企业生产部门的计划人员编制
软件功能	无	部分软件有此功能	有	有	有

三、ERP 中计划涉及的共性问题

企业的计划必须是现实和可行的，否则，再宏伟的目标也是没有意义的。任何一个计划层次都包括需求和供应两个方面，对制造业来讲就是需求计划和能力计划，要实现不同深度的供需平衡，并根据反馈的信息，运用模拟方法加以调整或修订。每一个计划层次都要解决的问题如下。

(1) 生产什么？生产多少？何时需要？（生产目标）

(2) 需要多少能力资源？（生产资源）

(3) 有无矛盾？如何协调？（需求和能力的差距）

换句话说，每一个层次都要处理好需求与能力的矛盾，平衡需求与能力，这是ERP原理的一个基本原则，要做到计划既落实可行，又不偏离经营规划的目标。上一层的计划是下一层计划的依据，下一层计划要符合上一层计划的要求。

关于需求与能力的协调策略或措施，其通用方法无非是调节需求或调节可用资源。例如：减少生产量；外包作业；外购；用其他供给源；材料短缺，可考虑增加材料购买和用替换材料等策略；劳力短缺，可考虑安排加班或增加班次、雇用、重排生产等策略；机器短缺，可考虑购买新的机器、升级现有机器、优化生产工艺过程等策略。

第二节　提前期

ERP中的提前期是指完成一项活动的时间跨度，即从活动开始到活动结束所持续的时间。例如，X产品的生产需要一个月的时间完成，而生产部门要在2023年5月1日交付X产品，则生产部门必须在2023年4月1日前就得组织并将X产品投入生产，即提前"一个月"组织生产，这"一个月"就是提前期。

在ERP系统中提前期是在物料代码中进行维护的，物料采购要设置采购提前期，而零件(产品)制造要设置加工提前期。提前期是编制MPS、MRP、车间作业控制和采购计划的重要基础数据。

提前期按其在有关计划中所起的作用，可以分为以下几个方面。

(1) 产品设计提前期：从产品设计开始至产品设计结束所需的时间。

(2) 生产准备提前期：从生产计划开始到产品投入生产前准备阶段所需的时间。

(3) 采购提前期：从采购订单下达至采购物料入库所需的时间。

(4) 生产加工提前期：从生产加工开始(或生产准备完成)至生产完工入库所需的时间，包括加工件的排队时间(Queue Time)、准备时间(Setup Time)、加工时间(Run Time)、等待时间(Wait Time)和传送时间(Move Time)等。其中，排队时间是指一批零件在工作中心前等待上机加工的时间；准备时间是指熟悉图纸及技术文件，安装、调整及拆卸工艺装备的时间；加工时间是指占用工作中心的时间；等待时间是指加工完毕后的工件在工作中心旁等待这批工件全部加工完成后，运输到下道工序或库房的时间；传送时间是指工序之间或工序与库房之间的运输时间。

(5) 装配提前期：从装配投入开始至产品装配完工所需的时间。

(6) 累计提前期：采购、加工、装配提前期的总和。

(7) 总提前期：产品的整个生产周期，是产品设计提前期、生产准备提前期、采购提前期、生产加工提前期、装配提前期、运输提前期等的总和。

第三节　企业生产类型与生产周期

一、企业生产类型

ERP中计划的制订，归根到底是依据市场的需求，而市场的需求主要有两个方面：一方面是用户订单(当前市场)，另一个方面是企业对市场的预测结果(未来市场)。

根据市场需求，企业的生产类型主要有4种，即按库存生产、按订单生产、按订单装配、按订单设计。其中，按库存生产、按订单生产是最基本和最常见的两种生产类型，而按订单设计则是按订单生产的特殊形式，按订单装配是前两种基本生产特征的组合体。

在实际应用中，多数企业的市场环境既有按订单生产特征，也有按库存生产特征(如通用件、标准件、生产零/配件等)，而且在产品组装过程中，还有可能会接到用户具有特殊要求的设计订单。因此，大部分企业的生产类型是具有多种生产形式的。

下面就企业的这4种生产类型进行简要介绍。

（一）按库存生产 (Make To Stock，MTS)

按库存生产，又称备货生产，是指产品在接到用户订单之前已生产出来，客户订单上的商品可以随时从仓库中提取，交货期只是受运输条件的限制。

按库存生产型企业主要有以下特征：

(1) 产品需求一般比较稳定，且可以预测；

(2) 产品品种及规格较少，产品可保留较长时间；

(3) 产品存储在仓库中，根据需要随时提取；

(4) 其生产计划主要根据预测信息，并且可依据仓储部门的实时消耗量信息，进行实时补充。

适用于按库存生产的产品有文具、洗衣机、电视机、自行车、摩托车等。

（二）按订单生产（Make To Order，MTO）

按订单生产，又称订货生产，一般是指接到用户的订单后才开始生产产品，所生产的产品主要是标准的定型产品，不需要重新设计和编制工艺，计划的对象是最终产品。

按订单生产型企业主要有以下特征：

(1) 企业具有一些可供选择的产品品种和规格；

(2) 生产和存储这些产品的费用较大，产品是为专门的用户生产的；

(3) 市场需求允许在一定时期后交货；

(4) 原则上产品无库存或只有极少量库存，只对原材料和通用件保留一定数量的安全库存。

适用于按订单生产的产品有通用机械、标准型号的电机、精密机床、飞机等。

（三）按订单装配（Assemble To Order，ATO）

按订单装配，又称订货组装，是指在接到订单后再开始组装产品，这类产品具有一系列的标准基本组件和通用件，是模块化的产品结构，可以根据客户的要求进行选择装配。

大量的基本组件和通用件都是在接到订单之前就已经根据预测生产出来了，保持一定的库存。接到正式订单后，只需要有一个总装计划(Final Assembly Schedule，FAS)，按照客户选择的型号装配出来就可以交货。

按订单装配型企业主要有以下特征：

(1) 产品是由一些标准零件与用户的一些特殊需求零部件组成的；

(2) 产品具有离散装配特性；

(3) 产品的市场需求量比较大，且通常是为了满足客户的一些特殊性需求。

适用于按订单装配的产品有汽车、计算机、石英钟、医疗仪器、电子设备等。

（四）按订单设计（Engineer to Order，ETO）

按订单设计，又称定制生产，是指在接到客户订单后，按客户订单的要求做产品技术设计或者在原标准产品上做较大改动的客户化定制直到产品交付。

按订单设计型企业主要有下述两个特征：

(1) 按订单设计和生产的产品，往往只生产一次，不重复生产；

(2) 订单驱动贯穿从设计到发货全过程。

按订单设计的产品完全是按客户特殊要求设计的定制产品，企业要为每一个订单使用唯一的物料清单和工艺路线，不仅产品需要重新设计，工艺路线和原材料采购也需要重新考虑。这时，压缩产品开发周期和制造周期是直接影响竞争力的关键因素。因此，要用到敏捷制造的原理来解决这类问题。

按订单设计适用于复杂结构的产品生产，如卫星、锅炉、造船、专用设备、发电机组等。

从以上内容可以看出4种生产类型与产品品种以及客户数量的关系，如图2-2所示。

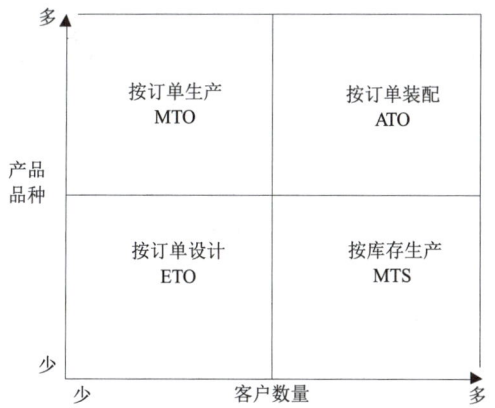

图 2-2 生产类型与产品品种以及客户数量的关系

二、企业生产周期

在介绍生产周期前，先引入客户的需求周期概念。所谓需求周期，是指从与客户签订销售合同开始，到客户收到销售合同所订购的产品为止的时期。

生产周期是指企业制造客户所需产品的周期。其过程包括产品设计、生产准备、采购、生产加工、装配、运输等几个阶段。企业的生产周期大于客户的需求周期。

不同的生产类型，它们的生产周期和需求周期是完全不同的，如图 2-3 所示。

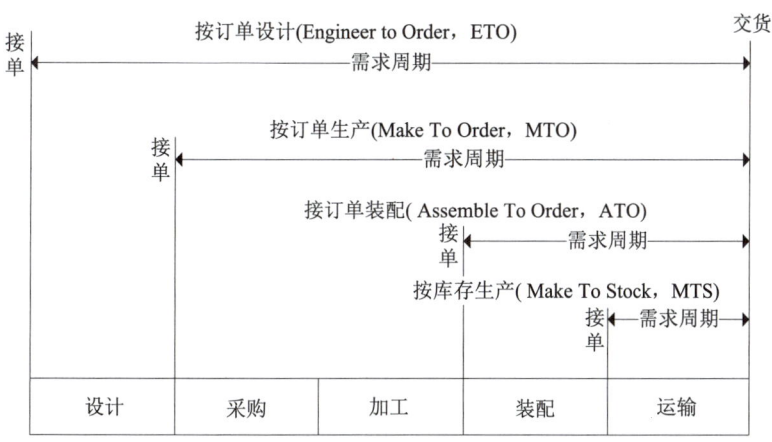

图 2-3 不同的生产类型对应的生产周期和需求周期

第四节 物料编码

一、物料

物料是组成产品结构的最小单元。这里所说的物料指的是，所有要列入计划、控制库存、控制成本的物件的统称。通俗来说，物料就是生产过程中所有的原材料、半成品和成品的统称，包括原材料、半成品、配套件、副产品、回收品、需要处理的废品、包装材料、标签、说明书、技术文件、合格证、产成品、工艺装备，甚至可以是不能存储的某些能源等。换句话说，物料是计划的对象、库存的对象和成本核算的对象。

二、物料分类

针对各种不同的需求，对企业所有物料按照某一种规则进行分类，是一项基础的管理工作。

（一）物料分类的主要作用

1. 按照某一种规则进行物料分类，便于物料信息的查询和统计分析

分类的重要作用是便于物料的查询和统计，在ERP系统中就显得更加重要。例如：按企业管理要求可以把物料划分为钢材、化工材料、低值易耗品等；如果管理需要进行细化，可以把钢材再划分为板材、型材、管材、棒材、金属制品，化工材料再划分为橡胶制品、塑料、油漆、石墨、添加剂；如果管理还需要再进行细化，可以将板材划分为厚板、中板、薄板，型材划分为角钢、槽钢、T型钢、工字钢等。按以上分类可方便地对各种类型的物料信息进行查询和统计。

2. 方便物料与会计科目关联

物料分类后，可方便定义每类物料与会计科目内容的联系，以便实现业务信息与财务信息在ERP系统中的集成。

（二）物料的分类

1. 按物料与会计科目的对应分类

这种分类可以将物料管理与会计科目直接对应，为物料管理和财务管理提供了方便，是目前应用最普遍的分类方法，如原材料、包装物、低值易耗品、委外加工材料、自制半成品、产成品。

2. ABC 分类法

ABC分类法是指把需要管理的物料对象分成A、B、C三类，所以称为ABC分类法或ABC分析法。ABC类的划分标准并无严格规定。一般而言，A类物料，占用总物料费用的70% ～ 80%，数量约占10%；B类物料，占用总物料费用和数量的10% ～ 20%；C类物料，约占用总物料费用的10%，数量占70% ～ 80%。

A类物料的资金占压占总物料的70% ～ 80%，所以，在物料的管理中，必须加强对A类物料的跟踪控制，精确地计算订货点和订货量，并且经常进行维护；对B类物料实施正常控制，只有特殊情况下才赋予较高的控制权限，可按经济批量订货；对C类物料尽可能实施简单控制，可通过半年或一年一次的盘点来补充大量的库存，可给予较低的控制权限。

三、物料编码概述

物料编码，又称物料代码，通常用字符串(定长或不定长)或数字表示。物料编码是计算机系统对物料唯一的识别代码，类似每个公民的身份证号。物料编码必须是唯一的。也就是说，一种物料不能有多个物料编码，一个物料编码只能对应一种物料。ERP系统对物料信息的处理(如存储和检索等)均是以物料代码为操作对象的。

物料编码的编制工作，是ERP系统建立基础数据的工作内容。其作用如下。

(1) 物料编码是ERP系统识别物料的唯一依据，能有效地解决物料名称可能出现的二义性问题，也就是克服了一物多名、一名多物或物名错乱现象。

(2) 物料编码既有唯一用编码替代文字的记述，又有系统的有序排列，物料管理精确，是MPS、MRP及库存管理的重要依据。

(3) 物料的领发、验收、请购、跟催、盘点、储存等工作极为频繁，而因有物料编码，可使各部门的工作效率提高，各种物料资料传递迅速，意见沟通更加容易。

物料编码应尽量采用现有的国际标准、国家标准或行业标准，否则应制定自己的企业标准。常见的物料编码标准有GB7635-87《全国工农业产品(商品、物资)分类与代码》、GB/T 12905-2019《条码术语》和WJ 2676-2005《兵器产品零件分类与代码》等。

物料编码的编制应遵循和采用现有的国际标准、国家标准或行业标准，在此基础上，制定自己企业的编码标准。

在ERP系统中，编制物料编码应遵循的原则如下。

(1) 唯一性原则。这是物料编码最重要的原则。对于一个企业(含集团性企业)，不仅要保证一个分公司、一个工厂、一个车间、仓库物料编码的唯一性，而且要从企业全局的角度，考虑整个企业所有产品和物料编码的唯一性，建立物料编码标准，以保证企业内部做到一物一码、一码一物。

(2) 可扩展性原则。编码要留足够的扩展空间，以应对将来物料扩展时的实际需要。

(3) 简洁性原则。编码要尽量简短，这样可节省阅读、填写、录入的时间，可加快数据的处理和传输速度，并可减少处理过程中的错误机会。

(4) 操作方便性原则。编码的构成要以数字为主，尽量少用英文字母或其他标点符号，汉字则尽量不用。

(5) 含义性原则。编码应有一定的含义，以便记忆。

【例2-1】某家电仓库要对其家电商品进行编码，其编码规则为：大类编码(2位)＋中类编码(2位)＋小类编码(2位)＋物料编码流水号(4位)，总长度10位。

物料编码：1104020001，凯歌52英寸液晶电视机。

11表示大类编码，大家电类；

04表示中类编码，电视机类；

02表示小类编码，液晶电视机类；

0001表示物料编码流水号，凯歌52英寸液晶电视机。

【例2-2】电阻的物料编码，如表2-2所示。本编码规则具有含义性，物料编码101

以后的编码表示 10×10^{n}（n 为相应编码最后一位数字）的阻值。例如，物料编码 105，表示 10×10^{5}，即阻值为 $1\,000\,000\,\Omega$ 的物料。

表 2-2　电阻的物料编码

电阻值 (Ω)	编码
0.5	005
5	050
10	100
100	101
1 000	102
10 000	103
100 000	104
1 000 000	105

【例2-3】钢筋或钢球物料编码，如表2-3所示。本编码规则也具有含义性，即物料编码的值，直接表示钢筋或钢球物料的直径。

表 2-3　钢筋或钢球物料编码

直径 (mm)	编码
5	05
8	08
10	10
12	12
15	15
18	18
20	20
25	25

ERP的物料编码体系中最重要的文件是物料主文件(Item Master，Part Master或Material Record)。它用来存储物料在ERP系统中的各种基本属性和业务数据，反映了物料同各个管理功能之间的联系，体现了信息集成和业务协同。物料主文件中的信息是多方面与多角度的，基本涵盖了企业涉及物料管理活动的各个方面，是编制主生产计划和物料需求计划最基本的文件。当然，不同的ERP系统可能其物料主文件内容不尽相同，但一般而言，物料主文件应包含下述信息。

(1) 物料的技术管理信息，主要涉及物料的有关设计及工艺方面的信息。例如物料图号或配方原料、成分；物料名称、重量、体积；设计修改号或版次；物料生效日期和失效日期等。

(2) 物料的计划管理信息，主要涉及编制主生产计划(MPS)与物料需求计划(MRP)相关的信息。例如：需求标识(独立需求或相关需求)；计划属性(MPS、FAS、MRP、订货点等)；生产周期；提前期；累计提前期；低位码；计划员码；成组码；工艺路线码等。

(3) 物料的库存信息，主要涉及物料库存管理方面的信息。例如：计量单位(当采购或销售单位与存储单位，存储单位与发料单位不同时，应有换算系数)；物品来源(制造、采购、外加工、虚拟件等)；ABC码；批量规则；默认仓库；默认货位；年盘点次数；盘点周期；积压期限；现有库存量；最大库存量；安全库存量；库存金额等。对外购件，还应包括采购员码、主供应商代码、次供应商代码、现供应商代码等。

(4) 物料的采购管理信息，主要涉及物料采购管理方面的信息。例如：上次订货日期、物料日耗费量、订货点数量、订货批量、主供应商代码、次供应商代码、现供应商代码、采购员代码等。

(5) 物料的销售管理信息，主要涉及物料的销售管理方面信息。例如：物料销售类型、销售收入科目、销售成本科目、销售单位、计划价格、折扣计算等。

(6) 物料的成本管理信息，主要涉及物料的成本信息。例如：成本项目代码、标准成本、实际成本、成本核算方法(计划成本或实际成本)、采购价、成本标准批量等。

(7) 物料的质量管理信息，主要涉及物料的质量管理方面信息。例如：批号、检测标志(Y/N)、检测方式(全检、抽检)、检验标准文件、生产日期、最长保存期等。

第五节　物料清单

一、物料清单的定义

物料清单(Bill of Materials，BOM)是指产品所需零部件明细表及其结构的描述，是描述企业产品组成的技术文件。在制造业中，它表明了产品的总装件、分装件、组件、部件、零件，直到原材料之间的结构关系，以及这些零部件在时间和数量上的相互关系。在化工、制药和食品行业，产品组成则是对主要原料、中间体、辅助材料及其配方和所需数量的说明。

由于物料清单是一种树状结构，因此又称为"产品结构树"。把树状图形表示的产品结构用数据表格文件形式表示，就是物料清单。它是在ERP系统计算MRP过程中的重要控制文件。

物料清单表明了产品—总装件—分装件—组件—部件—零件—原材料之间的结构关系，以及每个部件所包含的下属部件(或零件)的数量和提前期。

一个BOM文件，至少应包括4个数据项：物料标识(或物料编码)、需求量(每一个父项所需该子项的数量)、层次码(该物料在结构表中相对于最终产品的位置)及提前期。其中，物料标识是指物料编码；需求量是指每一个父项所需该子项的数量；层次码是系统分配给物料清单上的每种物料的数字码，其范围为$0 \sim n$，即最顶层的层次码为0，下一层的层次码则为1，以此类推；提前期的定义参阅本章第二节的内容。

【例2-4】一辆电动自行车的3级BOM结构，表示电动自行车由1个车架、1个蓄电池、1个马达和2个轮子组成。车架又由1个车把、1个车梁、1个前叉和1个后车架组成。其中，自行车装配的提前期为1，车架装配的提前期为1；蓄电池的采购提前期为3，马达的采购提前期为3，轮子生产的提前期为2，车把生产的提前期为1；自行车的层次码为0，车架、蓄电池、马达和轮子的层次码为1，车把、车梁、前叉和后车架的层次码为2。其BOM的树状结构如图2-4所示。

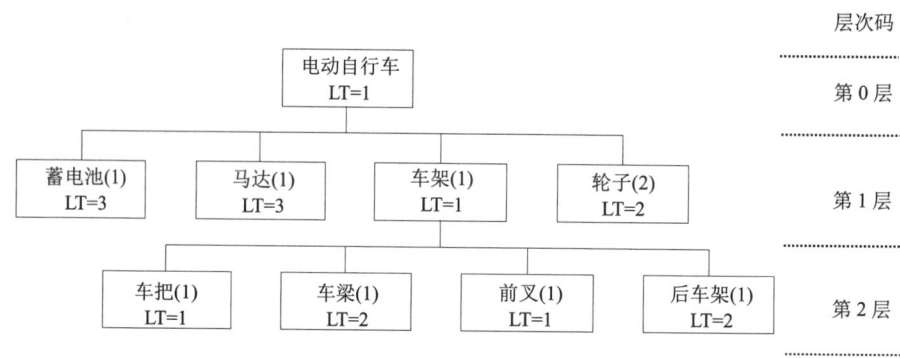

图2-4　电动自行车的 BOM 结构

狭义上的物料清单通常就是描述产品结构，仅仅是对物料物理结构按照一定的划分规则进行简单的分解，描述了物料的物理组成。一般按照功能进行层次的划分和描述。

广义上的物料清单是产品结构和工艺流程描述的结合体，二者不可分割。离开工艺流程谈产品结构，没有现实意义。要客观、科学地通过BOM来描述某一制造业产品，必须从制造工艺入手，才能准确描述和体现产品的结构。

二、物料清单的作用

BOM是ERP系统中最重要的基础数据，是实施ERP系统的基础和关键环节。其组织格式设计合理与否直接影响到系统的处理性能。BOM的作用可以归结如下。

(1) BOM是ERP系统识别各个物料的工具；

(2) BOM是MRP运行的重要的基础数据之一，是MPS转变成MRP的关键环节；

(3) 各个物料的工艺路线通过BOM可以生成最终产品项目的工艺路线；

(4) BOM是物料采购和零部件外协加工的依据；

(5) BOM是仓库进行原材料、零部件配套的依据；

(6) BOM是加工领料的依据；

(7) BOM可以包含各个项目的成本信息，是成本计算的重要依据；

(8) BOM是销售部门制定产品销售价格的依据；

(9) BOM是质量管理中从最终产品追溯零件、组件和原材料的工具。

三、物料清单的类型

BOM是企业基础信息的核心数据，是联系企业设计、制造和经营管理的桥梁。BOM描述产品的物料组成，并在企业的不同部门之间传递产品信息。不同部门，由于BOM的用途不同而存在多种BOM。物料清单按部门用途划分，有如下类型。

(1) 工程BOM(Engineering Bill of Materials，EBOM)是产品设计部门用来组织产品零部件物料的清单，反映产品装配结构和零部件的详细信息，是产品设计的最终结果。

(2) 工艺BOM(Planning Bill of Materials，PBOM)是工艺部门组织和管理产品及相关零部件工艺的文件，在EBOM的基础上加入零部件的工艺流程和生产设备等工艺信息而成。

(3) 制造BOM(Manufacturing Bill of Materials，MBOM)是制造部门按照EBOM和PBOM结合生产实际，加入详细的制造工艺工序信息而成。

(4) 采购BOM(Buying Bill of Materials，BBOM)是根据PBOM和MBOM对零部件的分类，确定出所要采购的物料信息而成。

(5) 成本BOM(Cost Bill of Materials，CBOM)描述产品的全部成本信息，是财会部门根据设计、生产和采购等部门提供的BOM，加入企业经营成本形成的产品最终成本信息。石英挂钟成本物料清单如表2-4所示。

(6) 销售BOM(Sale Bill of Materials，SBOM)是销售服务部门销售最终产品时提供给客户的产品物料需求，详细记录产品的零部件结构及相关备件和附件等信息。

表 2-4　石英挂钟成本物料清单

层次	物料编码	物料名称	计量单位	数量	材料费	人工费	间接费用	低层累计	本层累计
0	10000	挂钟	件	1.0		0.50	2.80	42.60	45.90
1	11000	机芯	件	1.0	12.30				12.30
1	12000	钟盘	件	1.0		0.40	2.50	11.95	14.85
2	12100	长针	个	1.0	1.45				1.45
2	12200	短针	个	1.0	1.64				1.64
2	12300	秒针	个	1.0	1.61				1.61
2	12400	盘面	件	1.0	7.25				7.25
1	13000	钟框	件	1.0		0.80	4.5	7.15	12.45
2	13100	塑料	克	30.0	0.24				7.20
1	14000	电池	节	2.0	1.50				3.00

由于物料清单是按照工程物料清单和工艺物料清单结合生产实际，加入详细的制造工艺工序信息而制成的，是制造过程遵循的标准，因此，ERP系统中所采用的物料清单是制造物料清单。

四、虚拟件

虚拟件，通常是指出现在图纸上，但不出现在实际加工过程中的组件，在ERP系统中，主要应用于简化产品结构的管理。

为了简化对物料清单的管理，将产品结构中大量重复出现的、规格和数量完全相同的一组物料虚拟成一个模拟件，以达到简化BOM的目的。

【例2-5】如图2-5(a)所示，在组成X产品的BOM结构中，A、B、C物料均出现了多次，此时可以用虚拟件的概念来简化BOM结构。设置一个"虚拟件"物料W，并定义物料W的BOM结构，如图2-5(b)所示。随后在X产品的BOM结构中重复出现的A、B、C物料用"虚拟件"物料W替代，如图2-5(c)所示，从而达到简化BOM的目的。

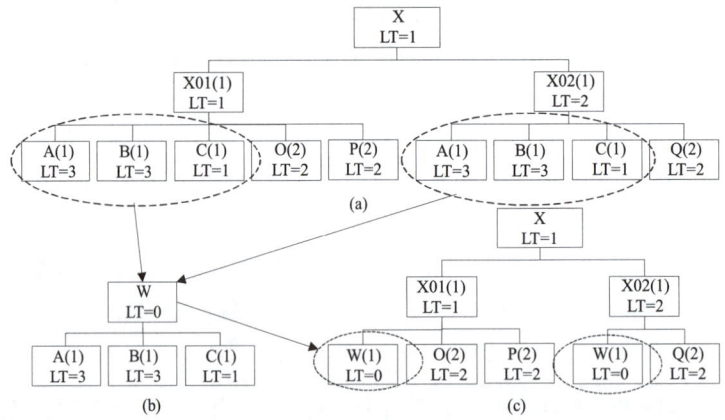

图2-5　BOM 中物料的虚拟件表示

由于虚拟件无须加工，因此虚拟件的提前期为零，即LT=0，如图2-5(c)所示。

第六节　工作中心

一、工作中心的定义

工作中心(Working Center)指的是直接改变物料形态或性质的各种生产能力单元的统称。在ERP系统中，工作中心的数据是工艺路线的核心组成部分，是制订物料需求计划、能力需求计划的基础数据之一。它是工序调度和CRP产能计算的基本单元，也是发生加工成本的实体。

工作中心是一种用于生产产品的生产资源，包括机器设备和人。因此，一般可根据设备的功能和劳动力状况进行划定。可以将执行相同或相似工序的设备和劳动力所组成的生产单元视为一个工作中心。例如，工作中心可以是一台功能独特的设备、一组功能相同的设备、一个成组加工单元、一条生产线、一个装配场地、一个或多个操作人员、一个班组、一个工段或某种生产单一产品的封闭车间等。换言之，一个车间可以是一个工作中心，也可以是由一个或多个工作中心组成的。一个人也可以是一个工作中心。

一般应在编制工艺路线前划定工作中心，建立工作中心主文件。在工艺路线文件中，一般一道工序对应一个工作中心，也可以多道工序对应一个工作中心。经过工作中心加工的物料要产生加工费用，即加工成本。因此，在财务管理中可以将一个或多个工作中心定义为一个成本中心。

二、工作中心的作用

工作中心的作用主要体现在以下4个方面。

(1) 作为平衡任务负荷与生产能力的基本单元。运行能力需求计划(CRP)时以工作中心为计算单元。分析CRP执行情况时也是以工作中心为单元进行投入/产出分析的。

(2) 作为车间作业分配任务和编排详细进度的基本单元。车间任务和作业进度要安排到各个加工工作中心，并且，派工单是按每个工作中心来说明任务的优先顺序的。

(3) 制定物料加工工艺路线的依据。在定义工艺路线文件前必须先确定工作中心，并定义好相关工作中心数据。

(4) 作为计算加工成本的基本单元。计算零件加工成本，是以工作中心数据记录中的单位时间费率(元/工时或台时)乘以工艺路线数据记录中占用该工作中心的时间定额得出的。

三、工作中心的相关数据

工作中心数据包括3部分内容：工作中心基础数据、工作中心能力相关数据，以及工作中心成本相关数据。

（一）工作中心基础数据

工作中心基础数据包括工作中心编码、工作中心名称、工作中心说明、工作中心所属部门、是否为关键工作中心等数据。

（二）工作中心能力相关数据

工作中心能力相关数据包括每日可开班次、每班人数、每班可排产工时数、设备数、平均排队时间、每日可提供的工时、机台时(或每小时可加工的产品数量)、工作中心的效率等数据。工作中心额定能力的计算公式为

工作中心额定能力＝每日班次×每班工时数×工作中心效率×工作中心利用率(工时/日)

其中，

工作中心效率＝完成定额工时数/实际工作工时数

工作中心利用率＝实际工作工时数/计划工作工时数

式中，工作中心效率、工作中心利用率这两个参数的设置，旨在使工作中心可用能力更符合实际，从而使计划和能力更加匹配。工作中心效率说明实际消耗工时与标准工时的差别，与工人的技术水平或设备的使用年限有关，可以大于、等于或小于100%；工作中心利用率则与设备的完好率、工人出勤率、停工率、任务的饱满程度，以及自然的休息时间有关。

工作中心的定额能力应是能持续保持的能力。为使工作中心的定额能力可靠有效，需要经常与实际能力比较，用实际能力来修正。工作中心的实际能力也称历史能力，是通过记录某工作中心在几个时区内的产出求平均值的方法计算得来。

（三）工作中心成本相关数据

工作中心成本相关数据包括单位时间的费率(工时或机时费率、间接费率等)、工人人数、技术等级等。

使用工作中心每小时发生的费用，称为工作中心费用(或费率)。其单位为元/工时。工作中心费用包括工作中心直接费用和工作中心间接费用。

工作中心直接费用包括操作人员工资、直接能源(如水、电、气)、辅助材料(如乳化液、润滑油等)、设备折旧费、维修费等。其计算公式为

工作中心直接费用＝工作中心日所有发生费用之和/工作中心日工时数

工作中心的间接费用则包括管理人员工资、保险费、电力费、搬运费、照明费等。其计算公式为

工作中心间接费用＝分摊系数×车间发生的间接费用/工作中心日工时数

式中，分摊系数是以人工成本为基准分摊的间接成本比例。

在核定产品的标准成本、进行产品的成本模拟及成本差异分析时都会用到工作中心成本数据，详见第九章的相关内容。

四、关键工作中心

关键工作中心(Critical Working Center)，又称瓶颈工作中心，是短期内生产能力无法自由增加的工作中心。关键工作中心是主生产计划中粗能力计划的计算对象。

约束理论(Theory of Constraints，TOC)指出关键或瓶颈资源决定生产产量。从这个理论可以推出ERP系统的主生产计划为什么只进行粗能力计划的计算。关键工作中心一般具有以下特点。

(1) 负荷量大，经常满负荷或加班加点工作。

(2) 操作技术要求高。工人操作技术要求熟练，短期内无法自由增加工人(负荷和产量)。

(3) 工艺独特。一般需要专用设备完成，不能替代或分包外协。

(4) 使用专业设备，且设备昂贵。设备投资大，一般不可能随时增添。

(5) 受多种条件限制，短期内不能随便增加负荷和产量。例如，生产周期限制、成本限制、场地限制等。

注意：关键工作中心会随着加工工艺、生产条件、产品类型和生产产量等条件的变化而变化，并非一成不变，不要混同于重要设备(如加工中心等)。

第七节　工艺路线

一、工序的概念

工序(Working Procedure)是生产作业人员或机器设备为了完成指定的任务而做的一个

动作或一连串动作，是加工物料、装配产品的最基本的加工作业方式，是与工作中心信息直接关联的数据，是生产过程中最基本的单位。

在生产管理上，工序也是制定定额、计算劳动量、配备工人、核算生产能力、安排生产作业计划、进行质量检验和班组经济核算的基本单位。可见，正确划分工序是合理组织生产过程的重要条件。

工序与工作中心的关系十分密切。一般情况下，一道工序一定对应一个工作中心，当然也可以多道工序对应一个工作中心，说明该工作中心可以完成多种相似任务并且不同的工序反复利用该工作中心进行加工。

二、工艺路线的概念

工艺路线是产品在企业的一个加工路线(是多个工序的序列)和在各个工序中的标准工时定额情况，主要用来进行工序排产和车间成本统计。它是一种计划管理文件，而不是企业的工艺文件。

在ERP系统中，工艺路线文件一般包括物料编码、工序号(零部件加工和装配的工序顺序)、工序说明、工作中心编码(该工序在哪个工作中心进行加工)、排队时间、准备时间、加工时间、等待时间、传送时间、最小传送量、外协标识(Y/N)、标准外协费和工序检验标志(Y/N)等。

三、工艺路线的作用

工艺路线主要有以下作用。

(1) 用于计算加工期间的提前期。利用工艺文件的准备时间、加工时间和传送时间来计算提前期，为MRP计算提供数据。

(2) 用于计算占用工作中心的负荷小时数，为运行能力需求计划提供数据。工艺路线中包括了相关物料在各个工作中心的工时定额数据，该数据可用于计算、平衡工作中心的能力。

(3) 用于下达车间作业计划。根据加工顺序和各种提前期进行车间作业安排。例如，派工单中每道工序的开始时间和完工时间等。

(4) 用于加工成本的计算。根据工艺文件的工时定额及工作中心的成本费用数据计算出标准成本。

(5) 按工序跟踪在制品。根据工艺文件、物料清单及生产车间、生产线完工情况，得到各工序的加工进度表，并以此对在制品的生产过程进行跟踪和监控。

四、工艺路线报表

ERP系统的工艺路线报表主要有以下内容和特点。

(1) 工艺路线报表主要确定工序顺序和工序名称，对应的工作中心(编码、名称)，各工序对应工作中心的工时定额(如准备时间、加工时间、等待时间和传送时间)，以及工作中心配备的人数和设备情况。工时定额是计算提前期、工序能力和成本数据的主要依据。工时定额数据来自历史统计资料，由工艺部门、生产部门和工业分析部门共同制定。工艺路线报表的典型格式如表2-5所示。

表 2-5　工艺路线报表的典型格式

物料编码：110000　　　　　　　　　　　　　　　　　　生效日期：2022-11-23

物料名称：X仪器面板　　　　　　　　　　　　　　　　　失效日期：2023-02-22

工序	工序名称	工作中心		标准时间（小时）			等待时间（天）	传送时间（天）	工人数		设备数	外协费（元）
		编码	名称	准备时间	加工时间	设备台时			服务	加工		
10	下料	0507	下料班	0.8	0.5	0.5	1.0	1.0	2	2	2	
20	冲1#孔	0801	冲床	0.5	0.1	0.1	0.5	1.0		1		
30	冲2#孔	0801	冲床	0.5	0.1	0.1	0.5	1.0		1		
40	热处理	0308	（外协）					8.0				50.00
50	研磨	0602	磨床	0.5	1.2	1.2	2.0	1.0		1		
60	电镀	0204	电镀班	0.6	1.0	1.0	1.0	1.0		1		
70	检验	0900	质检组		0.3	0.3	1.0	1.0				

(2) 每道工序对应一个工作中心，说明物料的形成同工作中心的关系，也说明工作中心的负荷是由于加工哪些物料形成的。

(3) 多道工序也可对应同一个工作中心，说明该工作中心可以完成多种相似任务，并且不同的工序反复利用该工作中心进行加工。如表2-5所示，工序20"冲1#孔"和工序30"冲2#孔"都是在工作中心0801完成的。

(4) 工艺路线报表包括外协加工信息。外协加工信息又包括外协工序、传送天数、外协费等，如表2-5所示。外协工序的传送天数实际就是外协加工件送出至收回的时间，是固定提前期。

(5) 除基本的工艺路线外，还应考虑可替代工艺路线，以便在调整计划或关键工艺路线上设备出现故障时替代。

(6) 由于工艺路线文件是管理性文件，具有时效性，需要说明生效日期和失效日期。

ERP系统的工艺路线文件一般有以下字段内容：物料编码、物料名称、生效日期、失效日期、工序号、工序名称、工序状态(正常、可选或停用)、工序说明、工种代码、工作中心编码、工作中心名称、准备时间、准备时间单位、加工时间、加工时间单位、设备台时、等待时间、传送时间、最小传送量、替换工作中心、外协标识(Y/N)、外协费、服务人数、加工人数和设备数等。

第八节　其他概念

一、独立需求与相关需求

在ERP系统中的需求，是指何时需要多少特定的产品或物料。需求又分为独立需求和相关需求。独立需求指外界或消费者对产成品的市场需求，即企业承接市场订单需求。因为它的需求量是由市场决定的，而企业对它无法加以控制或决定，所以称之为独立需求。相关需求指一项物料与其他产成品或产品的物料清单结构有关的需求。这些需求是通过物料需求计划计算出来的，而不是预测出来的。

独立需求是主生产计划下达的，通过市场预测或用户订单得到的；而相关需求则是通过物料需求计划运算后得到的。独立需求的物料包括成品、半成品、备品备件等，而相关需求的物料则包括半成品、零部件和原材料。

换句话说，一个物料的需求不能直接从另一个物料的需求计划得到时，这种物料的需求称为独立需求；否则为相关需求。

独立需求与相关需求的概念是相对的。例如，汽车厂生产的汽车是独立需求，它的需求数量是由预测和订单得到的。而对于构成汽车的底盘、车身、发动机、变速箱、车轮等部件则是相关需求，它们的数量是通过MRP得到的。但是，若发动机、变速箱等作为维修配件单独销售出厂，则发动机、变速箱等又是独立需求。因此，在编制ERP时，必须认真地收集物料的相关信息，以便分析和区分独立需求与相关需求。

二、工作日历

工作日历也称生产日历，说明企业各部门、车间或工作中心可以工作或生产的所有日期，也就是将社会日历进行转换，并除去周末、节日、停工和其他不生产的日子。通常MPS和MRP是按工作日历编制的。

工作日历文件一般应包含车间代码、社会日期(年、月、日、星期)、工厂/车间可工作日期数、日期状态(工作、休息、停工)、年有效工作天数、累计有效工作天数等数据。

MPS和MRP展开计划时，要根据工作日历安排任务，非工作日不安排任务。系统在生成计划时，遇到非工作日会自动越过。

工作日历的基本单位是日，有必要时需细化到工作日的小时数，能够说明一天之内增加班次或改变每班的小时数后能力的变化。

【例2-6】某企业为均衡电力负荷，将其X车间的生产时间进行调整，周六和周日的休息日调换到周二和周三，社会日历如表2-6所示，而X车间的工作日历如表2-7所示。

表 2-6　社会日历

日	一	二	三	四	五	六
2023 年 1 月						
1	2	3	4	5	6	7
8	9	10	11	12	13	14
15	16	17	18	19	20	21
22	23	24	25	26	27	28
29	30	31				
2023 年 2 月						
日	一	二	三	四	五	六
			1	2	3	4
...	...	...	...	...	...	...

表 2-7　X 车间工作日历

日	一	二	三	四	五	六
2023 年 1 月						
1 元旦	2 01	3 周休	4 周休	5 02	6 03	7 04
8 05	9 06	10 周休	11 周休	12 07	13 08	14 09
15 10	16 11	17 周休	18 周休	19 12	20 13	21 14
22 15	23 16	24 周休	25 周休	26 17	27 18	28 19
29 20	30 21	31 周休				
2023 年 2 月						
日	一	二	三	四	五	六
			1 周休	2 01	3 02	4 03
...	...	...	...	...	...	...

思考习题

1. 企业有哪些生产类型？

2. 简述物料的定义。

3. 什么是物料清单？物料清单的作用是什么？

4. 工作日历与社会日历有哪些区别？

5. 工作中心的内容和作用是什么？

6. 什么是关键工作中心？关键工作中心的特点是什么？

7. ERP 系统中物料编码的编码原则是什么？

8. 什么是提前期？ERP 中有哪些提前期？

9. 物料主文件中包括哪些信息？

10. 简述工艺路线的内容和作用。

11. 简述独立需求与相关需求的定义及二者的区别。

12. 简述 ERP 中计划的层次。

第三章

需求预测与销售管理

需求预测和客户订单是制订经营规划、销售与运营规划以及主生产计划过程的起点。正确地预测客户需求以及管理客户订单，是保证整个企业生产和物流组织沿着正确的方向进行的基本条件。因此，需求预测和销售管理系统中获取的客户订单信息，是ERP计划系统中最为重要的两个输入数据。本章将对需求预测的主要方法、销售管理的主要功能和流程进行介绍。

▶ **本章的知识要点：**

- 需求预测的分类、方法。
- 销售与运作规划的概念。
- 销售管理的内容及流程。
- 销售管理系统功能。

第一节　需求预测

预测是对未来可能发生的情况的预计和推测，而需求预测则是对市场在未来一段时间可能产生的，对产品、服务的需求的预计和推测。预测的时间可以是长期的，也可以是短期的。一般来说，越是接近目前的预测就越准确，越是长期的预测其不确定性就越大。

企业生产经营既需要对近一段时间的短期需求预测信息，也需要相对长期的需求预测信息。例如，在设计生产运作系统时，需要对产品和服务的长期需求进行预测，以便做出设施和设备的建设、选址以及购置等投资决策；同时，在生产系统运行过程中，要编制生产计划和车间作业计划，进行库存控制和采购原材料等活动，仅仅依靠已经签署的订单是不够的，还需要需求预测的信息，以便更好、更快地组织生产和其他经营活动。因此，预测与销售订单信息一样，对生产经营活动具有指导意义。

一、需求预测的内容

在制造业企业中，大多数公司都不能等收到客户的订单时才开始计划生产。在激烈的竞争环境中，客户所要求的交货提前期往往短于产品的生产提前期。于是，在接到客户订单之前必须进行预测，并根据预测先把一些工作做好，以便缩短交货时间来满足客户需求。

如本书第二章所述，制造业企业的生产类型主要有4种，即按库存生产、按订单生产、按订单装配、按订单设计。在不同类型的企业中，存在着各种各样不同的需求预测内容。

制造标准产品的制造商一般采用面向库存生产的方式。这些公司对标准产品的市场需求进行预测，以便提前组织生产保有一定的库存量。

面向订单生产的制造商不能在接到客户订单之前先进行生产，但是其往往对产品序列的总体需求量进行预测，以便准备好人力资源和机器设备，以满足可能的需求。有时，一些采购提前期很长的原材料或通用性强的零部件也必须根据预测做好准备。

面向订单装配的制造商应当在接到客户订单前准备好基本组件，以便在短时间内装配成产品来满足需求。因此，这类企业必须对这些基本组件的需求进行预测，以便提前组织这些基本组件的生产活动。

即便是面向订单设计的企业，也常常需要对一些采购提前期很长的原材料、通用的部件或维修用的备件的需求进行预测，以降低成本和提高售后服务质量。

二、需求预测的分类

按照不同的目标和特征，可以将需求预测分为不同的类型。这里主要介绍两种主要的分类方法。

1. 按照预测期限的长短，将需求预测分为长期预测、中期预测和短期预测3种

(1) 长期预测。长期预测是对5年或5年以上的需求前景的预测。它是企业长期发展规划、产品开发研究计划、投资计划、生产能力扩充计划等战略计划和固定资产投资计划的依据。长期预测一般通过对市场的调研、技术预测、经济预测、人口统计等方法，加上综合判断来完成。其结果以定性的描述为主，并辅以相对粗放的定量数据预测。

(2) 中期预测。中期预测是指对一个季度以上两年以下的需求前景的预测。中期预测是制订年度生产计划、季度生产计划、销售计划、生产与库存预算、投资和现金预算的依据。中期预测可以采用集体讨论法、时间序列法、回归法、经济指数相关法或上述方法的组合并结合人的判断做出。其结果一般以相对准确的定量数据为主。

(3) 短期预测。短期预测是指以日、周、旬、月为单位，对一个季度以下的需求前景的预测。短期预测是调整生产能力、采购、外协、安排生产作业计划等具体生产活动的依据。短期预测可以采用趋势法、指数平滑、回归分析以及判断等方法的有机结合来进行。一般都是以更为准确和具体的定量数据来进行描述。

ERP中的需求预测以中、短期预测为主，企业也可以利用ERP提供的工具进行长期预测。

2. 按照主客观因素所起的作用及采用方法的不同，将需求预测分为定性预测和定量预测

(1) 定性预测。定性预测是基于直觉、经验和某些知识进行判断的预测技术，也称为主观预测方法。定性预测简单明了，不需要数学公式和复杂计算。它的依据是各种不同的主观意见。定性预测方法主要包括德尔菲法、主管人员意见法、用户调查法和销售人员意见汇集法等。

(2) 定量预测。定量预测技术的使用前提是：过去的需求是未来需求的好的指标。定量预测技术依赖于数学公式来分析历史的需求模式并预测未来的需求，又称为统计预测方法。其主要特点是利用统计资料和数学模型来进行预测。定量预测技术有多种类型，最常用的是移动平均、指数平滑和回归分析等技术。

企业需求预测常常要结合定量和定性方法来进行。定性预测主要依靠人的判断，而定量预测更多地依赖存储在ERP系统中的数据，以及ERP中的预测模型和计算机系统的强大计算功能。后面的章节会对定量预测进行更详细的阐述。定性预测的具体实施办法，有兴趣的读者可以在相关书籍中找到详细的解释和描述。

三、几种常用的定量预测方法

制造业需求预测往往利用历史数据来进行。这些数据记录在公司内部文件或系统中，并且随时可以使用。下面介绍一些常用的利用历史数据进行定量预测的方法，这类预测方法也称为基于时间序列模型的预测方法。

【例3-1】表3-1为某日用品公司某种洗涤用品在2022年每个月的历史需求数据。简述利用历史数据预测其在2023年1月的需求量的定量预测方法。

表 3-1　某日用品公司某种洗涤用品在 2022 年每个月的历史需求数据

月份	1	2	3	4	5	6	7	8	9	10	11	12
需求量（万瓶）	56	50	42	45	48	49	51	53	52	50	48	46

1. 以距离预测期最近一个周期的历史数据作为预测期的需求量

对于需求变化相对比较平稳的产品而言，直接采用与预测周期最近一期的数据作为预测需求量是最为简单且有效的方法。例3-1根据这一方法可以得到，2023年1月该洗涤用品的预测需求量为46万瓶。

2. 以历史同期需求数据作为预测期的需求量

这种预测方法适用于需求变化相对平稳，并具备季节性特点的产品需求预测，尤其适用于常规的季节性产品，如清凉饮料、保暖用品、电力、煤炭等季节性特征比较明显的产品需求预测。例3-1依照这种预测方法可以得出，2023年1月该洗涤用品的预测需求量为56万瓶。

3. 简单移动平均法

简单移动平均法是一种较为简单的定量预测方法。这种预测方法将最近几个周期的平均需求作为下一个周期的预测需求量。每个时间段的预测需求量总是基于某一特定数量的实际需求的平均数计算得到。如果例3-1采用最近3个时间段的需求数据来预测2023年1月的需求量，那么其计算公式为

$$\frac{50+48+46}{3}=48(\text{万瓶})$$

因此，使用3个时间段需求数据的移动平均法，计算得到2023年1月的预测需求量为

48 万瓶。

类似地，如果采用最近 4 个时间段的需求数据来预测例 3-1 中 2023 年 1 月的需求量，则其计算公式变为

$$\frac{52+50+48+46}{4} = 49(万瓶)$$

从上面的计算可以看出，使用简单移动平均法预测的需求不仅与历史的需求数据有关，也受到采用时间段的数量的影响。一般来说，采用越多的时间段，预测值的变化越平稳；采用越少的时间段，预测值的变化越迅速，预测对需求变化趋势的反应越灵敏。从上面的数据中可以观察到需求量减少的趋势，在 3 个时间段的预测中需求量减少的幅度相比于采用 4 个时间段的预测值更为明显。但一般来说，简单移动平均法预测对需求变化趋势的反应总是滞后的。移动平均包括的时间段越多，滞后越严重。

简单移动平均法适合于具有稳定需求的产品，这样的产品往往没有明显的需求变化趋势或规律，包括季节性变化。同时，移动平均法也可以用来过滤需求的随机变化，从而排除偶然的干扰因素，找出稳定的需求量。

4. 加权移动平均法

简单移动平均法是将采用的时间段需求数据不分远近平等对待，认为它们对预测时间段的需求量影响是一样的。而加权移动平均法则与之相反，认为离预测时间段越近的需求数据越能反映需求变化的趋势，因而要赋予其较大的权重；相反，距离预测时间段较远的需求数据应赋予其较小的权重。

如果例 3-1 采用 3 个时间段的数据对 2023 年 1 月该洗涤用品的需求量进行预测，并分别赋予 2022 年 10 月、11 月、12 月需求量以 20、30、50 的权重，则 2023 年 1 月预测的需求量为

$$\frac{50\times20+48\times30+46\times50}{100} = 47.4(万瓶)$$

同样是基于 3 个时间段的需求数据进行的预测，由于赋予了近期数据较大的权重，得到的结果更能反映需求下降的趋势，预测值相对简单移动平均法更低。

无论是简单移动平均法还是加权移动平均法，考虑的时间段个数和权重的选择并没有固定的模式，需要预测者根据经验或对趋势的分析和判断来选用。

5. 指数平滑法

经常使用的另一种预测方法是指数平滑法(Exponential Smoothing)。指数平滑法需要的两个参数分别是预测初值和平滑因子。指数平滑法的计算公式为

本期预测＝上期预测＋校正数

其中，校正数的计算公式为

校正数＝平滑因子×(上期实际需求－上期预测需求)

在指数平滑法中，上期预测值体现了历史数据对本期预测值的影响，同时，上期实际需求强调了近期销售数据对预测值的影响。但这一影响的程度取决于平滑因子的取值。平滑因子是介于 0 和 1 之间的实数。

如果将上述公式进行迭代，可以发现近期数据对本期预测值起主要作用，其余各项历史数据的作用按照等比级数迅速递减。预测人员可以通过调整平滑因子的取值来调节历史数据作用递减的速度。平滑因子越大，历史数据作用递减越迅速；平滑因子越小，历史数据作用递减越缓慢。

指数平滑法的优点在于它所要求的数据比移动平均法要求的数据少得多。与移动平均法类似，指数平滑法可以检测市场需求的趋势，但预测要滞后于实际需求，如果平滑因子的值选得较大，则预测能更好地反映市场需求的趋势。

定量预测技术还包括其他类型，如二次、三次指数平滑法，回归分析等技术。本书对此不做详细介绍，有兴趣的读者可以参阅本书涉及的参考文献。

第二节　销售与运作规划的制订

本书第二章已经说明，ERP中的计划层次包括5个，分别是企业经营规划(第一层)、销售与运作规划(第二层)、主生产计划(第三层)、物料需求计划(第四层)、车间作业控制及采购作业计划(第五层)。其中，销售与运作规划是指企业在一定时期内产品系列或产品族的销售数量及收入计划，以及为实现这一销售计划而采取的主要措施和办法。该规划的展望期一般为1～3年，其计划周期可为月、季度或年。

销售与运作规划在整个计划层次中位于战略层，具有宏观计划的性质。其上承企业经营规划，下启主生产计划；既是企业经营规划的分解和落实，又是主生产计划制订的依据。制订销售与运作规划，首先要从整体上对市场需求和企业所拥有的资源(包括生产能力)进行匹配和平衡，从而制订出可行的销售规划以及支持销售规划的生产运作规划。

顾名思义，销售与运作规划准确来讲是两个规划：销售规划和运作规划。销售规划明确企业在一定计划期内预计实现的产品类别、销售数量以及要达成的销售收入计划；而运作规划是指企业经营管理的各个部门为保障实现销售规划而制订的整体运作规划，主要围绕生产规划来组织。销售规划和运作规划是紧密关联、相互制约的。从长远来说，企业的生产、经营运作应当满足市场销售的需要，因此，销售规划驱动生产运作规划。从短期而言，企业的生产率是由企业拥有的可支配的生产能力来决定的，因此，销售规划要受到生产运作规划的制约。

确定的销售与运作规划是企业计划周期内一切经营活动的目标，是市场、销售、研发、设计、计划、生产、供应和财务等各部门的共同目标，企业的一切活动都要围绕完成与实现销售与运作规划来进行。

对应在ERP系统中，销售与运作规划的作用是ERP系统的输入，以指导主生产计划等下一层次计划的制订；同时，通过主生产计划、物料需求计划、车间作业控制及采购作业计划等战术层面计划的执行反馈，及时发现企业运行与销售和运作规划的偏差，更好地调整和控制企业沿着既定的战略方向发展。

销售与运作规划一般由企业高层领导会同市场、研发、计划、工艺、生产、供应、财务等部门共同制订。

一、销售规划

销售规划是对产品族总需求的预测。对产品族总需求的预测有以下两种方法。

第一种方法：通过预测产品族中每个产品的销售预测之和来得到该系列产品的销售规划。

第二种方法：通过外部预测，即利用外部指标(如产品族总体市场规模和目标市场占有率)来预测整个产品族的销售规划，再按照一定的比例来得到产品族中每个产品的销售预测。

【例3-2】国内某知名品牌的厨房设备生产企业生产各类厨房设施，厨房燃气具是该公司的主要产品，且品牌知名度和市场占有率均在行业内占据领先地位。预计2023年目标市场占有率为8%，2023年的市场总需求大约为5000万台(部)，由此制订出该企业厨房燃气具的销售规划为400万台(部)。根据2022年销售历史数据，该企业的高中低档燃气具共计10个规格型号，其销量分别占总销量的比例如表3-2所示。

表3-2　某厨房设备生产企业 2022 年各种规格型号燃气具销售比例统计

规格型号	A1	A2	A3	B1	B2	B3	B4	C1	C2	C3
占总销量的比例 (%)	8	6.5	3	15	18	12	10	12	8	7.5

各种规格型号燃气具的市场预测计算公式为

$$SM_i = TM \times P_i$$

式中，TM为产品族的销售规划；P_i为某规格型号产品在总销量中所占的比例；SM_i是该产品的销售预测。

计算结果如表3-3所示。

表3-3　某厨房设备生产企业 2023 年各种规格型号燃气具销售预测

规格型号	A1	A2	A3	B1	B2	B3	B4	C1	C2	C3
销售预测（万台/部）	32	26	12	60	72	48	40	48	32	30

而根据每个产品销售预测来制订产品族销售规划的计算公式为

$$TM = \sum_{i=1}^{n} SM_i$$

式中，n是产品规格型号的个数。

在例3-2中共有10个具体的规格型号，因此n为10。在此省略具体计算。本章思考习题有相关计算题，有兴趣的读者可以利用习题数据自行计算。

二、运作规划

运作规划包含企业为实现销售规划而做的各方面规划，包括新产品研发规划、市场规划、生产规划、人力资源规划、资金规划等。其中，最为核心的就是生产规划，其他方面的规划都是围绕销售规划和生产规划而制订的。

制订企业运作规划的依据包括销售规划、外协厂商和企业的生产能力限制、供应商的供货能力以及企业的生产方式、企业的资金状况等。企业运作规划除了需要满足销售规划的需要，还应满足企业在库存控制、成本控制、客户服务、员工满意度等方面的需要。

基本的生产规划策略有3种：追逐策略、均衡生产策略和混合策略。

（一）追逐策略（Chase Strategy）

顾名思义，追逐策略是指生产规划按照销售规划的需求量组织生产，由于生产相对销售的滞后性，因此在曲线上呈现出一种对销售需求的跟随趋势，如图3-1所示。

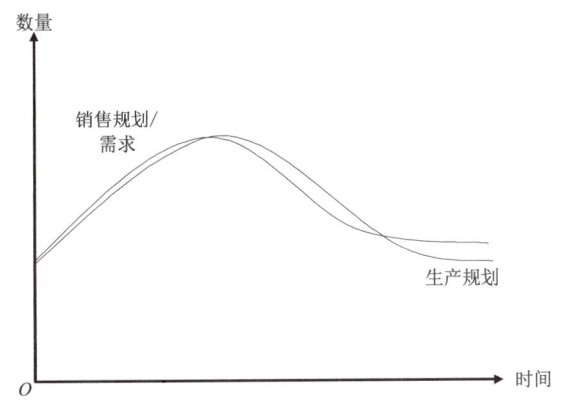

图 3-1　追逐策略

在大多数服务性行业中，生产必须依赖于需求组织，所以追逐策略是最为合适的生产规划策略。例如，餐饮行业无论规模发展得多么庞大，都需要按照客户的需求组织生产活动；理发店无论季节性需求多么难以应对，都必须按照实际的客户需求组织服务活动。类似的例子还包括出租车运营、邮递和快递业务等。但是，追逐策略仍然适用于除服务性行业外的制造业，如保质期较短的食品加工行业或其他行业。

追逐策略的优点在于：库存水平处于最低的水平，有利于企业仓储成本的控制。其缺点在于：企业的生产呈现出不均衡的现象，尤其对于需求波动较大的行业，企业需要时刻应对生产资料不足和生产能力闲置的情况，对企业的生产组织提出较高的要求；同时，需求低谷时能力的闲置会造成浪费，而需求高峰时的加班或外协又会增加相应的费用。因此，采用追逐策略会在一定程度上增加企业的制造成本。

（二）均衡生产策略（Production Leveling Strategy）

均衡生产策略是指企业按照固定的生产率持续生产。因此，企业的生产是均衡的。固定的生产率体现平均的需求量，如图3-2所示。

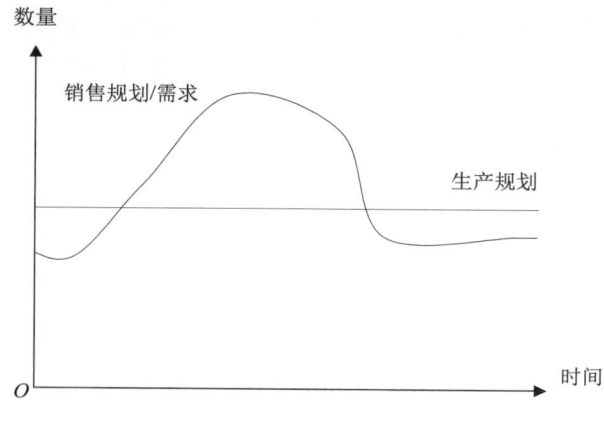

图 3-2　均衡生产策略

在均衡生产的情况下，当需求处于低谷时，市场需求低于产量，库存量增加；反之，当需求处于高峰时，市场需求大于产量，消耗库存，库存量减少。

与追逐策略相反，均衡生产策略的优点是：由于企业生产活动是平稳均衡的，有利于企业按照最经济的模式组织平稳生产，产品的制造成本得以控制；同时，由于生产活动有序性的提高，生产组织与管理的难度降低，有利于产品质量的稳定。

其缺点是：采用均衡生产策略的企业库存平均水平较高，尤其是在需求处于低谷的时期，因此，其仓储成本是相对较高的。

（三）混合策略

从前面的阐述我们可以看出，追逐策略和均衡生产策略是截然不同的两种生产规划策略，分别有各自的优点和缺点。在实践中，更多的企业采用的是一种混合的生产规划策略，即在一个计划期内根据需求的变化特点，分段采用不同的生产率组织生产。这样做的好处在于既能根据销售需求组织生产，同时在生产上又能保持一定的稳定性。使用混合策略的根本目的在于使企业的库存成本和生产成本都得到合理的控制，以获取最小的生产总成本。

混合策略的示意图如图3-3所示。

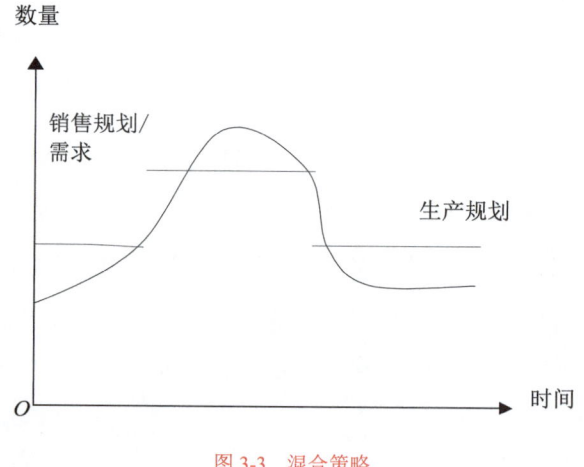

图 3-3　混合策略

第三节 销售管理的内容与流程

一、销售管理的作用与内容

营销作为企业职能的重要组成部分，主要是为客户或最终用户提供产品和服务，实现企业的资金转化，通过获取利润为企业提供生存和发展的动力。同时，销售管理的好坏对企业全局有直接影响，销售是企业活动的出发点，对企业的技术、生产、财务、人事等各项管理都有决定性的作用。

在企业的管理系统中，销售管理系统是企业与外部客户的接口。它是实现企业资金转化，体现企业经济价值和社会价值的重要基础，为企业的再生产提供资金保障。同时，它提供的销售计划、市场预测也是企业制订生产计划的重要依据。然而，众多企业都面临销售管理问题：销售信息滞后、销售人员垄断市场信息、销售机会难以把握、简单重复作业效率低下、内部信息沟通不畅、客户信息散乱、客户满意度水平低等。

现代营销思想与实践的核心在于理解、创造、沟通以及实现顾客价值，并不断提高客户满意度。对大部分企业来说，销售管理对企业的成功是至关重要的。因此，大多数企业对于利用ERP系统中的销售管理系统来提高客户响应速度、服务水平以及销售管理水平，都抱有浓厚的兴趣和期待。销售管理系统也成为企业降低销售成本、保证生产计划的合理性以及提高客户服务水平的重要工具。

销售管理职能的工作内容一般包括：

(1) 组织进行市场分析及市场预测；

(2) 制订及分解销售计划；

(3) 市场开拓；

(4) 组织及负责销售过程，包括确定技术方案及产品报价；

(5) 负责商务谈判及签订销售订单；

(6) 组织发货；

(7) 催收销售货款；

(8) 对客户提供相关服务；

(9) 进行有关销售分析；

(10) 对客户进行日常管理。

二、销售管理流程

制造业的销售业务流程受企业的生产模式、产品特点以及销售模式的影响。为表述方便，本书后面的章节以目前应用最为广泛的按订单制造(Make to Order，MTO)模式为主，介绍一般企业的销售管理流程。

企业的销售管理流程一般以销售订单为分界点，将销售流程划分为销售订单签订之前的流程和订单处理的流程两部分。

销售订单签订之前的流程通常称为售前流程，而销售订单签订之后的流程称为销售订单处理流程。

售前流程如图3-4所示。

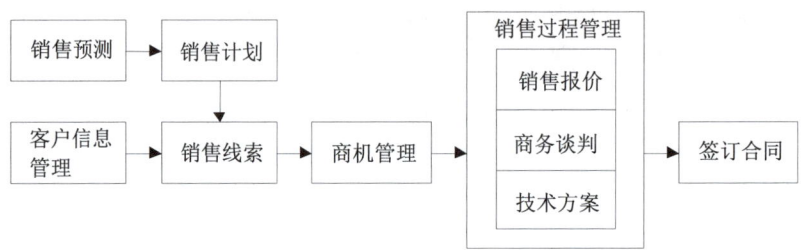

图 3-4　售前流程

（一）销售预测

企业可以按照本章第一节介绍的根据历史销售数据对销售进行预测，结合企业的战略规划，制定企业的销售策略。中长期销售预测是企业制订销售计划的重要依据。短期销售预测和销售订单是企业编制生产计划的最为重要的依据。

（二）销售计划

销售管理中的销售计划可以通过多种方式组织编制，通常包括按照部门编制销售计划、按照业务员编制销售计划及按照产品编制销售计划3种编制方式。支持年度销售计划的销售额度按照规定的方法分解到季度、月度销售计划中去，还可以根据设置在部门或者业务员上的分摊比例，自动将全年的计划分摊至每个部门或者业务员，满足企业不同层次的组织结构对销售计划的管理需求。

（三）客户信息管理

企业一般都将客户视为企业的财富。因此，几乎所有的企业都对客户信息进行必要的管理。同时，客户信息也是多数企业重要的商业机密。所以，在有些企业中，客户管理是企业战略级别的重要内容。从日常业务开展来看，良好的客户信息管理有利于企业更好地组织市场活动和客户服务过程。

（四）销售线索与商机管理

销售人员的重要工作之一是寻找各种销售线索，并识别出有效的销售机会，称之为商机。销售线索和销售机会可以说是所有销售行为的起点。销售人员对销售机会进行的一系列活动，如报价、技术交流、考察等，就是为了最终实现销售，与客户签订销售合同。

（五）销售报价

销售报价是指企业销售人员向客户提供货品、规格、价格、结算方式等信息的行为，是销售过程中重要的工作环节。

企业一般都对企业产品的销售价格进行管理。有些企业会制定企业各类产品的标准售价，销售人员按照标准的价格向客户报价及销售产品；有些企业会按照销售人员的级别赋予他们打折的权限，基层销售人员如果需要降价销售产品，必须经过销售经理的批准；还有些企业，例如快速消费品行业的企业，其价格管理甚至非常复杂和严格，不仅要不断更新其产品销售价格，而且要制定各种复杂的价格政策，如促销、打折、地区价格、客户分类价格、批量折扣等。企业销售人员则必须按照企业规定的价格对客户报价。

对于老产品，销售部门可以根据历史的销售价格，以及与客户需求相匹配的价格政策进行报价；对于新产品，销售部门必须组织企业内部其他有关职能部门预先对产品进行估价，考虑产品的成本与一定的利润，从而确定合理的价格。除此之外，销售人员报价还是一项非常重要的商业行为，因为价格是客户决策向谁采购货物的最为重要的因素之一。

（六）商务谈判与技术方案

在销售达成的过程中，客户有时会就包括价格在内的商务条款以及产品或服务的技术参数提出特殊的要求。企业的技术人员则需要根据客户的技术要求提出技术解决方案，并就这一问题与客户进行沟通。经过确认的技术方案，一般会在签订合同时作为合同附件成为合同的重要组成部分。因此，在销售管理中需要对这方面的沟通进行有效的管理。

（七）签订合同

销售过程的最终成果就是销售合同，销售人员与客户签订销售合同，并将销售合同返回给企业财务、规划等部门。销售合同既是销售活动的终点，也是合同的实质内容销售订单处理流程的起点。

销售订单处理的流程如图3-5所示。

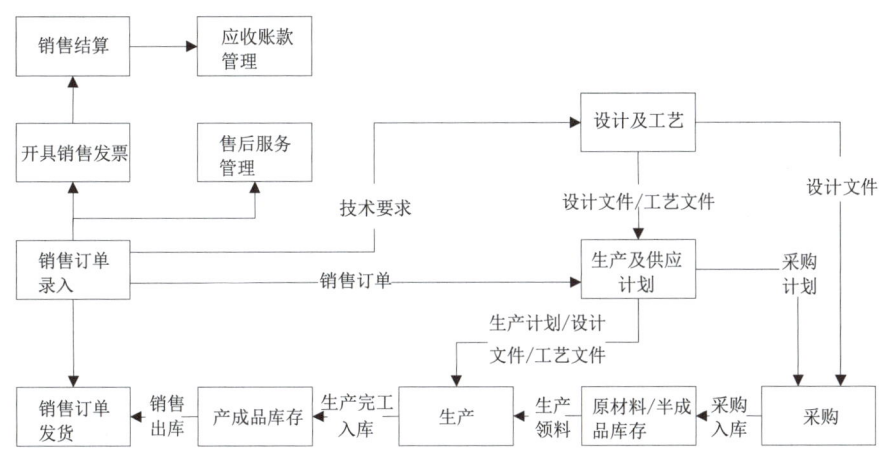

图3-5　销售订单处理流程

（八）销售订单录入

企业内部销售订单是根据客户需求信息、交货信息、产品的相关信息及其他注意事项制定出来的。销售部门通过系统将销售订单信息传递给生产计划人员，以便安排生产，并进行订单跟踪与管理。对于按订单设计生产模式的企业来说，还需要将订单的技术要求传递给设计及工艺部门，以便它们针对订单进行设计，并将订单的设计文件及工艺文件传递给生产供应部门，用以指导生产及采购活动。

（九）计划人员进行排产

根据销售人员与客户签订的订单，企业计划人员负责制订生产及供应计划，用以指导采购及生产部门组织采购作业及生产作业。

（十）采购作业与生产作业

企业所有的业务运作归根结底都是为了满足客户需求，也就是为了满足销售订单的要求服务的，采购作业及生产作业是必不可少的环节。企业采购部门直接根据销售订单要求或根据计划部门间接制订的采购计划进行原材料的采购；生产部门根据按照销售订单及销售预测做出的生产计划组织生产，以满足客户订单在时间、质量、货物品种及规格上的需要。

（十一）销售订单发货

销售部门或为销售服务的专门的发运部门按销售订单的交货期组织货源，下达提货单，并组织发货，然后将发货情况转给财务部门。销售发货管理的内容包括根据销售订单中已到交货期的订单进行库存分配，下达提货单并组织发运。

（十二）开具销售发票

销售发票管理是指对销售及发货的产品开具发票，是销售回收货款的重要依据。除预付、现付货款外，财务部门往往以发票作为客户应收账款的做账依据，并配合销售部门回收货款。

（十三）销售结算

销售结算是财务部门对销售订单、发票、发货单及销售回收货款进行匹配勾稽的过程。具体而言，就是根据销售订单及发货单开具发票，将回收的客户货款与发票匹配核销，以便明确企业所有已收及未收货款的活动。

（十四）应收账款管理

应收账款管理是指企业财务有计划地进行客户信用、账期、呆坏账分析等操作的管理行为。

（十五）售后服务管理

根据企业销售产品的特点，有些企业的销售还包括售后服务的内容，即在提供产品之外进行安装、培训、调试、装配、检测以及零部件更换、故障处理等。

第四节　ERP 销售管理系统功能

ERP中的销售管理模块可帮助企业销售及市场部门在对现有客户的需求提供服务与支

持的同时，发展新的客户及新的业务。企业的销售人员，包括本地及异地的销售人员，都可以通过ERP系统的销售管理模块存取有关客户、产品、价格、信用等有价值的信息，并能够通过系统处理与客户订单有关的报价、订单维护、发货、发票、结算等销售业务。

国家制造业信息化工程办公室认为，ERP系统中应具备的销售管理功能包括销售计划管理、销售合同管理、客户管理3个模块。在实际应用中，销售管理应用的功能已经大大超出了上述范围。下面从6个方面来介绍ERP销售管理的主要功能：销售计划管理、销售订单管理、销售价格管理、销售服务管理、客户管理、销售统计查询与报表。

一、销售计划管理

销售计划是指按照客户订单、市场预测情况和企业产能规划情况，对某一段时间内企业的销售品种、各品种的销售量与销售价格做出计划安排。系统一般支持企业销售年计划、季度计划及月计划的编制和维护，年销售计划的分解、部门销售计划及人员销售计划的编制和维护，产品线销售计划的编制和维护等。

二、销售订单管理

订单管理的内容涵盖订单处理的全流程，具体包括以下几个方面。

销售人员订单编制的步骤主要包括：根据客户需求信息、交货信息、产品的相关信息及其他注意事项生成销售订单；通过考察企业生产可供货情况、产品定价情况和客户信誉情况来确认销售订单；将销售订单信息传递给生产计划部门(以安排生产)，并密切跟踪销售订单的执行状况。

ERP系统的功能支持包括：销售订单的录入、修改、审核及查询，销售订单执行情况的查询。在最新的销售管理系统中，可以由前期的报价、技术方案等信息直接生成销售订单，以提高销售工作效率和减少差错率。

除上述订单编制功能外，在销售订单管理中，ERP软件还提供订单确认的决策支持信息，主要包括企业的可供销售货物数量的分析，即ATP(Amount to Promise)分析。这一分析帮助销售人员对客户提出的货物需求做出准确的数量承诺，即在某个固定的交货时间能够提供的货物数量。当企业现有库存不能满足订单要求时，还可以进行DTP(Date to Promise)分析，即根据企业的物料及生产能力分析企业何时可以提供客户所要求数量及规格的货物，以便对交货期做出准确的承诺。

销售订单发货：在ERP销售管理系统中，销售人员可以根据销售订单或发票开具销售发货单，生成销售出库单，安排发运或客户提货。系统同时将该出库单推送给财务，供其统计销售出库成本。

发票及结算：在ERP销售管理系统中，销售人员可以依据销售发货单或销售订单开具销售发票，发票审核后即形成应收账款。在财务系统的"应收账款管理"中可以查询和制单，并依此收款。

三、销售价格管理

销售价格管理包括定价管理和价格折扣管理。定价管理是指制定出相应的、科学合理的价格；价格折扣管理则是在定价的基础上，企业根据市场条件的变化来调整价格。

ERP系统提供销售产品的成本及价格预测，即根据产品的设计文件、工艺文件以及物料成本、企业平均制造费用等信息估算产品的成本，再根据企业设定的利润率和税率计算合理的销售价格的功能。

ERP系统允许企业根据自身的实际情况为每种产品设定销售价格的上限及下限，并在销售订单的编制过程中自动加以控制。

同时，ERP系统销售价格管理还允许企业对销售产品进行复杂的价格折扣管理，按照客户分类、客户、存货分类、批量、金额、地域等条件制定价格政策，并自动进行折扣的计算。其帮助企业在提供价格政策灵活性的基础上，提高工作效率和降低差错率，使得企业面对市场时具备很强的价格调整能力。

四、销售服务管理

销售服务管理为客户提供售前、售中和售后服务并进行跟踪。销售部门解答售前客户对产品的技术咨询，跟踪合同、了解订单的交货情况及客户对产品质量和交货期的满意程度，提供售后服务支持，并向质量部门和技术部门提供产品的售后质量记录。

在ERP系统中，传统的销售管理侧重于销售订单处理的流程，但从销售业务实践的角度而言，对销售服务的管理也是重要的管理内容之一。因此，ERP系统最新扩展的功能之一就是对销售服务管理的支持。大部分的ERP应用软件将这部分功能纳入一个新的模块——客户关系管理(Customer Relationship Management，CRM)，也有部分软件将销售服务管理的内容纳入传统的销售管理模块中。

五、客户管理

ERP销售管理系统的基本功能之一就是全方位的客户管理，包括客户的基本信息、价格信息、信用额度、服务信息、联系人信息、合同信息、交货信息、应收账款信息等，既包括客户名称、地址、联系人、付款方式、账期、发运方式等静态信息，也包括该客户在市场、销售、服务领域中不断变化的信用、应付账款等动态信息。简而言之，ERP中的客户管理包括客户信息的收集、分类，客户信息的查询、分析，并及时根据业务的发生更新客户信用、应付账款信息，以便在业务中实现有效的控制和管理。

其中，客户管理中的信用管理是ERP系统客户管理相对于传统客户管理的重点，可以通过对企业的客户、部门、业务员进行信用期间、信用额度的设置与分析，并根据某客户的信用状况决定是否与其进行业务往来，以及是否给其开具销售单据。

六、销售统计查询与报表

ERP销售管理系统提供了丰富的统计查询和报表功能，主要包括以下3个方面。

(1) 销售业务的追踪溯源。可以从最初的销售订单查询到之后发生的出库单、发票、发运单、收款单等所有业务单据，也可以从财务的明细账追踪查询相关的各种业务单据，随时进行发货单、出入库单、发票等单据的联查。

(2) 产品销售情况查询分析。其包括各产品及其序列的订单订货情况、销售情况、订单收款情况、销售发货情况、销售计划完成情况、销售流向及销售盈利情况等。

(3) 销售考核与统计。ERP销售管理可以自动实现以部门、销售业务员、客户、客户分类、产品、产品分类及其组合为对象，考核其销售、回款、费用支出的计划数与定额数的完成情况，进行考核评估的统计与分析。

第五节　销售管理与 ERP 其他模块的关系

销售管理与ERP系统中其他的模块存在着大量的数据和业务关系，如图3-6所示。

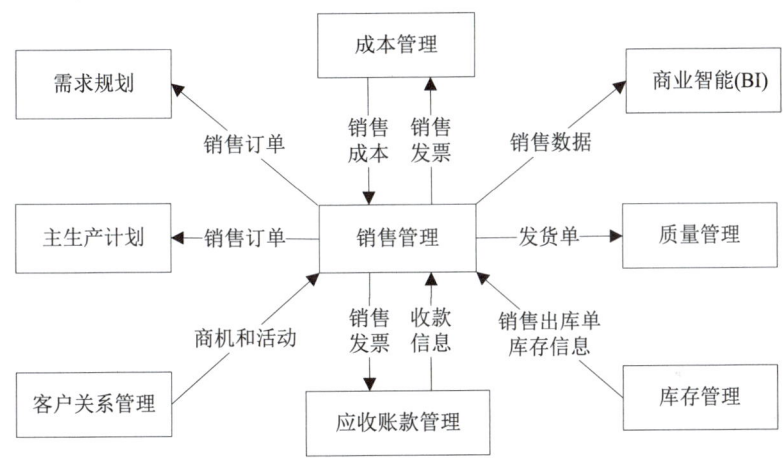

图 3-6　销售管理与 ERP 其他模块的关系

图3-6中主要的数据及业务关系如下。

(1) 主生产计划。销售管理向主生产计划提供销售订单数据及预测信息作为计划的依据。

(2) 库存管理。在库存管理中，可以根据销售管理中生成的销售发货单生成销售出库单，经确认后完成产品出库。库存管理还为销售管理提供库存可用量数据。

(3) 应收账款管理。销售管理中的销售发票可以在应收账款管理中审核登记，生成相应凭证，进行应收账款管理。同时，将财务收款信息反馈给销售管理，核销其订单收款信息及更新客户信用信息。

(4) 成本管理。各种销售发票经成本模块核算其销售成本，为销售管理提供销售成本数据。

(5) 质量管理。需要在发货前进行质检的产品，可以自动在质量管理中生成报检单，进行质量检验。退货质检的流程类似于发货质检。

(6) 客户关系管理。客户关系管理的商机在处理过程中产生的报价及技术方案，可以在商机成功后转入销售订单，生成的销售订单在销售管理中进行后续的处理。同时，客户关系管理中的销售费用单，与销售管理中的销售费用单最终都归集至销售订单，实现销售费用的全过程管理。

(7) 商业智能(BI)。销售管理向管理驾驶舱、报表体系、商业智能软件等模块提供销售数据，以便进行更进一步的统计与分析。

根据软件具体设计的不同，销售管理还和其他业务模块有相应的联系。例如，对于代理产品或集成的产品，可能存在直接采购的情况。在这种情况下，销售订单还可以直接生成采购订单，在采购管理中进行后续的订单处理。

思考习题

1. 按照预测期限的长短，可以将需求预测分为哪几类？

2. 某企业 2023 年 1—6 月的销售数据如表 3-4 所示，试分别采用 3 个月和 4 个月简单移动平均法预测其第 7 个月的销售量，并比较其结果。

表 3-4　某产品 2023 年 1—6 月的销售数据

月份	1	2	3	4	5	6
销售量（万台）	1372	1400	1680	1880	1934	1998

3. ERP 中的需求预测主要针对哪些物料进行？试举例说明。

4. 销售管理职能的工作内容一般包括哪些？

5. 试利用流程图描述销售订单处理的基本流程。

6. 简述 ERP 销售管理包括哪几个方面的功能，并简单介绍其主要功能。

7. 试分析销售管理与 ERP 系统其他模块之间的关系。

第四章
主生产计划 (MPS)

本书第三章介绍了需求预测与销售管理，本章将进一步介绍ERP系统决策层的另一个重要计划——主生产计划(Master Production Schedule，MPS)。

▶ **本章的知识要点：**
- 主生产计划的相关概念。
- 主生产计划的作用。
- 主生产计划的制订步骤。
- 主生产计划子系统的功能。

第一节　主生产计划概述

一、主生产计划的概念

主生产计划(MPS)在ERP系统中是一个重要的计划层次，是传统手工管理没有的新概念。MPS是确定每一具体的最终产品在每一具体的时间段内生产数量的计划。MPS根据客户合同和预测，把销售运作规划中的产品系列具体化，确定出厂产品，使之成为展开物料需求计划和能力需求计划运算的主要依据。由于MPS是集驱动物料、能力与成本计划以及控制于一体的正式系统，它比销售运作规划更为详细。

MPS是对企业生产计划大纲的明细化，具体包括以下几个方面。

(1) 生产什么(通常是具体的产品)？

(2) 生产多少？

(3) 什么时间交货？

主生产计划的计划展望期一般为3～18个月。主生产计划用于协调生产需求与可用资源之间的差距。

二、主生产计划在 ERP 中的层次关系

在ERP的5个计划层次中，主生产计划处于第三层，也属于决策层的计划，它与其他计划的关系可参见本书图2-1。

主生产计划的编制以生产计划大纲为依据，生产计划的汇总结果应当等同于生产计划大纲；同时，主生产计划是其下一层计划——物料需求计划的编制依据。

主生产计划是宏观向微观过渡的层次。物料需求计划是微观计划的开始，是具体的、详细的计划；而车间作业控制或生产作业控制是进入执行或控制计划的阶段。通常把前3个层次称为主控计划(Master Planning)，说明它们是制定企业经营战略目标的层次。企业的计划必须是现实可行的，否则再宏伟的目标也是没有意义的。

三、主生产计划的作用

主生产计划编制是ERP的主要工作内容。主生产计划的质量将会大大影响企业的生产组织工作和资源的利用。主生产计划把销售运作规划中的产品系列具体化，具有从宏观计划向微观计划过渡的作用。同时，主生产计划又是联系市场、主厂或配套厂及销售网点的桥梁，使生产计划和能力计划符合销售计划的优先顺序，为适应市场需求的不断变化而适时调整，并向销售部门提供生产和库存信息及可供销售量的信息，起到沟通内外的作用。

概括起来，主生产计划主要有以下作用：

(1) 实现企业高层次的生产计划和日常的日程计划有机结合，相辅相成；

(2) 驱动企业各种明细计划的制订；

(3) 驱动企业财务计划的制订；

(4) 为客户产品订单的交付提供保障；

(5) 协调企业管理人员的管理活动。

总之，主生产计划在ERP系统中的位置是一个上下、内外交叉的枢纽，地位十分重要。它要解决如何既满足销售订单要求又满足企业目标要求的难题。

第二节　编制主生产计划的相关概念

一、提前期 (Lead Time)

（一）提前期的概念

提前期是指某一工作的工作时间周期，即从工作开始到工作结束的时间。提前期的观念主要是针对"需求"而提出的。提前期信息是生成MPS、MRP和采购计划的重要数据。

提前期是确定由MRP计算出来的计划下达时间的一个重要因素。对一个产品来说，有一个交货期；对这个产品的下一级部件来说，完工日期必须先于产品交货期；而对部件的

下一级零件来说,完工日期又先于部件的提前期,如此一级级往下传递。在产品结构树梢上的零件或原材料必然交货期最早,因此,提前期是产品及其零部件在各工艺阶段投入的时间比出产时间提前的天数。

(二)提前期的分类

提前期按照是否可变,可分为固定提前期和变动提前期两种。

(1) 固定提前期是指生产采购不受批量大小的影响,都以一个固定的时间为提前期,主要包括产品设计、生产准备和设备调整、工艺准备等必须用到的时间。固定提前期一般不随采购量或者生产量的变动而变动。

(2) 变动提前期是指生产采购受到需求批量大小的影响。变动提前期是随着采购量和生产量的变化而变化的,它适用于自制件的提前期。

有些ERP软件产品中还有检验提前期变量的概念,一般用来表示该产品生产或者采购回来后,需要多少天才可以完成检验。

另外,提前期按照在生产过程中所完成的功能,可以划分为生产准备提前期、采购提前期、生产加工提前期、装配提前期、累计提前期和总提前期6种。

(1) 生产准备提前期是指从生产计划开始到生产准备完成所需的时间。

(2) 采购提前期是指从采购订单下达到物流完工入库的时间。

(3) 生产加工提前期是指从生产加工投入开始(生产准备完成)至生产完工入库的全部时间。

(4) 装配提前期是指从装配投入开始至装配完工的全部时间。

(5) 累计提前期是指采购、加工、装配提前期的总和。

(6) 总提前期是指产品的整个生产周期,包括生产准备提前期、采购提前期以及加工、装配、试车、检测、发运等提前期的总和。

(三)提前期的设置

在ERP系统中,一般提前期是在物料清单中进行维护的(直接维护或根据工艺路线调整),采购件要设置采购提前期,而制造件则要设置加工提前期。累计提前期是根据物料清单的结构层次,由系统自动逐层滚动累加而生成的。

生产加工部分的变动提前期就是占用工作中心的加工时间。占用工作中心的加工时间要与产品的单位人员、单位设备的加工标准时间区分开来。可以看出,加工提前期与物品的工艺路线及工作中心能力有关。

二、时区 (Time Zone) 与时界 (Time Fence)

在ERP系统中,一般根据需要将计划展望期按顺序分为3个时区:需求时区(时区1)、计划时区(时区2)和预测时区(时区3)。每个时区包含若干个计划周期,不同时区的分割点称为时界或时间栏。

时区的划分对MPS的编制将产生重要的影响:

(1) 在需求时区内,订单已经确定,此时区内产品生产数量和交货期一般是不能变动的;

(2) 在计划时区内，表明企业已经安排了生产，产品生产数量和交货期一般也不能由MPS自动改变，需要变动时应由高层领导人员批准；

(3) 在预测时区内，由于对客户的需求知道得很少，只好利用预测，预测时区内的产品生产数量和交货期可由系统任意更改。

为了帮助读者理解时区与时界的概念和关系，下面举例进行说明。

【例4-1】产品A单次生产计划在计划展望期中各时区、时界的分布如图4-1所示。

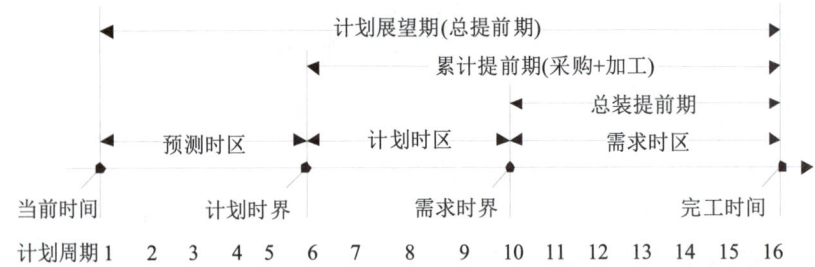

图 4-1　产品 A 单次生产计划在计划展望期中各时区、时界的分布

图4-1中横坐标为计划展望周期，共包括16个计划周期。假设当前时间(电脑系统时间)是第一个计划周期(以下简称周期)，产品A的总装配的提前期为6个周期，采购提前期为4个周期。现在订单要求产品A在第16周期完工(如图4-1所示"完工时间"的标识处)，因此，第10至16周期为需求时区，第6至10周期为计划时区，第1至6周期为预测时区，而第6周期为计划时界，第10周期为需求时界。随着时间的推移，产品A所处的时区会从预测时区(时区3)移至计划时区(时区2)，在时区2完成采购任务，最后到达需求时区(时区1)，在时区1完成加工与组装，于第16周期完工入库。

三、毛需求量 (Gross Requirement)

毛需求量是在任意给定的计划周期内，项目的总需求量。

项目的毛需求量计算，与该项目需求类别(是独立需求还是相关需求)有关。主生产计划仅考虑具有独立需求项目的毛需求量，而相关需求项目的毛需求量的确定则在物料需求计划(MRP)中考虑。

在计算主生产计划项目的毛需求量时，要充分考虑该项目所在的时区(需求时区、计划时区和预测时区)：

(1) 在需求时区内，订单已确定，客户需求便取代了预测值，此时毛需求量为客户订单值；

(2) 在计划时区内，需要将预测需求和实际需求加以合并，此时毛需求量通常为实际需求或预测需求中数值较大者；

(3) 在预测时区内，毛需求量为预测值。

主生产计划项目毛需求量的确定案例如表4-1所示。

表 4-1 毛需求量的确定案例

时区	需求时区			计划时区			预测时区			
计划周期	1	2	3	4	5	6	7	8	9	10
预测值	60	80	75	75	70	80	80	85	85	80
订单量	55	85	70	70	80	85				
毛需求量	55	85	70	75	80	85	80	85	85	80

毛需求量的确定，还可以由下述数学模型来描述。

$$GR(t)=\begin{cases} D(t), & t \leq t_d \\ Max[D(t), F(t)], & t_d \leq t \leq t_p \\ F(t), & t_p \leq t \end{cases}$$

式中：$GR(t)$为产品在第t期的毛需求量；$D(t)$为产品在第t期的实际订单量；$F(t)$为产品在第t期的需求预测量；t_d为需求时界；t_p为计划时界。

四、批量规则（Lot Sizing）

MPS的计划量并非等于实际的净需求量，这是由于在实际生产或订货中，准备加工、订货、运输、包装等都必须是按照"一定的数量"进行的。这"一定的数量"称为MPS批量，确定该数量的规则称为MPS的批量规则。

批量规则是库存管理人员根据库存管理的要求和目标权衡利弊后确定的。批量大，占用的流动资金多，但加工或采购的费用少；批量小，占用的流动资金少，但加工或采购的费用多。

考虑批量的主要原因是：降低订货成本、降低准备成本、降低运输成本和降低在制品成本。

目前，MPS的批量规则主要有：直接批量法、固定批量法、固定周期法和经济批量法。

（一）直接批量法（Lot For Lot）

直接批量法是指完全根据实际需求量来确定MPS的计划量，即MPS计划量等于实际需求量。这种批量规则往往适用于生产或订购数量和时间基本上能给予保证的物料，并且所需要的物料的价值较高，不允许过多生产或保存物料。直接批量法案例如表4-2所示。在表中，第1、3、4、5、6、7、8、10计划周期实际需求量(净需求量)分别为30、40、60、60、60、55、50、70。因此，MPS在第1、3、4、5、6、7、8、10计划周期所下达的计划量也分别为30、40、60、60、60、55、50、70。

表 4-2 直接批量法案例

计划周期	1	2	3	4	5	6	7	8	9	10
净需求量	30		40	60	60	60	55	50		70
MPS 计划量	30		40	60	60	60	55	50		70

（二）固定批量法（Fixed Quantity）

固定批量法是指每次MPS的计划量是相同的或者是某常量的倍数，但下达的间隔期不一定相同。

该规则一般用于订货费用较大的物料，其案例如表4-3所示。在表中，以60为一批，第1周期实际需求量为50，批量为60，剩余为10；第2周期实际需求量为30，第1周期剩余不能满足第2周期的需求量，再设定一批，结果剩余为40；第3周期没有需求量，剩余仍为40；第4周期实际需求量为120，剩余的40不能满足净需求量，再设定一批，数量为120(批的两倍)以满足需要，结果剩余为40。以下各计划周期以此类推。

表 4-3　固定批量法案例

计划周期	1	2	3	4	5	6	7	8	9
净需求量	50	30	0	120	40	10	5	0	40
MPS 计划量	60	60	0	120	0	60	0	0	0
剩余量	10	40	40	40	0	50	45	45	5

（三）固定周期法（Fixed Time）

固定周期法是指MPS计划下达间隔周期相同，但其计划量却不同。

这种批量法一般适用于加工自制品生产计划，便于控制。该批量法案例如表4-4所示。在表中，第1、2、3、4周期净需求量总和为200，批量为200；间隔3个周期(固定周期为4个计划周期)，再设定一批，数量为55，以便满足第5、6、7、8周期的净需求量总和的要求；然后再间隔3个周期设定一批，数量为60，当然60是为了满足第9、10、11、12周期的净需求量总和的要求。

表 4-4　固定周期法案例

计划周期	1	2	3	4	5	6	7	8	9	10	11	12
净需求量	50	0	0	150	40	10	5	0	40	0	10	10
MPS 计划量	200				55				60			

（四）经济批量法（Economic Order Quantity）

经济批量法是指某种物料的订购费用和保管费用之和为最低时的最佳MPS批量法。订购费用是指从订购至入库所需要的差旅费用、运输费用等；保管费用是指物料储备费、验收费、仓库管理费所占用的流动资金利息费、物料储存消耗费。

经济批量法一般用于需求是常量和已知的，成本和提前期也是常量和已知的，库存能立即补充的情况，因此，它适用于有连续需求的、库存消耗稳定的场合。

五、其他相关概念

（一）计划接收量 (Scheduled Receipts)

计划接收量是指在本次计划的计划日期之前下达的订单，在本次计划日期当日及以后完成或到达的数量。计划产出量若经确认，可在计划接收量行显示。

（二）预测可用库存量 (Projected Available Balance)

预测可用库存量是指从现有库存中，扣除了预留给其他用途的已分配量，可以用于下一时段净需求计算的那部分库存。预测可用库存量的计算公式为

预测可用库存量＝(前一时段末的可用库存量＋本时段计划接收量
＋本时段计划产出量) －本时段毛需求量

当毛需求量是以预测值大于合同而取预测值时,主生产计划员在判断是否需要补充"短缺"时要根据预测的可靠性、能力资源和库存状况，在确认前做些分析。在能力不足的情况下，可以先不考虑预测部分的需求，这也是为什么订单要确认以后下达的原因之一。

（三）安全库存量 (Safety Stock)

安全库存量是指库存量的最低限。

设置安全库存量旨在预防需求或供应方面不可预料的波动,避免造成生产或供应中断,缓解用户需求与工厂之间、供应商和工厂之间、制造和装配之间的矛盾。其能够帮助企业充分利用现有的人力、物力、财力资源，更好地满足客户的需求。

（四）净需求量 (Net Requirement)

净需求量是指在任意给定的计划周期内，某物料的实际需求量。同样，物料的净需求量的计算，也与该物料需求类别(是独立需求还是相关需求)有关。同理，主生产计划仅考虑具有独立需求物料的净需求量。

计算具有独立需求物料的净需求量要综合毛需求量和安全库存量，并考虑期初的结余与本期可以计划产出的数量。其计算公式为

净需求量＝本时段毛需求量－ (前时段末的可用库存量＋本时段计划接收量)
＋安全库存量

若计算值≤0，则无净需求量。
若计算值＞0，则净需求量＝计算值。

（五）计划产出量

当需求不能满足(即净需求量＞0)时，系统根据设置的批量规则计算得到的供应数量称为计划产出量。

（六）计划投入量

根据计划产出量、物料的生产提前期及物料的合格率等计算出的投入数量称为计划投入量。

（七）可供销售量

在某一期间内，物品的产出数量可能会大于订单(或合同)数量，这个差值就是可供销售量。这里的"某一期间"指连续两次产出该物品的时间间隔，也就是从一次产出的时间到下次再产出时的时间间隔。这个可供销售量就是可以用于销售的物品数量，它不影响其他(下批)订单的交货，为销售部门的销售提供了重要的参考依据。

可供销售量的计算公式为

可供销售量＝某期间的计划产出量(包括计划接收量)－该期间的订单(合同)量总和

第三节　MPS 的编制步骤及原则

一、MPS 的编制步骤

MPS的编制步骤包括确定MPS需求数据、编制MPS初步计划、编制粗能力计划、评估MPS初步计划、批准下达MPS等步骤，它们之间的关系如图4-2所示。

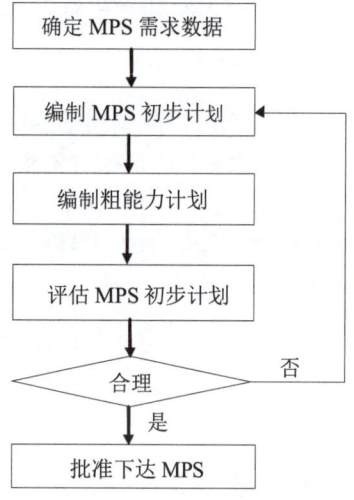

图 4-2　MPS 的编制步骤

二、MPS 的编制原则

编制MPS，主要应检查以下5项原则。

原则一：用最少的项目数进行安排。

MPS应尽可能代表企业的产品系列。如果MPS中的项目数过多，则预测和管理都很困难。因此，要根据不同的制造环境，选取产品结构的不同层次来进行主生产计划的编制，使得项目数最少。

下面介绍在几种生产环境下的MPS应选取产品结构的哪一级，才能满足最少项目数的原则。

(1) 在备货生产(MTS)的公司，是用很多种原材料和部件制造出少量品种的标准产品。MPS通常是最终产品(如电视机)的生产计划。

(2) 在订货生产(MTO)的公司，是用少量品种的原材料和部件，根据客户的要求，生产出各种各样不同品种的最终项目。MPS一般是原材料和部件的生产计划，如飞机、船舶的生产。

(3) 在订货组装(ATO)的公司，是生产具有高度选择性的产品(如轿车等)。这时，主生产计划是子装配件(如发动机、车身)的生产计划。

原则二：只列出可构造项目，而不是一些项目组或计划清单项目组。

MPS应当列出实际的、独立的、具有特定型号的产品项目，而不是一些项目组。这些产品可分解成具体的、可识别的零件或组件，它是可以采购或制造的项目，而不是计划清单项目。

原则三：列出对生产能力、财务或关键材料有重大影响的项目。

对生产能力、财务或关键材料有重大影响的项目的描述如下。

(1) 对于生产能力而言，是指那些在生产和装配过程中对生产能力有重大影响的项目，如一些大批量项目、造成生产能力瓶颈环节的项目和通过关键工作中心的项目等。

(2) 对于财务而言，是指为公司创造出最高利润的项目，如制造费用最高、含有贵重部件、昂贵的原材料、高费用的生产工艺或有特殊要求的部件的项目，也包括那些为公司创造主要利润的、相对不贵的项目。

(3) 对于关键材料而言，是指那些提前期很长或供应厂商有限的项目。

原则四：考虑预防性维修设备的时间。

可把预防性维修作为一个项目安排在MPS中，也可以按预防性维修的时间减少工作中心的能力。

原则五：对有多种选择性的产品，用成品装配计划(Final Assembly Schedule，FAS)简化MPS的处理。

FAS也是一个实际的生产制造计划，它以成品项目或特定的用户配置来描述。它包括从部件和子装配件的制造到产品发货这一部分的生产和装配，如产品的最终装配、测试和包装等。对于有多种选择项的项目，一般将MPS设立在基本部件这一级，用FAS来装配组合最终项目，因而不必预测确切的最终项目的配置，仅根据用户的订单为产品装配制订短期的生产计划即可。

当采用FAS时，可简化MPS的编制，MPS和FAS的协同运行，实现了从原材料的采购，部件的制造到最终产品的交货的整个计划过程。例如，油漆制造公司可用FAS来简化MPS的排产。下面举例说明。

【例4-2】某油漆公司生产5种型号(一般、发亮、绝缘、防热、优质)的油漆，包括深浅不同的20种颜色、10种包装结构的油漆，最终产品可能的配置方式的总数为1 000。

显然，将MPS定在比最终产品低一级的某一点比较合适。经过对生产过程的分析，确定对5种油漆的每一种，分深色和浅色来进行MPS的编制(即底色的配置)，而对最后生产的1 000种可选产品，将根据客户的订单来制订最终装配计划(即调色和包装)。

三、MPS 需求确定与基本步骤

（一）确定 MPS 的需求数据

1. 需求的种类及与 MPS 间的关系

在ERP中，需求是指对特定产品需要的数量和时间。需求可分为两种：独立需求和相关需求。独立需求由MPS来编制计划，而相关需求由MRP来完成计划编制工作。

MPS安排指导生产以满足来自独立需求的需要。独立需求通常是指最终项目，但有时也指维修时间或工厂自用件等，一般是通过预测得来的。

2. MPS 的主要需求数据源

MPS的主要需求数据源包括：未交付的订单、最终项目的预测、工厂内部的需求、备件、客户可选件和附件以及预防维修所产生的需求等。以下简略解释部分数据源的含义。

(1) 未交付的订单是指那些未发货的订单项目，可以是上期没完成拖欠下来的，也可以是新的要求在本期供货的项目。

(2) 最终项目的预测是用现有和历史资料来估计将来的可能需求。

(3) 工厂内部的需求是将一个大的部件或半成品件作为最终项目产品来对待，以满足工厂内其他部门的需求，如汽车厂中的发动机分厂生产的发动机可视为工厂内部的需求。

(4) 备件是指用以满足使用维护时更换需要的零部件，如电视机厂生产的显像管等。

(5) 客户可选件和附件是指销售时独立于成品的，根据客户需要配置的零部件，其也是独立需求。

3. 准确确定 MPS 需求数据的重要性

保证MPS需求数据的准确和可靠性，是下一步正确制订MRP、车间作业控制等计划的基础。如果MPS需求数据不准确，将会有如下后果。

(1) 如果过低估计了需求，可能造成原材料短缺、临时增加任务导致的生产周期延长、生产过程失控等情况。

(2) 如果估计过高，则可能造成库存品和在制品增加、资源闲置、资金积压等情况。

（二）编制 MPS 的基本步骤

编制MPS主要包括收集、整理需求数据，确定展望期和计划周期并划分时区，计算毛需求量，计算净需求量，产生MPS初步计划等步骤。其中，收集、整理的需求数据是指有关MPS的量化数据，如当前库存、安全库存、客户订单和预测数据等。

编制MPS的基本步骤如图4-3所示。

（三）编制 MPS 案例

【**例4-3**】已知某物料的期初库存为160台；安全库存为20台；计划接收量为10台；产品的成品率为100%；MPS批量规则为200台；销售预测前4周依次为90台、85台、80台、85台，第5～12周均为80台；实际需求第1～12周依次为0台、0台、60台、0台、8台、0台、112台、64台、40台、92台、100台、72台；生产提前期是1周，计划时界为第4周周末，需求时界为第8周周末。试编制MPS。

计算步骤如下。

(1) 根据系统设置计算毛需求量，毛需求量计算遵循原则：预测时区采用预测量，计划时区采用预测量与实际需求量的最大值，需求时区采用实际需求量。

(2) 计算(读入)计划接收量和期初库存量：计划接收量为10台，期初库存量为160台。

(3) 计算净需求量，计算公式：净需求量＝本时段毛需求量－(前时段末的可用库存量＋本时段计划接收量)＋安全库存量。若计算值≤0，说明无净需求量，若计算值＞0，净需求量＝计算值，依据公式，第一周的净需求量＝90－(160＋10)＋20＝－60(台)，第一周为负值，没有净需求量。

(4) 依据批量规则计算计划产出量，第一周净需求量为负值，因此，无计划产出量，其他周期如果净需求量为正值，则应按批量规则200台计算计划产出量。

(5) 计算预测库存量，计算公式：预测可用库存量＝(前一时段末的可用库存量＋本时段计划接收量＋本时段计划产出量)－本时段毛需求量。依据公式，第一周的预计可用库存量＝(160＋10＋0)－90＝80(台)。

(6) 计算计划投入量，依据产品的提前期和成品率计算，提前期为1，成品率为100%。

(7) 以此类推，重复计算步骤(3)、(4)、(5)、(6)，计算第二周、第三周等周期，从而得到所有预计的MPS数量，这就完成了MPS初稿的编制，结果如表4-5所示。

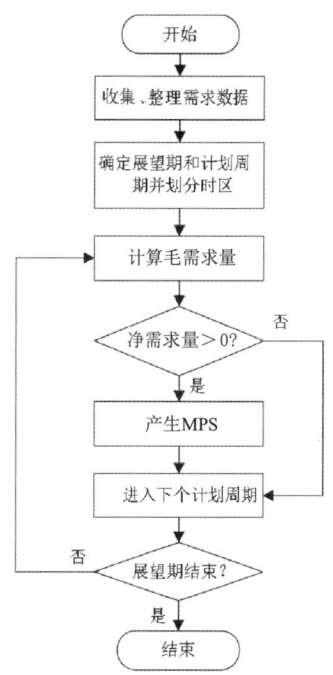

图 4-3　编制 MPS 的基本步骤

表 4-5　MPS 编制过程

单位：台

时区	预测时区				计划时区				需求时区			
周期（周）	1	2	3	4	5	6	7	8	9	10	11	12
预测量	90	85	80	85	80	80	80	80	80	80	80	80
实际需求量	0	0	60	0	8	0	112	64	40	92	100	72
毛需求量	90	85	80	85	80	80	112	80	40	92	100	72
计划接收量	10											
净需求量	-60	25	-95	-10	70	-50	62	-58	-18	74	-26	46
计划产出量	—	200	—	—	200	—	200	—	—	200	—	200

（续表）

时区	预测时区				计划时区				需求时区			
预测库存量/160	80	195	115	30	150	70	158	78	38	146	46	174
计划投入量	200	—	—	200	—	200	—	—	200	—	200	—

第四节　编制粗能力计划(RCCP)

一、粗能力计划的基本概念

所谓粗能力计划(Rough-Cut Capacity Planning，RCCP)是指在闭环MRP设定主生产计划完毕后，通过对关键工作中心生产能力和计划生产量的对比，判断主生产计划是否可行。

主生产计划的可行性主要通过粗能力计划进行验证。粗能力计划是对关键工作中心的能力进行运算而产生的一种能力需求计划。它的计划对象只针对设置为"关键工作中心"的工作能力，计算量要比能力需求计划小得多。约束理论(Theory of Constraints，TOC)认为，产量和库存量是由瓶颈资源决定的。从这点上来说，粗能力计划与约束理论的思想一致，即关键资源和瓶颈资源决定了企业的产能，只依靠提高非关键资源的能力来提高企业的产能是不可能的。粗能力计划的运算与平衡是确认主生产计划的重要过程，未进行粗能力平衡的主生产计划是不可靠的。主生产计划的对象主要是最终完成品(0层物品)，但也必须对下层的物品所用到的关键资源和工作中心进行确定与平衡。

目前常用的粗能力计划的编制方法是资源清单法，以下简要介绍该方法的基本步骤并通过例题来说明如何编制。

二、资源清单法的基本步骤

资源清单法包括以下4个步骤。

(1) 定义关键资源(关键工作中心)。

(2) 从主生产计划中的每种产品系列中选出代表产品。

(3) 对每个代表产品，确定生产单位产品对关键资源的总需求量。确定该需求量的主要依据是：①主生产计划；②物料清单；③工艺路线；④定额工时；⑤在物料清单中每个零件的平均批量；⑥对每个产品系列，求出每月的计划产量；⑦将主生产计划中的计划产量与能力清单中定义的资源需求量相乘；⑧把每个产品系列的能力需求加起来，得到对应计划的总能力需求。

(4) 分析各关键工作中心的能力情况，并提出平衡能力建议。

三、用资源清单法编制粗能力计划的案例

【例4-4】某产品A对应的主生产计划(MPS)、工艺路线及工时定额信息和物料清单分

别如表4-6、表4-7和图4-4所示，关键资源的额定能力如表4-8所示，试编制其粗能力计划(RCCP)并进行能力分析。

表 4-6　产品 A 的主生产计划 (MPS)

计划周期	1	2	3	4	5	6	7	8	9	10
产品 A	25	25	20	20	20	20	30	30	30	25

表 4-7　产品 A 的工艺路线及工时定额

项目	工序号	关键工作中心	单件加工时间 (h)	生产准备时间 (h)	平均批量	单件准备时间 (h)	单件总时间 (h)
A	10	30	0.09	0.40	20	0.0200	0.1100
B	20	25	0.06	0.28	40	0.0070	0.0670
C	30	15	0.14	1.60	80	0.0200	0.1600
	40	20	0.07	1.10	80	0.0138	0.0838
E	50	10	0.11	0.85	100	0.0085	0.1185
	60	15	0.26	0.96	100	0.0096	0.2696
F	70	10	0.11	0.85	80	0.0106	0.1206

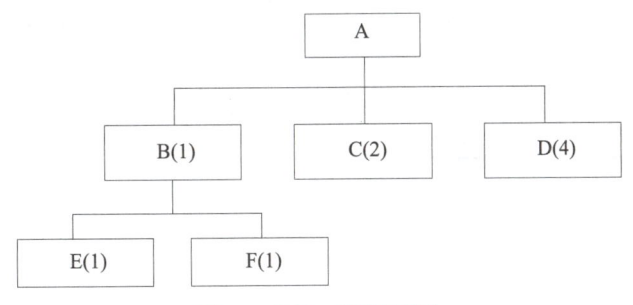

图 4-4　产品 A 的物料清单

表 4-8　关键资源的额定能力

关键工作中心	30	25	20	15	10
额定能力（小时 / 周期）	3.0	2.0	5.5	14.0	5.5

　　根据题中给出的信息，分别计算单件产品A对各工作中心的能力需求。例如，对于工作中心15来讲，生产单件产品A需2件C和1件E，且项目C的工序30和项目E的工序60在工作中心15上加工。因此，生产单件产品A对工作中心15的能力需求分别为

单件产品A的加工时间＝2×0.14＋1×0.26＝0.54(定额工时/件)

单件产品A的生产准备时间＝2×0.02＋0.0096＝0.0496(定额工时/件)

　　依照上述方法，将生产单件产品A对所有工作中心的需求分别计算出来，便得到如表4-9所示的产品A的能力清单。

表 4-9　产品 A 的能力清单

工作中心	单件加工时间 (h)	单件生产准备时间 (h)	单件总时间 (h)
10	0.22	0.0191	0.2391
15	0.54	0.0496	0.5896
20	0.14	0.0376	0.1776
25	0.06	0.0070	0.0670
30	0.09	0.0200	0.1100
合计	1.05	0.1333	1.1833

然后，根据产品A的能力清单和主生产计划，计算出产品A的粗能力需求(总工时＝MPS产品数量×单件总时间)，如表4-10所示。

表 4-10　产品 A 的粗能力需求计划

项目 关键工作中心	计划周期										总计
	1	2	3	4	5	6	7	8	9	10	
30	2.75	2.75	2.20	2.20	2.20	2.20	3.30	3.30	3.30	2.75	
25	1.68	1.68	1.34	1.34	1.34	1.34	2.01	2.01	2.01	1.68	
20	4.19	4.19	3.35	3.35	3.35	3.35	5.03	5.03	5.03	4.19	
15	14.74	14.74	11.79	11.79	11.79	11.79	17.69	17.69	17.69	14.74	
10	5.98	5.98	4.78	4.78	4.78	4.78	7.17	7.17	7.17	5.98	
总工时	29.34	29.34	23.46	23.46	23.46	23.46	35.20	35.20	35.20	29.34	287.46

最后，根据关键资源的额定能力(见表4-8)和产品A的粗能力需求(见表4-10)，对产品A在关键资源上的负荷和能力进行分析。在此，以表格的形式给出其分析结果(见表4-11)。

在ERP系统中，粗能力需求计划及其关键负荷和能力分析结果，除了以表格形式表示，更多的是以图形方式来表示。在图形方式下，超负荷的周期以不同颜色体现，显得直观。

表 4-11　产品 A 的粗能力分析

项目 关键工作中心	能力分析	计划周期									
		1	2	3	4	5	6	7	8	9	10
30	需求负荷	2.75	2.75	2.20	2.20	2.20	2.20	3.30	3.30	3.30	2.75
	总能力	3.0	3.0	3.0	3.0	3.0	3.0	3.0	3.0	3.0	3.0
	能力超欠	0.25	0.25	0.8	0.8	0.8	0.8	−0.30	−0.30	−0.30	0.25
	负荷率	92%	92%	73%	73%	73%	73%	110%	110%	110%	92%
25	需求负荷	1.68	1.68	1.34	1.34	1.34	1.34	2.01	2.01	2.01	1.68
	总能力	2.0	2.0	2.0	2.0	2.0	2.0	2.0	2.0	2.0	2.0

(续表)

项目		计划周期									
关键工作中心	能力分析	1	2	3	4	5	6	7	8	9	10
25	能力超欠	0.32	0.32	0.66	0.66	0.66	0.66	−0.01	−0.01	−0.01	0.32
	负荷率	84%	84%	67%	67%	67%	67%	100%	100%	100%	84%
20	需求负荷	4.19	4.19	3.35	3.35	3.35	3.35	5.03	5.03	5.03	4.19
	总能力	5.5	5.5	5.5	5.5	5.5	5.5	5.5	5.5	5.5	5.5
	能力超欠	1.31	1.31	2.15	2.15	2.15	2.15	0.47	0.47	0.47	1.31
	负荷率	76%	76%	61%	61%	61%	61%	92%	92%	92%	76%
15	需求负荷	14.74	14.74	11.79	11.79	11.79	11.79	17.69	17.69	17.69	14.74
	总能力	14.0	14.0	14.0	14.0	14.0	14.0	14.0	14.0	14.0	14.0
	能力超欠	−0.74	−0.74	2.21	2.21	2.21	2.21	−3.69	−3.69	−3.69	−0.74
	负荷率	105%	105%	84%	84%	84%	84%	126%	126%	126%	105%
10	需求负荷	5.98	5.98	4.78	4.78	4.78	4.78	7.17	7.17	7.17	5.98
	总能力	5.5	5.5	5.5	5.5	5.5	5.5	5.5	5.5	5.5	5.5
	能力超欠	−0.48	−0.48	0.72	0.72	0.72	0.72	−1.67	−1.67	−1.67	−0.48
	负荷率	109%	109%	87%	87%	87%	87%	130%	130%	130%	109%

第五节　评估和批准 MPS 初步计划

一旦制订出MPS的初步计划后，应向有关决策和管理部门提交该计划及其分析结果。MPS的审核工作应由企业高层领导负责，并组织市场销售部门、工程技术部门、生产制造部门、财务部门和物料采购部门参与审批。各部门要通过讨论和协商，解决MPS中的所有问题。

MPS初步计划的审核评估结果无非有两个，要么是同意MPS初步计划，要么是否定MPS初步计划。

一、同意 MPS 初步计划

MPS初步计划被同意的前提有两个：

(1) MPS应该和生产计划大纲保持一致，也就是MPS中产品的总数应该等于相应周期内的生产计划大纲的数量；

(2) 市场的需求与企业的生产能力基本平衡。

MPS经同意后，要经过正式批准才能下达。

二、否定 MPS 初步计划

如果否定了MPS的初步计划，要对MPS的生产量和能力进行重新平衡和调整(必要时，将问题报请上级领导解决)。其方法有下面两种。

(1) 改变预计的生产量，其主要措施有：①重新安排订单；②订单的推迟执行；③终止某些订单；④改变产品组合；⑤订单拆零等。

(2) 改变生产能力，其主要措施有：①改变产品工艺；②加班加点；③外协加工；④增加工人。

三、批准下达 MPS

MPS经评估确认后，应召开会议批准MPS，阐明解决MPS问题的方法及选用该方法的原因，并使用文字说明和图表示意。主生产计划正式批准后，要下达给有关的使用部门：①制造部门；②采购部门；③工程技术部门；④市场销售部门；⑤财务部门；⑥有关职工。

思考习题

1. 什么是主生产计划？主生产计划在ERP中的层次关系？主生产计划有何作用？

2. 简述MPS的编制步骤和编制原则。

3. MPS主要有哪些定量的需求数据？

4. 设置安全库存的作用是什么？

5. 请解释有关名词术语：计划展望期、计划周期、时区、时界、毛需求量、净需求量、计划接收量、预计可用库存量、安全库存量、批量规划、计划产出量和计划投入量。

6. 什么是RCCP？它的作用是什么？你所在的企业是否涉及RCCP？

7. RCCP是如何计算的？

8. 某汽车制造企业，生产某品牌轿车，其期初库存为480辆；安全库存为30辆；MPS批量规则为500辆；提前期为1周。其销售预测：第1～8周均为300辆。实际需求：第1～8周依次为280、330、210、230、260、350、330、130。预测时区为第1～2周，计划时区为第3～6周，需求时区为第7～8周。请制订和编制MPS计划(确定毛需求量、净需求量、MPS计划量和预计库存量)。

9. 某机床厂生产某品牌设备，其期初库存为80台；计划接收量为200台；安全库存为40台；MPS批量规则为250台；提前期为2周。其销售预测：第1～8周均为280台。实际需求：第1～8周依次为260、300、210、230、260、300、330、130。预测时区为第1～2周，计划时区为第3～6周，需求时区为第7～8周。请编制MPS(确定毛需求量、净需求量、MPS计划量和预计库存量)。

第五章

物料需求计划 (MRP)

主生产计划只是针对最终产品的计划，一个产品可能由成百上千种相关物料组成，物料需求计划(Material Requirement Planning, MRP)负责对物料做出合理计划和安排。物料需求计划与主生产计划一样属于ERP计划管理体系，它主要用于解决企业生产中的物料需求与供给之间的问题。MRP的运行是由ERP决策层的主生产计划(MPS)驱动的。本章将介绍MRP的编制原理。

▶ **本章的知识要点：**
- 物料需求计划的相关概念。
- 物料需求计划的作用。
- 物料需求计划的工作原理。
- 物料需求计划的处理过程。

第一节　物料需求计划概述

一、物料需求计划的概念

物料需求计划(MRP)是ERP的核心，它将主生产计划(MPS)排产的产品分解成自制零部件的生产计划和采购件的采购计划。它主要用于解决企业生产中的物料需求与供给之间的问题，即无论是对独立需求的物料，还是对相关需求的物料，物料需求计划都要解决"需求什么？现有什么？还缺什么？什么时候需要？"等几个问题。它是一个时段优先计划系统，其主要对象是决定制造与采购的净需求计划，是由主生产计划推动运行的，但反过来，它又是主生产计划的具体化和实现主生产计划的保证。

物料需求计划根据主生产计划对最终产品的需求数量和交货期，推导出构成产品的零部件及材料的需求数量和需求时间，再导出自制零部件的制造订单下达日期和采购件的采购订单发放日期，并进行需求资源和可用能力之间的进一步平衡。

MRP是在计算机系统支持下的生产与库存计划管理系统。MRP的管理方法主要适用于单件小批量或多品种小批量生产的制造企业。这种企业生产许多产品，每种产品经过一系列加工步骤完成。MRP的计划展望期一般为月或季度，计划周期可以是周、日，也可以细化到小时。

二、物料需求计划的作用与意义

（一）物料需求计划的作用

物料需求计划的作用就是利用有关输入信息，得出各个计划时间段(即计划周期)的采购计划(采购订单)和制造计划(生产订单)。

物料需求计划主要作用体现在以下几个方面：

(1) 从主生产计划中提取生产目标与生产数量；

(2) 从产品的BOM表中获得物料需求种类；

(3) 从物料库存中获取已分配量和订货量；

(4) 计算出还需要获取哪些物料；

(5) 根据物料的提前期和制造期得出采购时间。

（二）物料需求计划的意义

物料需求计划是生产管理的核心，它将主生产计划排产的产品分解成各个自制零部件的生产计划和采购件的采购计划。它主要根据主生产计划编制相关需求件的计划，也可以人工直接录入某些物料的需求量，如增加备品备件的数量。物料需求计划最终要提出每一个加工件和采购件的建议计划，除说明每种物料的需求量外，还要说明每一个加工件的开始日期和完成日期，说明每一个采购件的订货日期和入库日期。它把生产作业计划和物资供应计划统一起来。物料需求计划子系统能帮助企业摆脱旧的按台或按套组织生产的管理方式，提供给企业一套全新的科学管理方式。

三、物料需求计划的特点

（一）需求的相关性

在流通企业中，各种需求往往是独立的，而在生产系统中，需求具有相关性。例如，根据订单确定了所需产品的数量之后，由新产品结构文件BOM即可推算出各种零部件和原材料的数量，这种根据逻辑关系推算出来的物料数量称为相关需求。不但品种数量有相关性，需求时间与生产工艺过程的决定也是相关的。

（二）需求的确定性

物料需求计划的需求都是根据主生产计划、产品结构文件和库存文件精确计算出来的，品种、数量和需求时间都有严格要求，不可改变。

（三）计划的复杂性

物料需求计划要根据主产品的生产计划、产品结构文件、库存文件、生产时间和采购时间，把主产品的所有零部件需要数量、时间、先后关系等准确计算出来。当产品结构复杂，零部件数量特别多时，其计算工作量非常庞大，人力根本不能胜任，必须依靠计算机实施。

第二节　物料需求计划的工作原理

一、物料需求计划的工作模型

物料需求计划属于管理层计划，其工作模型如图5-1所示。该图表明，物料需求计划在执行时需要有主生产计划、独立需求、物料清单、库存信息及其他因素五项输入数据。这些输入数据经MRP系统处理后，得到采购订单、制造订单两项输出数据项，采购订单为采购系统提供基础数据，制造订单为制造系统提供基础数据。

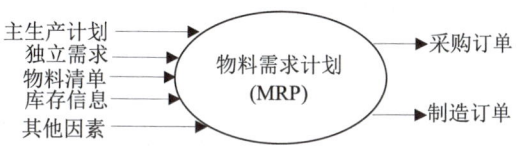

图 5-1　物料需求计划的工作模型

二、物料需求计划的五项输入数据

（一）主生产计划

主生产计划说明一个企业在一个时期内(即计划展望期内)计划生产的产品名称、数量和日期。主生产计划是物料需求计划最重要和最基本的数据，开始编制物料需求计划时，必须首先得到一个有效的主生产计划。主生产计划作为物料需求计划的输入数据项，主要解决"生产(内含采购或制造)什么"以及"生产(内含采购或制造)多少"的问题。这里的主生产计划的计划对象是指企业的最终产品。

（二）独立需求

严格来说，该输入数据项也是解决"生产(内含采购或制造)什么"以及"生产(内含采购或制造)多少"的问题，而且该数据项也是由主生产计划生成的，只是计划的对象不是最终产品，而是有关"独立需求"的零部件(如维修、备用件等)。

（三）物料清单

物料清单是装配或生产一种产品所需要的零部件、配料或原材料的清单。物料清单说明产品或独立需求零部件的组成结构、需求因子、提前期及层次码。

物料清单作为MRP的输入数据项，主要解决"生产过程中要用到什么"的问题，MRP从物料清单中得到有关主生产计划项目的零部件、原材料的数据。

（四）库存信息

物料清单作为MRP的输入数据项，主要解决"已经有了什么"的问题。MRP从库存信息中得到物料清单中列出的两类数据：一类是每个项目的物料可用数据；另一类是编制的订单数据。

1. 物料可用数据

(1) 现有库存量(Inventory on Hand)：仓库中实际存放的可用库存量。

(2) 计划接收量(计划入库量)(Scheduled Receipts)：一般来源于正在执行中的采购订单或生产订单。

(3) 已分配量(Allocations)：已经分配给某使用者，但还没有从仓库中领走的项目数量。这些项目在仓库中存放着，但不能使用。

2. 编制订单数据

编制订单数据主要包括如下几类。

(1) 制造/采购标识码：即一个项目是采购件还是制造件的标识码。采购或制造标识码常用一个字母(P或M)表示。当MRP运行时，该码决定执行采购订单或制造订单计划。对于采购项目，不需要产生项目制造的需求，采购项目是指外购件；对于制造项目，就必须利用物料清单(BOM)来决定用哪些零部件或原材料制造这个项目。

(2) 项目提前期。

(3) 安全库存量。

(4) 批量规则。

（五）其他因素

1. 低位码 (Low Level Code，LLC)

所谓低位码，是指某个物料在所有产品BOM中所处的最低层数。换言之，当一个物料同时处在多个产品中的不同层次或同一产品的不同层次时，则取处在最低的层级码作为该物品的低位码，即取层次最低的、数字最大的层次码。

BOM表包括了4个基本属性数据。其中，层次码便是其中之一，它说明了BOM上的每个物料所处的层次(范围为$0 \sim n$层)关系。由于同一种物料在不同产品中所处的层次可能不同，即使在同一产品中，也可能在不同的层次上出现，因此同一物料可能存在多个层次码。为了使层次码具有唯一性，更为了使MRP的运算更加科学、合理，便有了低位码的概念。

如图5-2所示，产品A的BOM结构树中的零件C分别处于产品结构树的1层和2层，于是零件C的低位码就是2，而其他零件的低位码数与它们位于产品结构树的层次相同。

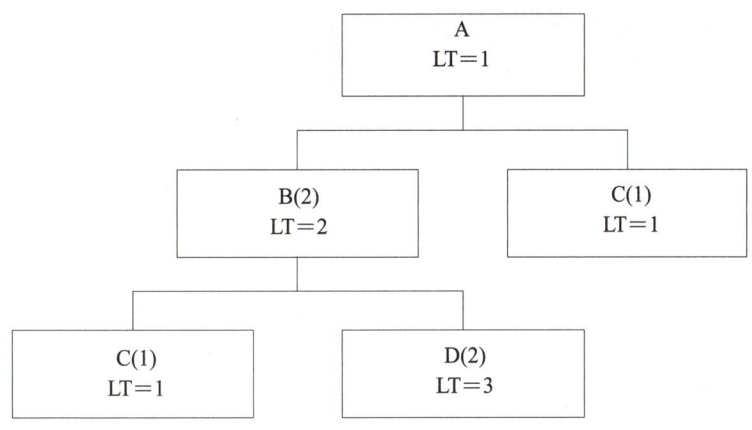

图 5-2 产品的 BOM 结构

低位码的作用在于指出各种物料最早使用的时间，在MRP运算中，使用低位码能简化运算——将在BOM表中多次出现的同一物料"合并"运算，而且使其运算结果更符合实际、更科学。

2. 损耗系数

由于在产品的生产过程中存在各种各样的损耗，因此，MRP的计算过程中，要考虑有关损耗系数，如组装废品系数、零件废品系数、材料利用率等。

1) 组装废品系数

组装废品系数是对零部件毛需求量的调整。当一个零部件在装配它的父项时，能估计到零部件的损失或毁坏，则考虑组装废品系数，它以百分数表示，存放在物料清单中。

【例5-1】在装配产品A时，估计有10%的玻璃管毁坏，因此，在计算生产A所需的玻璃管的毛需求量时要增加组装时的损耗部分。假设装配100件产品A，当考虑其组装废品系数10%时，要有110(100＋100×10%＝110)个玻璃管部件的需求。

2) 零件废品系数

零件废品系数是对订单数量的调整。零件废品系数是为项目本身在采购或生产过程中出现的损耗而考虑的。

【例5-2】产品A的零件废品系数为5%，组装废品系数为10%，针对该需求制订MRP时，首先考虑5%的废品系数，计算产品A的计划订单数，计划订单数要比计算的需要多5%，如A需求为100时，订单应为100＋100×5%＝105，然后，根据计划订单数再考虑组装A时的组装废品系数，在这种情况下，A项目105的订单对玻璃管的毛需求量应为105＋105×10%＝116。

3) 材料利用率

材料利用率是有效产出与总投入的比率，即材料利用率＝有效产出/总投入。

材料利用率，同零件废品系数一样，均说明预计的生产损耗情况，只是表述方法(术语)不同而已。

【例5-3】某配件的材料利用率是90%，那么，要得到100件产品就要有112(注：100/90%＝111.1)个装配件才行。

三、物料需求计划的两项输出数据

（一）采购订单

采购订单主要包括4项内容，即采购目标、采购量、开始采购时间和完成采购时间。

（二）制造订单

制造订单主要包括4项内容，即制造目标、制造量、开始制造时间和完成制造时间。

上述MRP输出的采购订单和制造订单，必须经过企业的计划人员检查确认后，才能下达到采购部门和车间去执行。

第三节　MRP 的工作步骤

一、MRP 的处理逻辑流程图

MRP的处理逻辑流程如图5-3所示。其中，订单计划包括制造订单计划和采购计划，有关物料究竟属于制造订单计划范畴，还是属于采购订单计划范畴，则由该物料的制造/采购标识码确定。

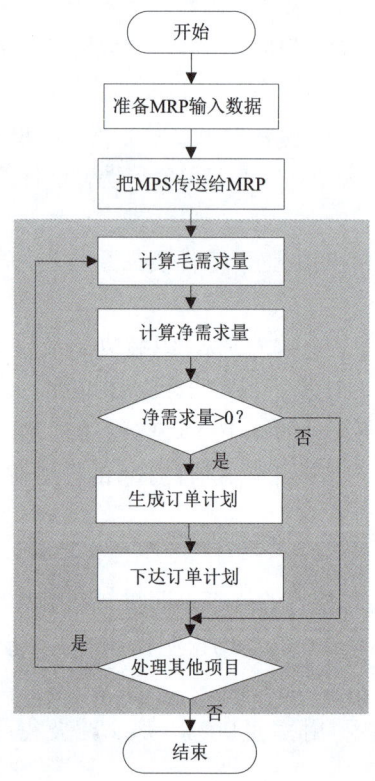

图 5-3　MRP 处理逻辑流程

二、MRP 中每个项目的计算步骤

MRP中每个项目的计算步骤见图5-3中的框内部分，下面讨论有关计算方法。

（一）计算毛需求量

项目毛需求量的计算公式为

$$项目毛需求量＝项目独立需求＋父项的相关需求$$

其中，

$$父项的相关需求＝父项的计划订单数量×项目用量因子$$

（二）计算净需求量

1. 计算各个时间段上的预计库存量

预计可用库存量的计算公式为

$$预计可用库存量＝前期库存量＋计划接收量－毛需求量－已分配量－安全库存量$$

式中，前期库存量为上一个计划周期的期末库存量。

2. 确定净需求量

如果在某个时间段上的预计库存量小于零，则产生净需求量，净需求量的计算公式为

$$净需求量＝预计可用库存的相反数$$

如果净需求量为零则表明此时对该物料无实际需求。

（三）生成订单计划

利用批量规则，生成订单计划(计划订单入库)，包括计划产出量和产出的时间。

（四）下达订单计划

考虑损耗系数和提前期，下达订单计划(又称订单下达)，包括计划投入量和投入时间。其中，计划投入量的计算依据是损耗系数和计划产出量；而计划投入时间的计算依据是提前期和计划产出时间。两者按下述公式获得：

$$计划投入量＝计划产出量÷损耗系数$$
$$计划投入时间＝计划产出时间－提前期$$

（五）利用计划订单数量计算同一周期内更低一层相关项目的毛需求量，进入下一个循环

第四节　MRP 的调整方法

MRP生成之后，由于某些"情况"发生变化将可能导致订单(制造订单、采购订单)无效。这些情况包括工程设计改变、客户订单数量和交货日期改变、供应商拖期发货、工作订单

提早或拖期完工、废品比预期的高或低、关键工作中心或工作单位损坏，以及计划中使用的数据有误。

为了保持物料需求计划(MRP)的准确性，在发生上述变化时必须更新MRP系统。目前更新MRP系统的方法有两种：一种是再生法；另一种是净改变法。

一、再生法

再生法，又称再生式MRP(Regenerative MRP)，它按一定的时间周期定期更新整个MRP，即对MRP下的所有项目的需求和库存状态定期进行重新计算和更新。

再生法是采用批处理方式进行的，每次只能按一定的时间间隔(又称更新周期)定期进行。在两次批处理之间发生的所有变化，如主生产计划的变化、产品结构的变化等都要累积起来，等到下次批处理时一起处理。在每次批处理作业中，每一个库存项目的总需求量、净需求量以及每一项订单计划均要加以重新计算；再生法处理的全过程是逐层进行的，从最高层次(最终产品)到最低层次(采购订单、制造订单)。

在使用再生法时，具体处理过程包括下述内容：

(1) 主生产计划中列出的每一个最终项目的需求都要加以分解；

(2) 每一个BOM文件都要被访问到；

(3) 每一个库存状态记录都要经过重新处理。

现行的ERP系统多采用再生法更新MRP。

二、净改变法

净改变法(Net Change MRP)是按一定的时间周期对主生产计划(或订单)中有变更的部分进行局部分解处理。

局部分解内容包括部分产品的结构及其需求量和需求时间。具体来讲，局部分解有下述两层含义：

(1) 每次运行系统时，都只需要分解主生产计划中的一部分内容；

(2) 只局限于产品的部分结构及其下属层次项目(含需求数量、需求时间)。

由库存事务处理引起的分解只局限在分解的那个项目的下属层次上。

局部分解是使净改变法具有实用价值的关键，因为局部分解缩小了每次做需求计划运算的范围，从而可以提高重排计划的频次。

净改变法的实施可以采用以下两种方式：

(1) 较频繁的重排计划(通常每天批处理一次)；

(2) 连续重排计划，即实时处理。

净改变法一般适用于环境变化较大、计算复杂、更新MRP系统时间较长的企业。

三、再生法和净改变法的比较

再生法和净改变法的比较如表5-1所示。

表 5-1 再生法和净改变法的比较

再生法	净改变法
事件触发性，周期性	变动触发性，连续性
所有 MPS 项目都被展开	只有变动的 MPS 项目被展开
每个生效的物料都被利用	只有部分 BOM 被利用
每个物料的库存和订单状态都被重新计算	仅重算与库存改变有关的产品项目
执行频率低，每周批次执行	执行频率高，每日批次执行或随时执行
系统自动清除信息错误	可能存在错误
产生大量输出报表	MPS 修订后，更改计划的工作量较少

第五节 编制 MRP 案例

下面通过几个案例来说明物料需求计划(MRP)的编制方法。

【例5-4】已知MPS在第8个计划周期时产出10件产品A，其产品A的BOM结构如图5-4所示。试计算各物料的毛需求量和下达订单计划。

根据图5-3所示的MRP流程图，容易求得图5-4中各物料的毛需求量和下达订单计划，结果如表5-2所示。

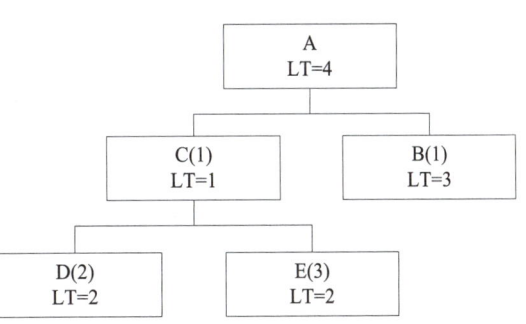

图 5-4 产品 A 的 BOM 结构

表 5-2 产品 A、B、C、D 和 E 的毛需求量及其下达订单计划

提前期	物料项目	MRP 数据项	计划周期 1	2	3	4	5	6	7	8
4	A	毛需求量								10
		下达订单计划			10					
3	B	毛需求量				10				
		下达订单计划	10							
1	C	毛需求量				10				
		下达订单计划			10					
2	D	毛需求量			20					
		下达订单计划	20							
2	E	毛需求量			30					
		下达订单计划	30							

根据表5-2的计算过程，可以看出：

(1) 各种物料的需求量是由上向下层层进行分解的，如A的需求量由主生产计划确定，B、C的需求量由A确定，D、E的需求量由C确定；

(2) 一种物料的"下达订单计划"时间比"毛需求量"时间提前的量是根据本身的"提前期"决定的，如A的提前期是4，所以，当"毛需求量"时间是第8周期时，"下达订单计划"的时间就是第4(= 8-4)周期；

(3) 上一层物料的"下达订单计划"时间即为下一层物料的"毛需求量"时间。

【例5-5】当独立需求与相关需求同时存在时，物料需求的计算：物料A既是产品X的组件，又是产品Y的组件，其BOM结构如图5-5所示，所以A的需求为相关需求；此外，A作为配件又有独立需求。已知MPS为：在第6、8、11个计划周期时，产出的产品X分别为20、30、20；在第9、11、13个计划周期时，产出的产品Y分别为40、20、20；在第1、2周期时，产出的产品A均为20。试计算产品A的毛需求量。

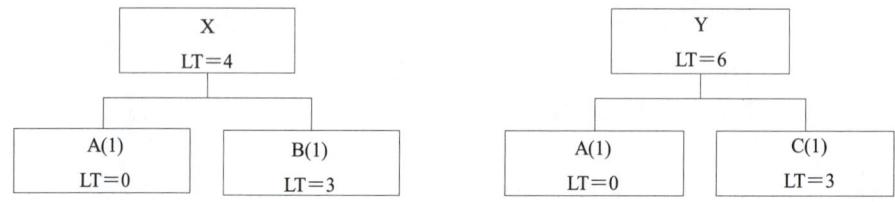

图 5-5　物料 A 的 BOM 结构

根据图5-3所示的MRP流程图可知，物料A的总毛需求量应为其独立需求和相关需求之和。物料A的毛需求量计算结果如表5-3所示。

表5-3　物料 A 的毛需求量计算结果

MRP 项目	计划周期												
	1	2	3	4	5	6	7	8	9	10	11	12	13
X(LT = 4)						20		30			20		
Y(LT = 6)									40		20		20
相关需求 X → A		20		30			20						
相关需求 Y → A				40		20		20					
独立需求 A	20	20											
A 的毛需求量	20	40	40	30	20		40						

【例5-6】产品A的BOM结构如图5-6所示：MPS在第8个计划周期时产出100件A产品；各物料的计划接收量和已分配量均为零；物料A、B、C、D期初库存量分别为0件、50件、50件、60件，安全库存量均为0件；物料A、B、C、D批量规则为直接批量法。试应用低位码计算物料A、B、C、D的净需求量。

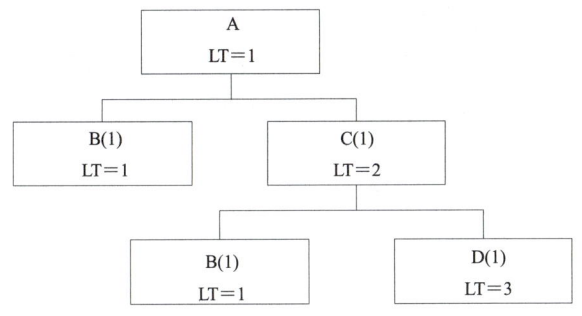

图 5-6 产品 A 的 BOM 结构

从图5-6可知，由于物料B同时处在产品A的第1层和第2层，因此低位码为2，而物料A、C、D的低位码则是其层次码，分别为0、1、2。

利用低位码求物料B的净需求量的步骤是：当遇到第1层中B的毛需求时，暂不计算其净需求；当遇到第2层B的毛需求时，因为此时已是物料B低位码所在层次，所以应合并这两层物料B的毛需求，然后一并求其净需求。

按照上述原则，得到物料A、B、C、D的净需求，如表5-4所示。其中，物料B的净需求是第5周0件，第7周100件。

表 5-4 物料 A，B，C，D 的净需求（按低位码计算）

提前期	物料名	现库存	需求	计划周期							
				1	2	3	4	5	6	7	8
1	A	0	毛需求								100
			净需求								100
2	C	50	毛需求							100	
			净需求							50	
3	D	60	毛需求					50			
			净需求					0			
1	B	50	毛需求					50		100	
			净需求					0		100	

从该例题可知：低位码处在不同层次的物料合并在一起进行净需求计算，简化了MRP的运算过程，且使其计算结果更加切合实际。

由该例题得到"利用低位码进行MRP计算"的一般方法是：当第一次分解至该物料时，即便其有毛需求，也不急于计算净需求，而要层层分解直至该零件最低层，此时再一并计算其净需求。

思考习题

1. 什么是MRP？ MRP的作用及其在ERP中的层次关系如何？

2. 简述MRP的工作原理及其输入输出项的内涵。

3. 什么是低位码？什么是损耗系数？并说明它们在MRP编制中的作用。

4. 简述MRP的处理逻辑流程，并说明MRP与MPS中的毛需求量、净需求量计算有何异同。

5. MRP有哪些实施方法？说明其特点和适用范围。

6. 某产品W的BOM结构如图5-7所示，MRP的有关输入数据见表5-5，请编制项目X、Y、A、B、C的MRP。

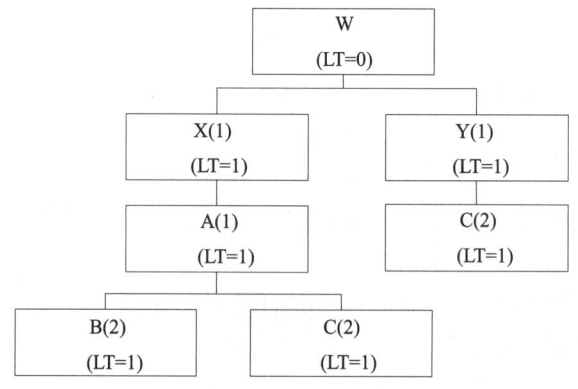

图 5-7　产品 W 的 BOM 结构

表 5-5　MRP 的有关输入数据

(a) 项目 W 主生产计划清单

周期	1	2	3	4	5	6	7	8
项目 W				20	20	20	20	20

(b) 项目 C 主生产计划清单

周期	1	2	3	4	5	6	7	8
项目 C	5	5	5	5	5	5	5	5

(c) 库存信息

项目	计划接收量（计划周期）								现存库存	已分配量	提前期	固定批量
	1	2	3	4	5	6	7	8				
X				40					45	10	1	40
Y			30						45	20	1	30
A					50				50	10	1	50
B							50		65	5	1	50
C		35							95	15	1	35

第六章

能力需求计划（CRP）

物料需求计划(MRP)是在企业资源无限的条件下实现的，该计划是否可行，主要看企业是否有足够的生产能力来保证计划的顺利实施，这就要求编制能力需求计划。

▶ **本章的知识要点：**

- 能力需求计划的概念。
- 能力需求计划的运行流程。
- 能力需求计划在 ERP 中的层次关系。
- 能力需求计划的编制步骤。

第一节　能力需求计划概述

一、能力需求计划的概念

能力需求计划(Capacity Requirements Planning，CRP)是对物料需求计划所需能力进行核算的一种计划管理方法。能力需求计划与物料需求计划相伴而行，根据准备下达、已下达和未接订单的任务负荷，按时段对各工作中心所需的各种资源进行精确计算，得出人力负荷、设备负荷等资源负荷情况，并做好生产能力负荷的平衡工作。具体来讲，CRP就是对MRP涉及的物料加工所使用的工作中心(工序)进行负荷和能力的精确计算，并依此进行生产能力与生产负荷的平衡。

能力需求计划中的能力是指在充分利用企业资源的前提下单位时间内企业能持续保持的最大产出，能力需求计划的对象是工作中心。

能力需求计划相对物料需求计划更为抽象。因为物料需求计划的对象是物料。物料是具体的、形象的和可见的。而能力需求计划的对象是工作中心，工作中心的能力是随生产效率、人员变动、设备状况等因素而变化的，具有较多的不确定因素。

二、能力需求计划的作用

能力需求计划(CRP)是通过分析比较MRP的需求和企业现有生产能力，及早发现能力的瓶颈所在，从而为实现企业的生产任务提供能力方面的保障。

能力需求计划可解决如下问题。

(1) 生产目标是什么？什么时候生产？

(2) MRP涉及的物料经过哪些工作中心？负荷或需用能力是多少？

(3) 工作中心的可用能力是多少？

能力需求计划与粗能力需求计划的功能相似，都是为了平衡工作中心的能力与负荷，从而保证计划的可行性与可靠性。但能力需求计划与前面介绍的粗能力需求计划又有区别，这些区别可由表6-1来描述。

表 6-1　能力需求计划与粗能力需求计划的区别

项目	区别	
	粗能力需求计划	能力需求计划
计划阶段	MPS 编制阶段	MRP 编制阶段
能力计算对象	MPS 物料涉及的关键工作中心	MRP 物料涉及的关键工作中心
负荷计算对象	最终产品和独立需求物料	相关需求物料
提前期	以计划周期为最小单位	物料的开始 / 完成时间，精确到人或小时
批量	因需求定量	批量规则
订单类型	计划、确认为主	全部订单
计划对象	主生产计划	物料需求计划

三、能力需求计划的运行流程

能力需求计划(CRP)的运行流程如图6-1所示，它是根据物料需求计划(MRP)的各种物料的需求量和需求时间及其在各自工艺路线中使用的工作中心及占用时间，计算加工这些物料在各计划周期所占用工作中心的负荷(需用能力)，并与工作中心的可用能力(如可提供的能力、工时、台时等)进行比较平衡的过程。

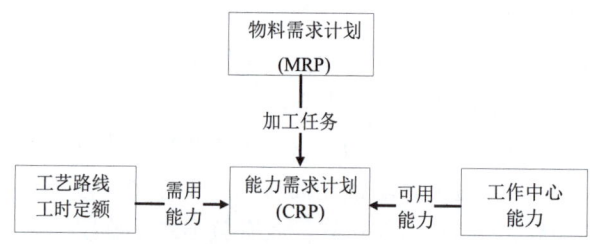

图 6-1　能力需求计划的运行流程

四、能力需求计划在 ERP 中的层次关系

能力需求计划(CRP)与物料需求计划(MRP)一样，同处在ERP系统的管理层，它与其他计划的关系如图6-2所示。其中，PAC为车间作业管理(Production Activity Control，PAC)。

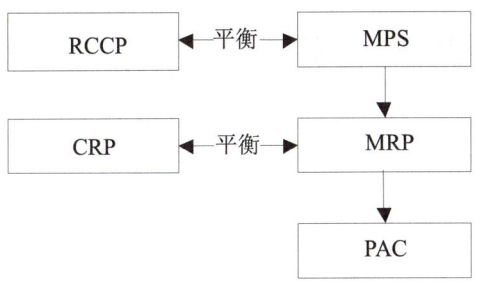

图 6-2　CRP 在 ERP 中的层次关系

五、无限能力计划和有限能力计划

ERP系统的能力平衡一般分为无限能力计划和有限能力计划两种方式。

（一）无限能力计划

无限能力计划是指在不考虑工作中心能力限制的条件下，对各工作中心的能力和负荷进行计算，生成工作中心能力与负荷报告。当负荷大于能力时称为超负荷(或能力不足)状态，此时对超过的部分进行负荷调整，负荷调整的策略有延长工作时间、使用替代加工级别、转移负荷工作中心、做出购买的决策、选择替代工序、进行外协加工等。在采取以上各项措施均无效的情况下，可以延期交货或取消订单。

无限能力计划只是"暂时"不考虑能力的约束，在不强调负荷限制的前提下，尽量调节和平衡能力，目的是满足客户对交货期的要求。目前，大多数ERP系统都是采用无限能力计划方式。

（二）有限能力计划

有限能力计划是指工作中心的能力是不变的或有限的，MRP生成的制造订单计划的安排应按照优先级进行。换言之，先把能力分配给优先级高的物料。当工作中心负荷已满时，优先级低的物料被推迟加工，即订单被推迟。这种方法按优先级分配负荷。这里的优先级是指物品加工的紧迫程度，优先级数字越小说明优先级越高。

有限能力计划是按照物料优先级别来分配工作中心的，这里的物料优先级别是根据该物料加工的紧急程度确定的。因此，工作中心将不会产生超负荷的情况，可以不做负荷调整。

第二节　能力需求计划的工作步骤

能力需求计划的本质是把MRP中的物料需求换算成能力需求。根据物料需求计划，将

占用某个工作中心的所有物料，对比各自的工艺路线，求出生产这些物料在各个时段要占用该工作中心的负荷小时数，再与工作中心的能力，即可能提供的工作小时进行比较，生成能力需求报表。能力需求计划(CRP)的编制主要包括5步：收集数据、编制工序计划、分析负荷情况、能力/负荷调整、确认能力需求计划。下面分析每一步的工作内容。

一、收集数据

能力需求计划的有关数据主要从以下6个方面收集：已下达车间订单、MRP订单、工作中心能力数据、工艺路线文件、工作日历及其他数据。

（一）已下达车间订单

已下达车间订单是指已释放或正在加工的订单。它是在指定日期加工指定物料及其数量的订单，也称正在加工的订单。订单上包括每种物料的数量、交货期、加工工序、准备时间和加工时间、工作中心或部门号、设备号等信息。

由于已下达车间订单用了工作中心的一部分能力，因此，在制订CRP时必须将该因素考虑进去。同时，为了CRP的准确性，必须根据生产进度实时维护已下达车间订单。

（二）MRP订单

MRP订单来自MRP输出，是通过MRP的运算而得到的物料的净需求量和需求日期、产品零部件的净需求量和需求日期。

MRP订单是MRP输出的尚未释放的订单，它将占用工作中心的能力。

（三）工作中心能力数据

工作中心能力数据包括定额能力和编制订单计划的必要信息。其中，工作中心的定额能力包括每天班次、每班工时、每班人数、每班设备数、效率、利用率等。

定额能力是在正常的生产条件下工作中心的计划能力。

计算定额能力所需的主要信息有：

(1) 每班可用操作人员数；

(2) 可用的机器数；

(3) 单机的额定工时；

(4) 工作中心的利用率(工作中心的利用率＝实际直接工作工时数/计划工作工时数)；

(5) 工作中心的效率(工作中心的效率＝完成的标准定额工时数/实际直接工作工时数)；

(6) 在该工作中心每天排产的小时数；

(7) 每天开动的班次；

(8) 每周的工作天数。

基于上述信息，工作中心的定额能力的计算公式为

$$工作中心的定额能力＝可用机器数或人数×每班工时×每天的开班数$$
$$×每周的工作天数×利用率×效率$$

【例6-1】某企业某工作中心由10名工人操作10台机床，每班8小时，每天1班，每

星期5天，利用率为90%，效率为95%，则一周的定额能力为

$$10 \times 8 \times 1 \times 5 \times 0.90 \times 0.95 = 342(定额工时)$$

工作中心的定额能力不一定为最大能力。

（四）工艺路线文件

工艺路线是描述BOM中制造物料的加工与传递顺序的资料。工艺路线描述一个或若干个物料从现行库存状态经过加工到另一个库存状态的过程。工艺路线是能力需求计划运算时的重要信息，主要提供物料加工的工序、工作中心和定额工时(准备时间、加工时间)等数据。

（五）工作日历

工作日历是企业用于编制计划的特殊日历，该日历一般将不工作的日期排除(周末、法定假日及其他非生产日期)。

（六）其他数据

工作中心编制订单计划的必要信息还包括：

(1) 计划排队时间(工件等待加工的平均时间)；

(2) 移动时间(把工件从一个工序搬到另一个工序所需的时间)。

二、编制工序计划

MRP是用倒序排产的方式确定订单下达日期的。倒序排产方式的基本思想是：以订单为基准，按时间倒排方式来编排工序计划，并由此确定物料(工件)工艺路线上各工序的开工时间。

如果按倒序排产方式得到的是一个负的开工时间，则说明该物料(工件)的开工时间已过期。此时，为了按预定的交货期完工，就应该重新下达计划订单并压缩提前期，否则必须将交货期延迟。

编制工序计划主要包括下面3项工作内容：

(1) 从订单、工艺路线和工作中心获得基础数据；

(2) 计算负荷，包括：计算每道工序的负荷和每道工序在每个工作中心的负荷，以及按计划周期计算每个工作中心的负荷；

(3) 计算每道工序的开工日期和交货日期。

三、分析负荷情况

能力需求计划指出了工作中心的负荷情况(负荷不足、负荷平衡或超负荷)，以及存在问题的时间和问题的程度。问题是多种多样的，有主生产计划阶段的问题，有物料需求计划阶段的问题，也有工作中心和工艺路线方面的问题。对每个工作中心都要进行具体的分析和检查，确认导致各种具体问题的原因，以便正确地解决问题。

四、能力 / 负荷调整

能力需求计划中有两个要素：能力和负荷。在解决负荷过小或超负荷的能力问题时，应视具体情况对能力和负荷进行调整：增加或降低能力、增加或降低负荷、能力与负荷同时调整。调整能力的方法有：加班、增加人员与设备、提高工作效率、更改工艺路线、增加外协处理等。调整负荷的方法有：修改计划、调整生产批量、推迟交货期、撤销订单、交叉作业等。

五、确认能力需求计划

在经过分析和调整，将已修改的数据重新输入相关的文件记录中，通过多次调整，在能力和负荷达到平衡时，确认能力需求计划，正式下达任务单。

第三节　CRP 分析及其控制

一、CRP 分析

利用负荷图分析工作中心的负荷能力，如果大多数工作中心表现为超负荷或低负荷，则为能力不平衡，需要分析其原因并采取措施。

工作中心能力不平衡的原因主要表现在下述几个方面：

(1) 主要维修件的订单未反映在MPS中；

(2) 忽略拖期订单；

(3) 粗能力计划中资源清单不准确，瓶颈工作中心没有包括在内；

(4) 提前期增大，影响了负荷分布，在能力需求计划中考虑提前期，但在粗能力计划中没有考虑。

二、调整能力和负荷

经过CRP分析，找到能力/负荷不平衡的因素并消除了这些因素后，如果能力/负荷还不平衡，则需要进行能力/负荷调整。

能力/负荷的调整方式主要有三种：调整能力、调整负荷、能力和负荷同时调整。下面仅介绍第一、第二种调整方式。

（一）调整能力

调整能力的方法主要有以下几类：安排加班、改善利用率和效率、采用替代工艺路线、重新分配劳动力、减少准备时间、减少运输时间。

（二）调整负荷

调整负荷的方法主要有：交叉作业、调整批量规则、用购买件代替自制件、取消订单、重挂订单、修改订单数据、转包合同。

三、能力控制

能力控制是为了发现企业现存的能力问题并预见潜在的问题以便采取措施。为了保证能力计划的执行，必须做好日常能力检查。日常能力检查主要包括以下几个方面的内容。

（一）投入 / 产出报告

投入/产出报告是一种计划控制报告，它显示出各工作中心计划投入产出与实际投入产出的偏差。

报告包括以下信息。

(1) 计划投入，指安排到工作中心的计划订单和已下达订单。

(2) 实际投入，指工作中心实际接收的任务。

(3) 计划产出，指要求完成的任务。

(4) 实际产出，指实际完成的任务。

(5) 与计划的偏差，指投入偏差和产出偏差。

(6) 允许范围，指允许的偏差程度。

投入产出报告中，必须对比计划投入产出和实际投入产出。

（二）劳力报告

劳力的利用率和效率部分决定企业现有生产能力，所以，必须生成劳力报告并进行分析以便发现问题。

劳力报告包括以下内容。

(1) 出勤记录。如果人员缺席过多，必定影响企业生产能力；如果人员流动过大，效率必定降低，因为新雇员都要经过一定的培训才能正常工作；如果生产人员被安排做非生产工作，生产能力必定会降低。

(2) 加班。大量或长期加班会降低生产效率，从而出现能力问题。

（三）设备性能记录

企业应对设备性能加以检查和记录，并定期进行分析，以便发现潜在的问题。

应检查和记录的项目如下。

(1) 维修历史。记录维修机器的原因和时间，应特别分析非计划维修，找出潜在原因。

(2) 停机时间所占比例。停机时间过长，说明机器或机器的维修有问题。

(3) 预防性维修规程。检查预防性维修规程，保证适当的维修。设备越陈旧，维修应越频繁，否则往往会延长停机时间。

（四）其他报告

日常能力检查除了做好上述 3 个报告，还应做好生产订单报告和生产统计报告。其中，生产订单报告主要提供订单开始、订单完成及订单终止等方面的完整信息；生产统计报告则提供废品返工、物料拖期等信息。

▌ 第四节 编制 CRP 案例 ▌

【例6-2】产品A的物料清单如图6-3所示，其主生产计划、库存信息、工艺路线及工作中心工时定额信息和工作中心工序间隔时间如表6-2所示。零件B、C的批量规则均是2周净需求，零件E的批量规则是3周净需求，零件F 的批量规则是固定批量80；每周工作5天，每天工作6.5小时，每个工作中心有一位操作工，所有的工作中心利用率和效率均为95%。试编制其能力需求计划(CRP)并分析其能力情况。

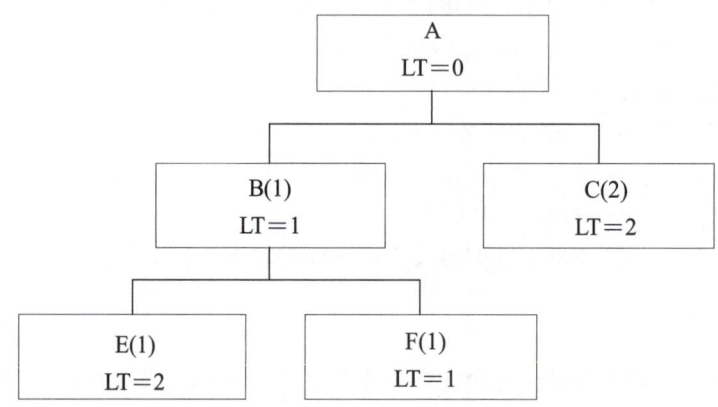

图 6-3 产品 A 的物料清单

表 6-2 编制能力需求计划 (CRP) 的有关输入数据

(a) 项目 A 主生产计划

周期	1	2	3	4	5	6	7	8	9	10
项目 A	25	25	20	20	20	20	30	30	30	25

(b) 工艺路线及工作中心工时定额信息

项目	工序号	工作中心	单件加工时间 (h)	生产准备时间 (h)	平均批量	单件准备时间 (h)	单件总时间 (h)
A	10	30	0.08	0.40	20	0.01	0.09
B	20	25	0.05	0.28	40	0.01	0.06
C	30	15	0.12	1.60	80	0.02	0.14

(续表)

项目	工序号	工作中心	单件加工时间 (h)	生产准备时间 (h)	平均批量	单件准备时间 (h)	单件总时间 (h)
C	40	20	0.06	1.10	80	0.01	0.07
E	50	10	0.09	0.85	100	0.02	0.11
	60	15	0.23	0.96	100	0.03	0.26
F	70	10	0.09	0.85	80	0.02	0.11

(c) 工作中心工序间隔时间

工作中心	工序间隔时间（天）	
	排队时间	运输时间
30	2	1
25	2	1
20	1	1
15	1	1
10	1	1
库房		1

(d) 库存信息

项目	计划接收量（计划周期）							现存库存	已分配量	提前期	批量规则
	1	2	3	4	5	6	7				
A											
B	38							14		1	固定周期2周
E		76						5		2	固定周期3周
F								22		1	固定批量80
C	72							33		2	固定周期2周

能力需求计划(CRP)是在物料需求计划(MRP)编制之后，对MRP进行验证的处理过程。为此，我们必须先编制物料需求计划，再编制能力需求计划。而能力需求计划的编制则包括计算工作中心负荷，用倒序排产法计算每道工序的开工日期、完工日期和编制负荷图3个步骤。

1. 编制物料需求计划

根据第五章介绍的物料需求计划编制方法及例6-2的已知条件，可编制产品A的物料需求计划，如表6-3所示。

表6-3　产品 A 的物料需求计划

项目		计划周期									
		1	2	3	4	5	6	7	8	9	10
A	主生产计划	25	25	20	20	20	20	30	30	30	25
B (LT=1)	毛需求量	25	25	20	20	20	20	30	30	30	25
	计划接收量	38									
	现有库存/14	27	2	20	0	20	0	30	0	25	0
	净需求量			18	0	20	0	30	0	30	0
	计划订单入库			38		40		60		55	
	计划订单下达		38		40		60		55		
E (LT=2)	毛需求量		38		40		60		55		
	计划接收量		76								
	现有库存/5	5	43	43	3	3	55	55	0	0	0
	净需求量						57				
	计划订单入库						112				
	计划订单下达				112						
F (LT=1)	毛需求量		38		40		60		55		
	计划接收量										
	现有库存/22	22	64	64	24	24	44	44	69	69	69
	净需求量		16				36		11		
	计划订单入库		80				80		80		
	计划订单下达	80				80		80			

（续表）

项目		计划周期									
		1	2	3	4	5	6	7	8	9	10
C (LT=2)	毛需求量	50	50	40	40	40	40	60	60	60	50
	计划接收量	72									
	现有库存 /33	55	5	40	0	40	0	60	0		
	净需求量			35	0	40	0	60	0	60	0
	计划订单入库			75		80		120		110	
	计划订单下达	75		80		120		110			

2. 编制能力需求计划

第一步：计算工作中心负荷。

为了编制能力需求计划，首先要计算工作中心的负荷。各工作中心所需的负荷可用下述公式计算：

$$工作中心负荷＝件数×单件加工总时间＋准备时间$$

例如，对于工作中心30，由于最终产品A在工作中心30加工，单件加工总时间和生产准备时间分别为0.09h和0.4h。因此，对于主生产计划的每一批计划量25件、20件和30件，在该工作中心的负荷分别为

$$25×0.09＋0.4＝2.65h$$
$$20×0.09＋0.4＝2.2h$$
$$30×0.09＋0.4＝3.1h$$

再比如，对于工作中心15，零件C的第一道工序和零件E的最后一道工序均要在该工作中心加工，而零件C的单件加工总时间和生产准备时间分别为0.14h和1.6h，这样便得到零件C的各批订单在工作中心15的负荷分别为：75件为12.1h，80件为12.8h，120件为18.4h，110件为17.0h。零件E在工作中心15上的单件加工总时间和生产准备时间分别为0.26h和0.96h，因此，也可得到各批订单在工作中心15的负荷为：112件为30.08h。同理，可以得到其他工作中心所需的负荷情况，结果如表6-4所示。

表 6-4　工作中心的能力需求表（能力需求计划）

零件	工作中心	拖期	计划周期									
			1	2	3	4	5	6	7	8	9	10
A	30		2.65	2.65	2.20	2.20	2.20	2.20	3.10	3.10	3.10	2.65
	小计		2.65	2.65	2.20	2.20	2.20	2.20	3.10	3.10	3.10	2.65
B	25			2.56		2.68		3.88		3.58		

（续表）

零件	工作中心	拖期	计划周期									
			1	2	3	4	5	6	7	8	9	10
		小计		2.56		2.68		3.88	3.58			
C	20		6.35		6.7		9.50		8.80			
		小计	6.35		6.7		9.50		8.80			
C	15		12.1		12.8		18.4		17.0			
E	15					30.08						
		小计	12.1		12.8	30.08	18.4		17.0			
E	10					13.17						
F	10		9.65				9.65		9.65			
		小计	9.65			13.17	9.65		9.65			

第二步：用倒序排产法计算每道工序的开工日期和完工日期。

在项目的提前期期间，需要合理分配有关工序所需的工时定额。在CRP系统中，通常采用倒序排产法。

所谓倒序排产法，是指将MRP确定的订单完成时间作为起点，然后安排各道工序，找出各工序的开工日期，进而得到MRP订单的最晚开工时间。

下面以零件C为例，说明如何用倒序排产法计算每一批订单每道工序的开工日期和完工日期。

由表6-2(b)可知，零件C的加工有两道顺序工序，这两道工序分别在工作中心15和20上完成。

根据例6-2的已知条件：每周工作5天，每天工作6.5小时，每个工作中心有一位操作工，所有的工作中心利用率和效率均为95%，可以得到各工作中心每天的可用能力为

$$6.5 \times 1 \times 0.95 \times 0.95 = 5.866h$$

一周的最大可用能力为

$$5.866 \times 5 = 29.331h$$

根据产品A的物料需求计划(见表6-3)，第一批C零件应在第3周周一早上已经在库房中，因此，其完成时间应该在第2周星期五下午下班之前；由于最后一道工序在工作中心20完成后，要将完工产品运输到库房，按计划要安排1天运输时间(见表6-2(c))，因此工作中心20的完工时间定在第2周周四的下班时间；工作中心20的生产时间为6.35h(见表6-4)。因此，在工作中心20上的生产时间为6.35/5.866＝1.08天(取整为1天)，而在工作中心20前的排队时间和上道工序工作中心15运输到工作中心20的时间都是1天(见表6-2(c))，所以，第2周的第2天和第3天用于运输和排队等待；工作中心15的完成时间应该在第2周的第1天下班时间，工作中心15的生产时间为2天(12.10/5.866＝2.06，取整为2天)，工作

中心15的开工时间为第1周的第5天，由于工作中心15开工前还要有1天运输和1天等待时间，这样，这批订单的开工时间为第1周的第3天。

　　同理，可以得到零件C的其他批次订单的最晚开工时间和完工时间，如表6-5所示。其中，第2批次订单的最晚开工时间和完成时间分别为第3周的第3天、第4周的星期五下班前；零件C的第3批订单的最晚开工时间和完成时间分别为第5周的第2天、第6周星期五下班前；零件C的第4批订单的最晚开工时间和完工时间分别为第7周的第2天、第8周星期五下班前。

表6-5　各批次零件 C 的开工时间和完工时间

订单批次	订单数量	最晚开工时间	完工时间
1	75	第 1 周的第 3 天	第 2 周星期五下班前
2	80	第 3 周的第 3 天	第 4 周星期五下班前
3	120	第 5 周的第 2 天	第 6 周星期五下班前
4	110	第 7 周的第 2 天	第 8 周星期五下班前

　　第三步：编制负荷图。

　　下面以工作中心15为例，说明如何编制工作中心能力负荷曲线图。

　　根据上述有关计算得知，工作中心15的额定可用能力为29.331，在第1～7周的能力需求分别为12.1、0、12.8、30.08、18.4、0、17.0。因此，除了第4周因其能力/负荷＝−0.749＜0，说明其负荷处于超负荷状态(或其能力处于欠能力状态)，其余各周均处于超能力或低负荷状态。工作中心15的负荷曲线如图6-4所示。

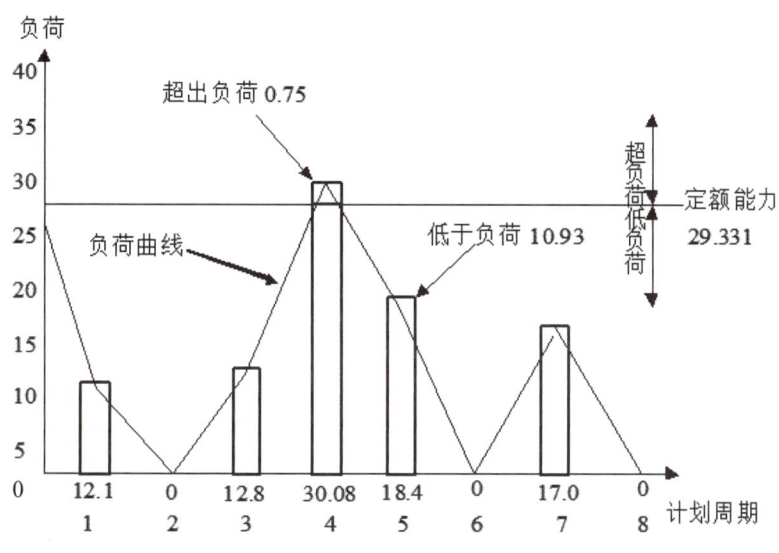

图 6-4　工作中心 15 的负荷曲线

思考习题

1. 什么是能力需求计划？能力需求计划的种类有哪些？

2. 能力需求计划有哪些作用？

3. 能力需求计划与粗能力需求计划有何区别？

4. 工作中心能力数据的建立需要哪些步骤？

5. CRP输入的源数据有哪些？

6. 请解释有关名词术语：有限能力计划、工作中心、工艺路线、工作日历。

7. 计算CRP的步骤有哪些？

8. 如何计算工作中心的额定能力和负荷？当能力和负荷不平衡时，如何调整？

9. 如何确定订单的最晚开工时间和完工时间？针对例6-2，确定物料E和F的所有批次订单的最晚开工时间和完工时间。

10. 描述能力需求计划在ERP中的层次关系。

第七章

车间作业控制

车间作业控制(Production Activity Control，PAC)，属于ERP的执行层，是对车间作业计划的具体实施与控制。车间作业计划是在物料需求计划基础上，对产品或零部件生产计划的细化，是一种具体且可实际操作的车间生产计划。

▶ **本章的知识要点：**

- 车间作业控制的概念。
- 车间作业控制在 ERP 中的层次关系。
- 车间作业控制的运作流程。
- 了解准时生产模式的基本原理。

第一节　车间作业控制概述

一、车间作业控制的概念

在ERP系统中，车间作业控制(PAC)与采购作业计划同属于计划的执行层(见图2-1)。车间作业控制的主要任务是执行计划并反馈信息，其管理目标是按物料需求计划的要求，按时、按质、按量、低成本地完成加工制造任务，也可以理解为通过车间作业控制使得生产作业不偏离主生产计划和物料需求计划。

车间作业控制是在物料需求计划的基础上，按照交货期的前后、生产优先级和车间的生产资源情况(如设备、人员、加工能力和物料供应等)，将产品生产任务以订单的形式下达给生产车间。在车间内部，根据零部件的工艺路线等信息制订车间生产的计划，组织日常的生产。同时，在产品的生产过程中，实时地采集车间生产的动态信息，了解生产进度，发现问题及时解决，尽量使车间的实际生产接近主生产计划或物料需求计划。

二、车间作业控制的内容

既然是车间作业控制，控制就是其重点。车间作业控制的内容如下。

(1) 控制车间任务的下达。根据各生产车间的具体情况，可以将核实后的MRP制造订单任务下达给不同的生产车间。

(2) 控制加工单的下达。只有在物料、能力、提前期和工具都齐备的情况下才下达加工单，以免造成生产中的混乱。通过查询一系列报表(如加工单、库存分配、工艺路线、能力计划、工作日历等)来进行核实。

(3) 控制在制品在各工作中心的加工任务并排定工序优先级(根据加工单的完工日期)。具体就是生成派工单及车间文档(如图纸、工艺过程卡、领料单等)。

(4) 能力的投入产出控制。控制投入和产出的工作量，保持物流稳定。同时，控制排队时间、提前期和在制品库存。

(5) 登记加工信息。控制生产成本，结清订单管理。

(6) 完成库存事务处理。对产成品和在制品进行库存管理。

三、车间作业控制的信息处理

车间作业控制的信息处理内容如图7-1所示。

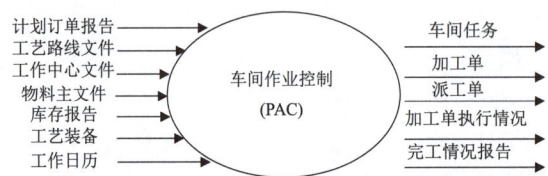

图 7-1　车间作业控制的信息处理内容

从图7-1可以看出，有7项输入数据项，作为PAC的输入和验证信息，是运行PAC的信息依据。经过PAC处理后，得到5项输出数据项。其中，车间任务、加工单、派工单为下达的计划指令，加工单执行情况报告和完工情况报告为反馈的监督信息。

第二节　车间作业控制的运作流程

车间作业控制的运作流程如图7-2所示。本节就其控制流程给予讲解。

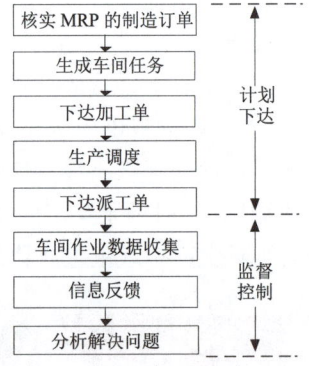

图 7-2　车间作业控制的运作流程

一、核实 MRP 的制造订单

MRP为制造订单规定了计划下达日期，但它并没有真正下达给车间。虽然这些订单是按MRP原理编制的，并且做过能力平衡，但这些订单在生产控制人员正式批准下达投产之前，还必须检查物料、能力、提前期和工具的可用性。

PAC对MRP制造订单核实的主要信息包括以下几个方面。

(1) 计划订单报告：说明要加工什么产品或零部件。

(2) 工艺路线文件：说明加工的工序。

(3) 工作中心文件：说明在何处加工。

(4) 物料主文件：说明产品或物料的提前期、成本等信息。

(5) 库存报告：说明产品、在制品和物料库存相关信息。

(6) 工艺装备：说明加工能力等情况。

(7) 工作日历：说明车间可用于生产的时间。

通过以上信息，对MRP制造订单核实后，可确定订单的加工工序，以及所需的物料、提前期、加工能力等信息。

二、生成车间任务

生成车间任务就是把经过核实的MRP制造订单下达给车间。由于企业中不同车间可以完成相同的加工任务，同一个物料的制造订单也可以分配给不同的车间加工，并且不同车间的加工工艺路线也可能不相同，因此，必须把物料制造订单明确下达给具体的车间。

车间任务信息一般包括订单号、MRP编号、物料编码、物料名称、车间代码、车间名称、需求数量、需求日期、开工日期、完工日期等数据项。车间任务信息如表7-1所示。

表 7-1　车间任务信息

订单号	MRP编号	物料信息		车间信息		需求数量	需求日期	进度计划	
		物料编码	物料名称	车间代码	车间名称			开工日期	完工日期
111201	1008	20100	AB	101	加工车间	300	2023-5-21	2023-5-18	2023-5-20
111209	1012	20800	AQ	101	加工车间	500	2023-5-30	2023-5-28	2023-5-30

车间任务生成并确认后，对车间任务进行详细分解和调度控制，产生加工指令：加工单和派工单。

三、下达加工单

ERP系统中的加工单(Work Order)，或称车间订单(Shop Order)，是一种面向加工物料的加工说明性文件。与手工管理中的传票一样，从物料加工的领料开始，跟随加工物料完成每一道工序，直到物料加工的最后一道工序完成，即标志该物料加工最终完成。由于加工单贯穿整个物料的加工过程，因此加工单可以跨部门、跨车间运行。

加工单的格式与工艺路线报表格式很相似。其内容一般应包括加工单号、物料编码、物料名称、需求数量、需求日期、工序(号)、工序名称、工作中心编码、工作中心名称、工作中心工时定额、计划进度等，如表7-2所示。

表 7-2　加工单的典型格式

加工单号：1111088　　　　　　　　计划日期：2023-4-30　　　　　　　　计划员：LJA

物料名称：0102018 面板　　　　　　需求日期：2023-5-31　　　　　　　　需求数量：100

工序	工序名称	工作中心		工时定额（小时）		本工序总时间	计划进度	
		编码	名称	准备时间	加工时间		开工日期	完工日期
10	下料	0507	下料班	0.8	0.2	20.8	2023-5-5	2023-5-7
20	冲 1# 孔	0801	冲床	0.5	0.01	1.5	2023-5-8	2023-5-8
30	冲 2# 孔	0801	冲床	0.5	0.01	1.5	2023-5-9	2023-5-9
40	热处理	0308	（外协）			40	2023-5-12	2023-5-16
50	研磨	0602	磨床	0.5	0.3	30.5	2023-5-19	2023-5-22
60	电镀	0204	电镀班	0.6	0.1	10.6	2023-5-26	2023-5-27
70	检验	0900	质检组		0.1	10	2023-5-28	2023-5-29

四、生产调度

生产调度，就是确定工作中心要进行加工生产作业的优先级，也就是当有多项物料在同一时区安排在同一个工作中心进行加工时，对物料加工的先后顺序进行作业排序。

生产调度(作业排序)主要达到下述目标：

(1) 合理排产，使设备、人员得到充分利用；

(2) 将作业任务按优先级编排，使生产满足优先级要求；

(3) 保证任务如期完成，满足交货期要求。

在生产调度中，各种作业的组合编排是比较复杂的，企业可以根据自身的情况来制定某些规则，并依此来设置作业的排序方案。

一般优先级的确定是按照作业工序开始日期顺序进行排序的，而作业工序开始日期又是以完工日期为基准进行推算的。多数情况下两者的优先顺序是一致的，但也可能会有不同的情况出现，例如某作业工序时间较短，虽然开工时间在前，但即使略推后，也不影响交货期。当在时间安排上出现问题时，可以参考下列方法对优先级进行判断和确认。

（一）紧迫系数 (Critical Ratio，CR)

紧迫系数(CR)的计算公式为

$$紧迫系数(CR)=\frac{交货期-当前日期}{剩余的计划提前期}$$

由公式可以看出，CR是到交货期的剩余天数与剩余的计划提前期之比，所获得的CR值有4种情况，如表7-3所示。

表7-3　紧迫系数 (CR)

优先级	CR 值	说明情况
高	CR ≤ 0	已经拖期
	O < CR < 1	剩余时间不够
	CR = 1	剩余时间刚好够用
低	CR > 1	剩余时间有余

CR值越小，优先级越高。

（二）最小单个工序平均时差 (Least Slack Per Operation, LSPO)

最小单个工序平均时差(LSPO)的计算公式为

$$最小单个工序平均时差(LSPO) = \frac{交货期 - 当前日期 - 剩余工序所需加工时间}{剩余工序数}$$

式中，剩余工序所需加工时间指剩余工序提前期之和。LSPO值越小，说明剩余未完工工序可分解的平均时间越短，则优先级越高。

（三）最早交货期

按"先交货先加工"的原则进行加工，其优先级由下述公式获得：

$$优先级 = 交货期 - 当前日期$$

公式中的优先级值越小，说明交货期时间越早，则优先级越高。

关于生产调度问题，在理论上很难找到最优解，而在现有的技术水平条件下，只能根据具体的生产情况，制定某些规则，尽量使车间的日常生产过程达到既定目标。

五、下达派工单

派工单(Dispatch List)是面向工作中心的加工说明文件，说明工作中心在某个时期要完成的生产任务。其内容一般应包括工作中心代码、工作中心名称、物料编码、物料名称、加工单号、工序(号)、加工数量、开工日期、完工日期、需求日期和优先级别等，如表7-4所示。

表7-4　派工单的典型格式

工作中心：0602　磨床　　　　　　　　　　　　　　　　　　　　　　派工日期：2023-4-30

物料编码	物料名称	加工单号	工序号	加工数量	计划日期			优先级别
					开工日期	完工日期	需求日期	
0103001	B	11110001	10	200	2023-5-12	2023-5-16	2023-5-20	1
0102018	面板	11110088	50	100	2023-5-19	2023-5-22	2023-5-31	1
0501006	ABS	11110100	80	200	2023-5-23	2023-5-29	2023-5-31	2

依据派工单，车间调度和工作中心的操作人员能非常清楚地了解当前的工作任务。如果日期或工时上出现问题，也能及时发现，并采取措施予以更正。

六、车间作业数据收集

车间作业数据收集，是车间作业管理中监督控制环节的一个重要步骤。如果车间的日常生产很正常，并与计划相符，那么就无须对生产情况进行监控了。但在实际的情况中，总会出现或发生这样或那样的问题。例如，生产延期、出现废品、设备故障、人员因素等问题，都有可能造成车间作业计划不能按时执行。因此，必须对车间作业计划进行经常性的监视、控制和调整。其中，对车间作业计划的监视是通过收集有关车间作业数据来实现的。

通常，车间作业数据主要有以下几种。

(1) 生产进度数据：正常完工数量、正在加工数量、加工时间、准备时间、生产拖期情况、拖期原因等。

(2) 人员信息数据：生产人员数量、上下班时间、缺勤情况等。

(3) 设备运行信息数据：设备名称、运行状况、负荷量、故障及维修情况等。

(4) 质量控制数据：废品数量、返修数量、废品率、返工率等。

(5) 物料状态数据：物料的接收、储存、检验、发放、移动、包装等状态数据。

对于不同的企业，车间作业数据收集的频率和详细程度是不同的。一般情况下，车间作业数据收集可在质量检验、完工统计、物料出入库、人员变动、设备异常等时刻进行。

车间作业数据的收集必须由专人负责完成，如车间统计员等。

七、信息反馈

针对生产进度数据的信息反馈，主要有加工单执行情况报告和完工情况报告。加工单执行情况报告针对的对象是物料，完工情况报告针对的对象是工作中心。

（一）加工单执行情况报告

加工单执行情况报告反映物料加工作业的进度情况，其一般格式如表 7-5 所示。

表 7-5　加工单执行情况报告

加工单号：1111088　　　　　　报告日期：2023-5-22　　　　　　统计员：ZHANG

物料名称：0102018 面板　　　　需求日期：2023-5-31　　　　　　需求数量：100

工序	工序名称	工作中心		开工日期	完工日期	计划数量	完工数量	合格数量	废品数量	返修数量	原因代码
		编码	名称								
10	下料	0507	下料班	2023-5-5	2023-5-7	100	100	100			
20	冲 1# 孔	0801	冲床	2023-5-8	2023-5-8	100	100	100			
30	冲 2# 孔	0801	冲床	2023-5-9	2023-5-9	100	100	100			
40	热处理	0308	（外协）	2023-5-12	2023-5-16	100	100	100			
50	研磨	0602	磨床	2023-5-19	2023-5-22	100	90	89	1		02

（二）完工情况报告

完工情况报告反映工作中心生产作业情况，其一般格式如表7-6所示。

表7-6　完工情况报告

工作中心：0602 磨床　　　　　　　报告日期：2023-5-22　　　　　　　统计员：ZHANG

物料编码	物料名称	加工单号	工序号	开工日期	完工日期	需求日期	计划数量	完工数量	合格数量	废品数量	返修数量	原因代码
0103001	B	11110001	10	2023-5-12	2023-5-16	2023-5-20	200	200	200			
0102018	面板	11110088	50	2023-5-19	2023-5-22	2023-5-31	100	90	89	1		02

对于以上两种报表格式，企业可以根据自身情况增加相应的信息，并设计自己需要的统计报表格式。

八、解决车间作业管理中遇到的问题

解决车间作业管理中遇到的问题主要包括以下几个方面：分析出现的问题，给出解决方法和措施；若采取某个措施，分析会产生怎样的结果；当前问题解决了，以后是否会产生其他问题；解决问题的目标是使生产与计划保持一致。

车间作业管理中的问题主要反映在能力短缺、物料短缺、提前期不足等方面。以下介绍解决这些问题可以采取的一些措施。

1. 解决能力短缺问题的主要措施

(1) 调整设备能力；

(2) 调整人力资源；

(3) 改进生产工艺；

(4) 调整批量；

(5) 外协加工等。

2. 解决物料短缺问题的主要措施

(1) 加强采供管理；

(2) 寻找替代物料；

(3) 调整批量等。

3. 解决提前期不足问题的主要措施

(1) 交叉平行作业；

(2) 拆分加工单；

(3) 压缩排队、等待和传送时间；

(4) 提高特殊产品的优先级；

(5) 调整设备能力；

(6) 调整人力资源；

(7) 改进生产工艺。

第三节　准时生产模式

一、准时生产模式的概念及特点

准时生产模式(Just in Time，JIT)是一种推动作业管理模式，是日本丰田汽车公司创立的一种独具特色的现代化生产管理模式。它顺应时代的发展和市场的变化，经历了多年的探索和完善，逐渐形成和发展成为今天这样的包括生产组织、物流控制、质量管理、成本控制、库存管理、现场管理和现场改善等在内的较为完整的生产管理技术与方法体系。

JIT的基本思想是"在需要的时候，按需要的量生产所需的产品"。这种生产方式的核心是追求一种无库存生产系统，或使库存达到最小的生产系统，即企业在市场需要时，才生产出所需的产品。也就是说，各种产品的产量必然能够灵活地适应市场需求的变化。

JIT以准时生产为出发点，首先暴露出生产过量和其他方面的浪费，然后对设备、人员等进行淘汰、调整，达到降低成本、简化计划和提高控制的目的。在生产现场控制技术方面，JIT的基本原则是在正确的时间，生产正确数量的零件或产品，即时生产。它将传统生产过程中前道工序向后道工序送货，改为后道工序根据"看板"向前道工序取货。

（一）准时生产模式的目标

准时生产模式的最终目标也就是企业的经营目标，即企业利润最大化。为了实现这个最终目标，"降低成本"就成为基本目标。准时生产模式是力图通过"彻底排除浪费"来达到这一目标的。

所谓浪费，丰田汽车公司认为是"只使成本增加的生产诸因素"或"不会带来任何附加价值的诸因素"。也就是说，任何活动对于产出没有直接的效益便被视为浪费。其中，最主要的有生产过剩(库存)所引起的浪费、人员利用上的浪费，以及不良产品所引起的浪费。因此，为了排除这些浪费，就得采用适量生产、弹性配置作业人数等基本手段。

准时生产模式的目标是彻底消除无效劳动和浪费。具体要实现以下几个目标。

1. 质量目标

废品量最低。准时生产模式要求消除各种引起不合理的原因，在加工过程中每一工序都要求达到最高水平。

2. 生产目标

(1) 库存量最低。准时生产模式认为，库存是生产系统设计不合理、生产过程不协调、生产操作不良的证明。

(2) 减少零件搬运，搬运量低。零件搬运是非增值操作，如果能使零件和装配件运送量减少，搬运次数减少，可以节约装配时间，减少装配中可能出现的问题。

(3) 机器损坏率低。

(4) 批量尽量小。

3. 时间目标

(1) 准备时间最短。准备时间长短与批量选择相联系，如果准备时间趋于零，准备成本也趋于零，就有可能采用极小批量。

(2) 生产提前期最短。短的生产提前期与小批量相结合的系统，应变能力强，柔性好。

（二）准时生产模式基本手段

准时生产模式基本手段主要有3种：适时适量生产、合理配置资源及质量保证。

1. 适时适量生产

准时生产模式本身的含义就是"在需要的时候，按需要的量生产所需的产品"，这就要求企业所生产的各种产品及产量必须能够灵活地适应市场需要量的变化，否则会导致生产过剩。众所周知，生产过剩会引起人员、设备、库存费用等一系列的浪费。而避免这些浪费的手段，就是实施适时适量生产，只在市场需要的时候生产市场需要的产品。

为了实现适时适量生产，首先需要致力于生产的同步化。生产的同步化由拉动作业模式完成，即通过"后工序领取"这样的方法来实现。即，后工序只在需要的时间到前工序领取所需的加工品，前工序再按照被领取的数量和品种进行生产。这样，制造工序的最后一道即总装配线成为生产的出发点，生产计划只下达给总装配线，以装配为起点，在需要的时候，向前工序领取必要的加工品，而前工序提供该加工品后，为了补充生产被领走的量，必须再向前工序领取物料，这样把各个工序都连接起来，实现同步化生产。

2. 合理配置资源

合理配置资源是实现降低成本目标的最终途径，具体指在生产线内外，所有的设备、人员和零部件都得到最合理的调配和分派，在最需要的时候以最及时的方式到位。

在生产区间，需要设备和原材料的合理放置。快速转换调整为满足后工序频繁领取零部件制品的生产要求和"多品种、小批量"的均衡化生产提供了重要的基础。合理布置设备，特别是U形单元联结而成的"组合U形生产线"，可以大大简化运输作业，使得单位时间内零件制品运输次数增加，但运输费用并不增加或增加很少，为小批量频繁运输和单件生产单件传送提供了基础。

就人员而言，为适应准时生产模式，多技能作业人员是必不可少的。所谓多技能作业人员，是指那些能够操作多种机器设备的生产作业工人。多技能作业人员是与设备的单元式布置紧密联系的。在U形生产单元内，由于多种机器设备紧凑地组合在一起，这就要求生产作业工人能够进行多种机器设备的操作，同时负责多道工序的作业。

3. 质量保证

以确保产品的质量为目的的全面质量管理，是准时化生产方式的又一个重要的技术支撑。把质量视为生存的根本，是企业的共识。

一般情况下，要提高质量就得花费人力、物力来加以保证。但在准时生产模式中，采用了全新的管理模式，它通过将质量管理贯穿每一工序来实现同时提高质量与降低成本。

准时生产模式的具体方法如下。

(1) 使设备或生产线能够自动检测不良产品，一旦发现异常或不良产品可以自动停止的设备运行机制。为此在设备上开发、安装了各种自动停止装置和加工状态检测装置。

(2) 生产第一线的设备操作工人发现产品或设备的问题时，有权自行停止生产的管理机制。

值得一提的是，通常的质量管理方法，是在最后一道工序对产品进行检验，如有不合格则进行返工或做其他处理，而尽量不让生产线或加工中途停止。但在准时生产模式中，却认为这恰恰是使不良产品大量或重复出现的"元凶"。因为发现问题后不立即停止生产的话，问题得不到暴露，以后难免还会出现类似的问题。而一旦发现问题就使其停止，并立即对其进行分析、改善，久而久之，生产中存在的问题就会越来越少，企业的生产素质就会逐渐提高。

准时生产模式是一种非常先进的管理模式，但准时生产模式的实施是相当困难的，并且具有一定的局限性。例如，实施准时生产模式需要掌握多种操作技能的多面手人员，并且适用于规范的、相对固定的规模化重复式组装型生产企业。

二、看板作业

准时生产模式的重要管理工具是"看板"管理方法。由于看板管理也可以说是准时生产模式中最独特的部分，因此也有人将准时生产方式称为"看板作业"。

所谓看板，是指在需要的时间、按需要的量对所需产品发出生产指令的一种信息媒介体。它既可以是白板、液晶显示器、普通卡片，也可以是用计算机来显示的看板信息。

准时生产模式是"拉式作业方法"。传统的车间作业模式是"推式作业方法"。推式作业方法的基本思想是：根据市场及销售预测编制MPS和MRP，以车间订单或加工单形式下达计划，再根据车间订单或加工单领料配套发往各工作中心，上道工序完成后送往下道工序，以此驱动物料移动，直至产品加工完成，如图7-3(a)所示。

而在准时生产模式下，则采用"拉式作业方法"，它与传统车间作业模式的不同之处可参见图7-3(b)。

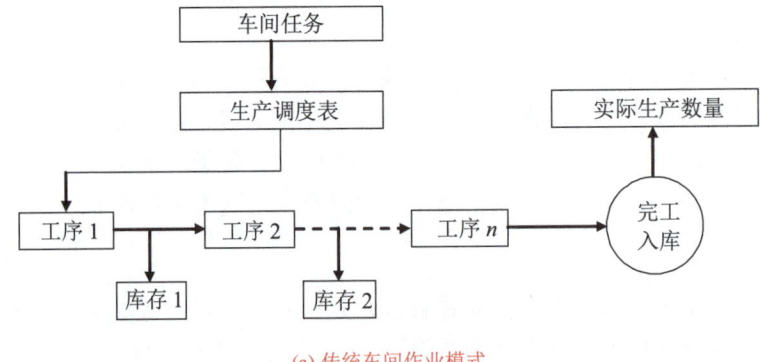

(a) 传统车间作业模式

图7-3　传统车间作业模式与准时生产模式比较

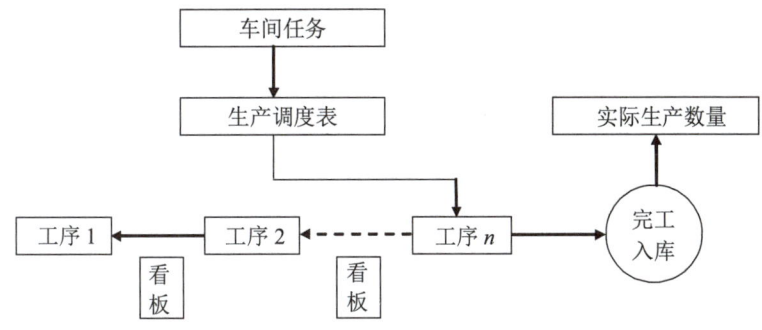

(b) 准时生产模式

图7-3　传统车间作业模式与准时生产模式比较(续)

准时生产模式下的"拉式作业模式"，具有下述特点：真正作为生产指令的产品，投产顺序计划只下达到最后一道工序；下达给最后一道工序以外的工序的计划，只是计划期内大致的生产所需物料和数量计划，并不是真正的生产指令，其真正的生产指令是由后道工序通过看板发出的。

在传统的车间作业模式中，生产指令同时下达给各个工序，即使前后工序出现变化或异常，也与本工序无关，仍按原指令不断生产，其结果会造成工序间生产量的不平衡，形成在制品库存。而准时生产模式则截然不同，由于生产指令只下达到最后一道工序，其余各工序的生产指令由看板在需要的时候向前工序传递，这就使得：

(1) 各工序只生产后工序所需要的产品，避免了生产不必要的产品，避免或减少了在制品的库存；

(2) 因为生产指令只下达到最后一道工序，因此，最后的生产数量与生产指令所指示的数量是一致的，并且该生产指令以天为单位，可以做到在生产开始的前一天下达，从而能够反映最新的订货和最新的市场需求，大大缩短了从订货或市场预测到产品投放市场的时间，有利于提高企业对市场的适应能力。

由此可以看出，准时生产作业模式中，看板的主要作用有以下4个。

1. 生产以及运送的工作指令

看板中记载着生产量、时间、方法、顺序以及运送量、运送时间、运送目的地、放置场所、搬运工具等信息，从装配工序逐次向前工序追溯，在装配线将所使用的零部件上所带的看板取下，以此再去前工序领取。

2. 防止过量生产和过量运送

看板必须按照既定的运用规则来使用。其中一条规则是"没有看板不能生产，也不能运送"。根据这一规则，看板数量减少，则生产量也相应减少。由于看板所表示的只是必要的量，因此通过看板的运用能够做到自动防止过量生产及过量运送。

3. 进行"目视管理"的工具

看板的另一条运用规则是"看板必须在实物上存放，前工序按照看板取下的顺序进行生产"。根据这一规则，作业现场的管理人员对生产的优先顺序能够一目了然，易于管理。

通过看板就可知道后工序的作业进展情况、库存情况等。

4. 改善的工具

在准时生产作业模式中，通过不断减少看板数量来减少在制品的中间储存。在一般情况下，如果在制品库存较高，即使设备出现故障、不良品数目增加，也不会影响到后道工序的生产，所以容易把这些问题掩盖起来。而且，即使有人员过剩，也不易察觉。根据看板的运用规则之一"不能把不良品送往后工序"，后工序所需得不到满足，就会造成全线停工，由此可立即使问题暴露，从而必须立即采取改善措施来解决问题。这样通过改善活动不仅使问题得到了解决，也使生产线的"体质"不断增强，带来了生产率的提高。准时生产方式的目标是要最终实现无储存生产系统，而看板提供了一个朝着这个方向迈进的工具。

思考习题

1. 请解释有关名词术语：车间作业计划、加工单、派工单、JIT、看板。
2. 简述车间作业控制的运作流程。
3. 准时生产模式的目标有哪些？
4. 简述准时生产模式实现的方法。
5. 生产调度中的优先级是什么？简述优先级的确定方法。
6. 简述车间作业控制在ERP系统中的层次关系及作用。
7. 车间作业数据收集的数据有哪些？
8. 什么是"看板"？其作用有哪些？
9. 简述加工单和派工单的区别。

第八章

采购与库存管理

企业采购与库存管理构成了企业物料的供应体系。其基本目标包括两个方面：一是降低物料成本(包括购置成本和储存成本)；二是提高物料供应对企业生产、销售、售后服务等其他经营活动的服务水平。企业采购与库存管理的目标就是要在两者之间寻求平衡，以达到两者之间的最佳结合。本章将对企业采购管理和库存管理的内容、流程及ERP采购管理和库存管理的功能进行阐述。

▶ **本章的知识要点：**

- 采购管理的基本概念。
- 采购作业流程及采购管理功能。
- 库存的作用及费用的构成。
- 库存经济订货批量模型。
- ABC 分类法及其库存控制策略。

第一节　采购管理

采购作业是企业从其外部获取物料的主要过程。企业的生产活动在很大程度上需要依赖采购作业来保障。同时，对于大部分制造业企业来说，原材料成本占有生产成本最大的构成比例，因此采购作业对于企业的生产成本和利润也有直接的影响。因此，采购作业对于企业的生产经营，尤其是在保障生产与控制成本方面具有重要的作用。

一、采购管理的工作内容

通常，采购管理的工作内容包括以下几个方面。

（一）采购寻源与供应商管理

现代企业要求企业对供应商建立规范的入围和评审机制，对于入围的供应商，企业首先要建立供应商档案，对供应商的有关信息进行记录和管理。其主要的信息包括下面几项内容：

(1) 供应商基本信息，包括供应商名称、类别、地址、联系人、联系电话、地址等；

(2) 供应商供货信息，包括商品名称、规格、型号、计量单位等；

(3) 供应商价格及商务信息，包括供货价格、批量标准、折扣率、付款条件、货币种类等；

(4) 供应商发货信息，包括发货地点、运输方式等；

(5) 供应商信誉记录，包括按时交货情况、质量及售后服务情况等。

对于已经建立档案的供应商，还应按照一定的周期对其进行复审，以确定供应商是否具备继续向企业供应货物的能力。供应商评审的内容一般包括以下 4 个方面：

(1) 实物质量，包括产品合格率、返工率、退货率等质量指标；

(2) 准时供货，包括平均供货提前期、及时交货率、交货率波动范围等指标；

(3) 售后服务及质量保证措施，包括服务响应时间、故障处理时间等指标；

(4) 技术能力，包括设备能力、模具管理、现场管理、研发能力、工艺能力等指标。

（二）选择供应商和询价，接收供应商报价及比价

采购作业人员通过查询档案记录，选择合适的供应商，并就商品价格、技术和质量条件与供应商进行洽谈，要求供应商报价以及接收供应商报价，并对不同供应商的报价进行对比，选择性价比高的货物及供应商。

（三）核准并下达采购订单

按照企业的规定，完成采购订单的审批和核准工作，并与供应商签订供货协议，确定交货批量和交货日期、收货地点、运输和装卸方式、价格、付款方式、账户信息、违约责任等必要的交易条款。

（四）采购订单跟踪

采购人员的一项重要职责就是订单跟踪，以确保供应商能够按时发货。根据供应商以往的供货执行情况以及物料需求的紧急程度确定对订单跟踪的频度。对某些采购而言，有时还需要在发货前检验货品质量，并跟踪发货和运输的进度。对于未能按时发货的订单，负责以书面或其他方式进行催货。

（五）到货验收入库

根据供应商的发货信息，负责协调货物接收，到货验收入库的业务。对于质量不合格的物料，还应处理退货和退款或补充货品、返工的业务。

（六）发票与采购结算

发票与采购结算包括采购发票的接收、采购货款结算、其他费用结算、应付账款的处理、费用差异分析等。

二、采购作业流程

采购作业流程是指完成采购任务需要经过的一系列作业的序列。典型的采购管理作业流程如图 8-1 所示。

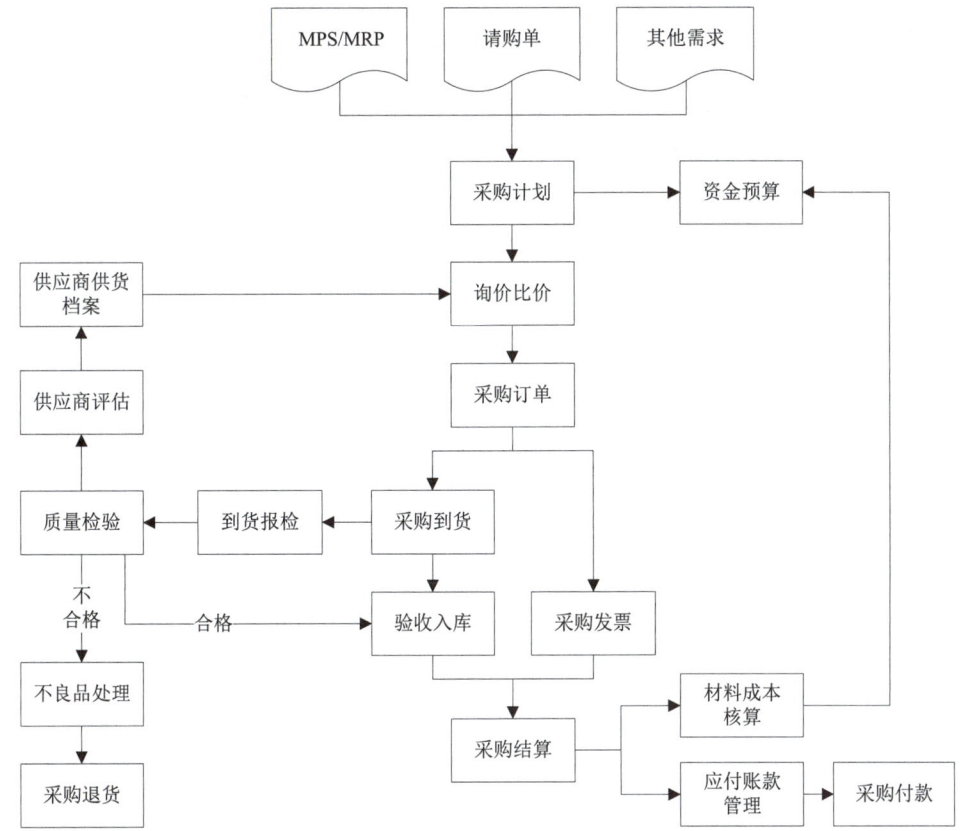

图 8-1　典型的采购管理作业流程

采购的需求一般来自3个方面：经审批通过的请购单、MPS及MRP计算生成的采购计划，以及库存补充计划等其他采购需求。所有经审批确认的采购需求列入采购计划下达给采购作业的执行人员。

确定的采购需求往往需要通过询价和比价来确定供应商。在这一环节，采购业务人员需要建立和查询企业的供应商供货名录，通过询价和比价，以及必要的商务谈判，最终确定供应商，并根据其报价生成和下达采购订单。

采购订单是采购后续作业的最核心的文件，是发出催货函、接收货物、检验、入库、开具发票及采购结算的依据。

采购订单签订后，买方可以根据设定的条件向供应商发出催货函催缴货物。供应商依据采购订单约定的交货时间发运货物，并通知买方。买方则依据采购订单安排货物接收，接收货物后，应清点数量并在系统中维护到货数量。

根据物料档案和采购订单的设置，确定是否需要对货物进行质量检验。需要检验的货物，按照预先定义的质检方法和检验项目由系统生成相应的检验单，经过相应质量检验后，合格的货物自动生成入库单，经确认后验收入库，不合格的货物按照不良品进行处理，甚至退货；不需要检验的货物则可以直接验收入库。

供应商依据采购订单以及到货检验入库的情况开具发票，在系统中维护后，进行采购结算。对采购物料的材料成本进行核算，生成应付账款信息。财务部门根据应付账款信息进行付款。

采购作业的质量、价格、交货时间等信息在系统中记录，并用于供应商的评估。

此外，根据采购计划及系统中的物料成本信息，企业可以对采购资金的需求进行预算，以帮助企业进行合理的资金规划。

三、ERP 采购管理的功能

按照供应链协同的观点，企业同供应商的关系不再是讨价还价的关系，而是一种合作伙伴的关系，双方应建立长期稳定的供求关系，共享信息，互惠互利，共同发展。ERP采购管理提供多种工具支持企业执行其供应商的合作伙伴管理策略。

ERP中的采购管理应支持对采购业务的流程进行管理，提供请购、订货、到货、入库、开票、采购结算的完整采购流程，并能与ERP系统的库存、财务等其他模块集成，完成企业全面的采购业务和财务流程处理。

（一）供应商管理

ERP采购管理可以支持企业根据自身管理的需要对供应商进行分类管理，建立供应商分类体系。可将供应商按行业、地区等进行分类，设置供应商分类后，根据不同的分类建立供应商档案，供企业的采购管理、库存管理、财务应付账款管理等各个模块使用。

ERP采购管理还支持对供应商交货情况、供应商交货质量、供应商存货价格等方面进行评估，以便企业选择质量最好、价格最优的供应商。

（二）采购计划管理

ERP采购计划管理用以明确采购什么货物、采购多少、何时使用、使用单位等内容，也可为采购订单提供建议内容，如建议供应商、订货日期等，结合计划系统和审批的功能，保证采购部门对于采购作业目标的有效控制。

ERP管理模式的特点是全厂一个计划，采购计划是其中的一个部分。借助MPS/MRP，制造业可以迅速获取和不断更新其采购计划。这是一个滚动计划。距离计划时间越近的计划越准确，距离计划时间越远的计划越笼统。一般企业会与供应商协商，根据双方的具体条件及要求确定不可变更的计划期限，而将这一期限之外的计划列为参考计划，不作为供货的直接依据。

对大部分制造企业而言，通过使用MPS/MRP可以很容易地向供应商提供一份6至12个月的采购计划。企业可以和主要的供应商签订一份长期的合作协议，约定供货的数量、价格以及其他商务条件，执行过程中供应商按照采购方的供货通知分期供货并分期结算。这样既有利于采购方形成批量，获得更好的价格及商务条件，也有利于供应商提前布置产能、组织生产、降低成本，还可以降低双方的交易成本。

（三）采购订单管理

ERP采购订单管理根据采购计划及请购单等生成采购订单，跟踪订单执行情况，帮助企业实现采购业务的事前预测、事中控制和事后统计。

在ERP采购管理中，最关键的管理内容之一就是对采购订单的管理。主要的管理内容包括采购价格管理、订单执行控制与跟踪、采购业务分析3个方面。

ERP采购管理支持对采购价格的管理与控制。经常采用的手段之一是，在系统中对某些物料设置最高进价，以便对企业的原料采购价格进行直接控制，以达到控制和降低采购成本的目的。比价采购也是企业经常采用的控制采购价格的手段，针对请购单的待购数量，向系统中的合格方发出询价并接受报价。采购人员可以在系统中进行不同供应商价格的比对，还可以参考系统中记录的历史采购价格进行价格判断，从而实现企业在采购作业中对采购材料成本的有效控制。

订单执行控制主要控制采购到货的时间、数量，质量检验以及入库、付款业务的正确执行。对于未能及时到货的采购进行预警和统计分析。

采购业务分析帮助企业发现采购作业中存在的问题，并且通过各种分析数据对供应商、价格、采购方式进行比较，以便提高采购水平，择优采购。常用的采购统计分析报表包括：采购综合统计表、采购计划执行统计表、采购及时到货率统计表、采购物资供应商比重分析表、采购费用统计表、采购质量统计表，以及对采购成本、供应商价格、采购资金比重、采购货龄进行分析的报表等。

（四）采购资金流管理

在采购计划确定后，可以根据采购计划及设定的取价原则由系统对采购需用资金做出预算，有利于财务部门合理安排付款计划，实现事前计划；在执行过程中，严格按照采购业务产生的系统单据生成采购应付账款，财务部门按照订单的账期及付款条件进行付款，实现事中控制；根据订单和入库单开具采购发票，在发票与货物到达的情况下，执行采购结算，统计应付账款的情况，实现采购资金的事后分析。

四、ERP 中采购管理与其他模块的关系

ERP中采购管理与其他模块的关系如图8-2所示。图8-2中主要的数据及业务关系包括下面几个方面。

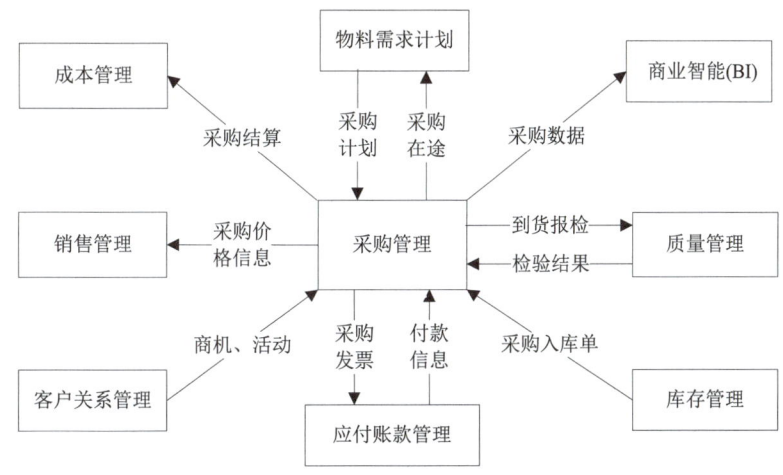

图 8-2　ERP 中采购管理与其他模块的关系

(1) 采购管理可以参照MPS/MRP生成采购计划、采购订单；同时，采购请购单、采购订单、采购到货单为MPS/MRP运算提供数据来源。

(2) 库存管理可以参照采购管理的采购订单、采购到货单生成采购入库单，并将入库情况反馈到采购订单的执行信息中。采购管理还可以参照库存管理中的按照再订货点法生成的采购计划生成采购订单。采购管理可以参照库存管理的采购入库单生成发票，并将采购入库单和生成的采购发票进行采购结算，并将相应成本信息在财务成本管理系统中体现为材料成本。

(3) 销售管理可以参照采购管理中的材料价格进行产品成本的模拟。销售人员可以根据成本加成的方法模拟报价。

(4) 采购发票录入后，财务应付账款管理可以对采购发票进行审核并登记应付明细账，进行制单生成相应凭证。已审核的发票与付款单进行付款核销，并回写采购发票有关付款核销信息。

(5) 采购到货单报检后，在质量管理中生成来料报检单；在质量管理中，质量检验单合格的生成采购入库单，不合格的返回采购管理中的到货单，根据到货单生成到货退回单。

(6) 采购管理为商业智能提供有关采购业务的所有数据来源。

第二节　库存管理

传统的库存管理是指对企业物料进、出、存业务的管理。在现代企业管理中，库存管理范围已扩大到以支持生产、维护、操作和客户服务为目的而存储的各种物料，包括原材料、在制品、维修件、成品和备件等的管理。同时，库存管理是企业物流管理的核心内容之一。

库存管理系统通过对库存物品的入库、出库、移动和盘点等操作进行全面的控制和管理，帮助企业的仓库管理人员管理库存物品，以达到降低库存、减少资金占用、杜绝物料积压与短缺现象、提高客户服务水平、保证生产经营活动顺利进行的目的。

一、库存的作用

在一般的制造企业中，库存可以按财务核算的原材料、包装物、低值易耗品、在制品、半成品、产成品、委托加工物料和备品备件等进行分类管理。

库存在企业中有着不可替代的重要作用，主要表现在以下几个方面。

（一）缩短交货期

当接到客户订单时，大多数企业不是从采购原料开始组织生产的，而是将提前生产完工的产品直接销售给客户，或将半成品按照客户的要求进一步加工和装配后销售给客户。

这样做的好处是可以快速响应顾客需求，加快社会生产的速度，也有利于企业捕捉销售机会，提高企业在市场上的竞争力。

（二）稳定生产

生产作业连续、稳定地运行是生产管理追求的目标。但是，有很多因素会使得生产作业处于不稳定运行状态，例如，生产作业的稳定运行需要有足够的原材料和零部件来保障。但是，由于种种原因可能造成供应商不能按时供应这些物料。如果没有库存，一旦供应商不能按时供应需要数量的原材料或零部件，这种不稳定的供货状态将传导给生产作业，造成生产作业时而繁忙时而空闲、生产设备时而超载运转时而负荷不足。而生产不稳定带来的代价是生产水平的降低和成本的增加，这些都是企业所不能接受的。解决这种问题的有效措施是增加适量的原材料及零部件库存，当物料供应不及时的时候可以使用已有的库存，当物料供应过多时可以暂时将其转化为库存。

一方面，在市场竞争的环境中，企业要按照外部市场的需求组织生产及服务。而外部需求的波动是正常现象，随着竞争的加剧，波动还会变得更大。另一方面，生产的均衡性又是企业内部生产组织的客观要求。满足外部需求的波动性与内部生产的均衡性是现代企业管理的两个重要目标，但这两个目标又是互相矛盾的。要满足多变的市场需求，又要使企业的生产均衡，就需要在两者之间增加一个缓冲环节，这个缓冲就是产成品库存。维持一定量的成品或半成品库存，将外部需求和内部生产分隔开，既能保障生产的稳定性，又能满足市场的波动性需求。

（三）降低成本

对于原材料而言，用一个买一个，严格按照一次使用的数量进行采购，可以在理论上消除库存。但是企业执行采购需要花费一定的费用，如果将一次采购作业的成本分摊在很少甚至一个物料上，一般情况下显然是不经济的。由于订货数量小不利于争取优惠的价格，因此企业往往采用经济批量的方法订货，将采购费用分摊在较多数量的物料上，每个物料分摊的订货成本就能大大减少，通过减少物料的订货成本来降低物料的单位成本。经济批量大于一次使用量的部分就形成了库存。

对于生产过程，存在类似的情况，采取批量加工，可以分摊生产调整及准备的费用，因此很多企业都会采用批量加工的方式，对于当时不能用完的部分则形成半成品和产成品库存。这种库存也是一种周转库存，会随时间不断消耗和补充。

总之，库存在企业中的作用十分重要，其积极作用是通过库存，企业可以缩短生产活动和销售活动物料需求的响应时间。对生产而言，库存保障生产活动的稳定性，有利于提高生产效率、降低生产成本；对销售而言，有利于捕捉销售机会，缩短交货期，提高企业在市场上的竞争力。

然而，企业的库存并非越多越好。最大弊端是持有库存占用企业大量的流动资金。除此之外，当库存量庞大时，不仅需要占用更多的库房位置，还要承担相应的保管费用，以及库存物料发生过期、损坏、丢失的风险。还有一种观点认为，过多的库存会掩盖企业在经营管理上的问题，如计划不周、质量不高、设备保养差、产品设计存在缺陷等。只有执行严格的库存控制政策，才能让企业的这些问题浮出水面，以便企业有针对性地解决这些问题。

综上可知，库存管理的目标并非简单增加或减少库存，而是在保证一定物料服务水平的基础上，不断降低库存。

二、库存作业的内容

库存作业是指库存管理过程中的各种活动，主要包括以下内容。

（一）物料的入库作业

入库作业是库存管理最基本的业务之一。仓库在收到各种物料后，保管员需要核对物料的型号规格及数量，检查物料的外观质量，验收入库后，办理相应的入库手续。主要的入库作业包括采购物料入库、生产完工入库、客户退货入库、调拨入库及其他入库作业。入库业务的单据是入库单，入库单应记录入库物料的名称、规格型号、批号、入库数量、入库日期、存放仓库、入库操作人员等信息。入库单处理生效后应登记库存台账，并增加库存量。

（二）物料的出库作业

与入库作业相对应的是出库作业，出库作业也是库存管理最基本的业务之一。出库作业是指仓库根据销售订单、销售提货单、生产领料单等业务单据发放物料的过程。主要的出库作业包括销售出库、生产领用、生产补料、维修出库、借出以及其他的出库作业。出库业务的单据是出库单。与入库单类似，出库单则应记录出库物料的名称、规格型号、批号、出库数量、出库日期、出库仓库，以及出库操作人员等信息。出库单处理生效后也应登记库存台账，并减少相应的库存量。

（三）物料的移动作业

在实际管理中，还存在一种库存作业，就是物料存储位置的变化，即物料的移动。物料的移动有可能是物料从一个仓库转移到另一个仓库，还有可能是从同一个仓库的一个货位转移到另一个货位。这种物料的移动称为物料的调拨或移库作业。物料的调拨或移库产生的原因包括物料存储位置的变化、物料状态的改变和物料管理方式的调整。

（四）库存物料盘点作业

库存物料盘点是库存作业中的一项重要工作，是企业对每一种库存物料进行清点数量、检查质量及登记盘点表的库存管理过程。其目的主要是确保库存物料信息达到高准确度。

在企业的库存管理工作中，常常因为存货数量较多、收发频繁、计量误差以及自然损耗等原因，而导致企业的实际库存数量与账面数量不符。为了避免账物不符的现象发生，需要定期或不定期对仓库内存储的存货进行全面或部分的清点，准确掌握库存的实际存量，并且针对存货的账面数量与实际数量不符的差异，分析造成差异的原因，并进行差异处理。当存货盘点实际数量大于账面数量时，称为盘盈；当存货实际数量小于账面数量时，称为盘亏。当发生盘盈或盘亏时，应分析其原因并按照差异原因进行盘盈或盘亏处理，调整账面数据使实际数量与账面数量相符。

库存盘点的另外一个重要作用是通过盘盈或盘亏原因的分析，找到解决方案，并采取相应的管理措施，以提高企业的库存管理水平。

需要强调的是，库存出入库业务往往与企业的其他业务流程紧密联结，是企业其他业务流程的组成部分。例如，采购入库是企业库存管理人员根据采购订单来接收物料，办理入库手续，开收料入库单，分配材料库存货位，同时监督来料是否与订单相符的过程。因此，库存作业与企业其他业务存在着紧密的数据和业务联系。在ERP系统中，大部分的库存作业单据都可以依据各类业务单据来生成。

此外，在进行上述库存作业的过程中，一定要尽可能地保证库存记录的准确性。从某种意义上来说，库存记录准确程度的高低是衡量ERP系统实施成功与否的基本指标。

三、库存的分类

按照库存产生的原因及其用途，库存可以分为以下几种。

（一）安全库存

物料的需求和供给都可能出现偏离计划或预测的情况。为防止意外情况发生导致的生产中断，需要在计划需求量之外经常保持一定量的库存作为安全储备，这部分库存称为安全库存。

本书第一章对安全库存的确定因素已经做过介绍。具体而言，预测的准确性、市场和供应的稳定性、生产率的高低、提前期的长短都会影响安全库存量。由于上述因素是会随时间而变化的，因此，安全库存也并非一成不变，企业需要根据情况的变化定期或不定期地调整其库存物料的安全库存量。

（二）预期库存

有些产品或原材料的供应存在周期性变化的特点。例如：月饼的消费集中在中秋节前后的 $2 \sim 3$ 周中；棉衣的消费集中在冬季；果汁加工企业的水果原材料集中在秋季收购；等等。还有些企业需要为工厂节假日以及设备检修事先做好物料的储备，这些提前为预期的消耗而进行的库存储备统称为预期库存。

（三）批量库存

受供应、加工、运输、包装的最小数量要求或者达到一定批量可以享受折扣优惠等因素的影响，在实际需求的基础上调整订货批量所形成的库存称为批量库存。其中应用最为广泛的是经济批量。关于经济批量的确定在本章库存控制技术中介绍其原理和计算公式。

（四）在途库存

通常所说的在途库存是指已经由供方从自己的库房中发货，但尚未到达需方并办理接受入库的物料。广义的在途库存还包括企业内部在工序之间传送、等待、缓冲而形成的在制品库存。

（五）囤积库存

囤积库存也称为企业的战略性储备库存，主要是针对通货膨胀或预计将要发生的市场物料短缺的趋势而储备的生产必需物料。例如，在冶金行业原料紧俏的时期，具备能力的冶金企业除采用上游一体化的策略购买原料矿自行开采外，还在市场上尽可能多地采购矿料形成储备。待原料供应紧张时，一方面可以防止物料短缺带来的停产，另一方面还可以出售原料获取额外的利润。

四、库存控制技术

（一）库存费用

与库存有关的费用除采购物料的直接成本外，还包括许多从不同角度审视的其他与库存有关的费用，主要包括以下几个方面。

1. 订货费用

订货费用包括获取物料所要支付的各种费用，如准备订单、洽谈、运输、搬运、验收、办公管理等活动所产生的费用。物料的总订货费用与订货次数直接相关，而单位物料的订货费用则与订货批量有直接关系。

2. 仓储保管费用

要维持库存必须建造仓库、配备设备，还需要必要的空调、照明、修理、保管等开支。这些构成库存的仓储保管费用。

3. 资金成本

现代管理认为，库存本身占用了企业的资金，而资金是有时间价值的。衡量其时间价值的方法之一是采用金融机构公开利率计算利息。还有一种方法是使用其资金的机会成本作为库存的资金成本。这是因为被库存占用的资金可以用于其他活动来创造新的价值，库存使这部分资金闲置，从而造成机会损失。但后一种方法往往很难确定其具体的额度。

4. 损耗及折旧费用

库存作为企业的资产，在保存的过程中，物品会发生一定的损耗，如丢失、金属生锈、包装过时、油漆褪色等。因此而造成的损失称为损耗或折旧费用。

5. 缺货损失费用

缺货损失费用指由于物料短缺发生的损失。例如，不能按期交货引起的客户索赔、撤销合同甚至丧失市场，紧急订货所产生的额外开支，弥补短缺造成的加班额外支出等经济损失。

6. 其他费用

除上述库存费用，库存作为企业的资产，还涉及有关的税收和保险费用，如财产税、保险费等其他费用。

库存物料的总成本应综合上述物料成本的各种因素。其中，仓储保管费用、损耗及折旧费用、资金成本、税收和保险随库存量的增加而增加，订货费用、缺货损失费用随库存量的增加而减少。企业在制定库存控制策略时不仅应考虑库存物料的直接成本，还应考虑上述不同角度的库存相关成本，才能科学全面地做出库存决策。

（二）订货策略

企业对物料的订货决策包括确定一次订货的数量和确定物料的订货时间。进行订货决策时需要考虑企业在物料供应方面的两个基本目标：高的物料供应水平和最小化的物料总成本。如前节所述，上述两个目标是互相矛盾的，高的物料供应水平往往需要大的库存量，而大的库存量会带来企业各项库存费用的增加。解决这一矛盾，需要企业根据自身的实际情况制定其订货策略，以便在两个目标之间求得平衡：在保证需要的物料供应水平的前提下，尽可能降低其库存成本。

常用的订货策略包括订货点法、周期审查法、经济批量法及再订货点法。本节主要介绍周期审查法和经济订货批量法。

周期审查法主要是确定库存物料的检查周期，按照这一周期定期检查物料的库存量，凡是低于预先设定的存量水平的，就下达订单补充库存，如果高于预先设定的存量水平，则不进行订货，等待下一个检查周期。周期审查法简单易行，不需要管理人员时刻检查库存，但这种方法基本没有考虑企业的各项库存管理费用，也不根据企业的实际生产需要进行库存订货决策。因此，该方法仅适用于手工管理环境下的低价值物料的库存控制，不适用有条件使用计算机系统管理库存的企业库存控制。

经济订货批量(Economic Order Quantity，EOQ)模型最早是由哈里斯(F. W. Harris)于1915年提出的。该方法主要针对订货费用和库存保管费用。其基本原理是库存总费用最小。其基本假设包括：

(1) 物料消耗需求是均衡的；

(2) 订货提前期是稳定的；

(3) 单次订货费用与订货批量大小无关；

(4) 库存保管费用与库存量呈线性关系。

在上述假设条件下，可以得到如图8-3所示的库存费用的曲线。

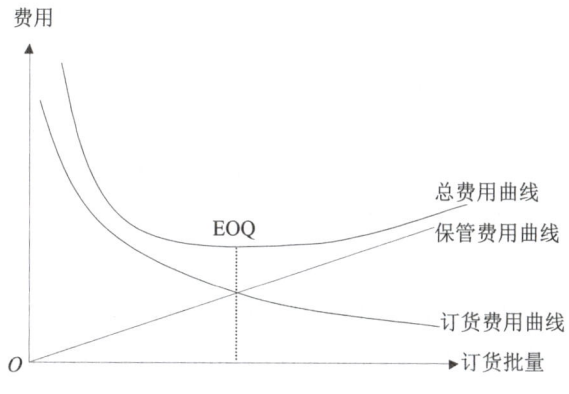

图 8-3　库存费用曲线

其中，订货费用随着订货批量的增大而减少，保管费用随着订货批量的增大而增大，将订货费用曲线和保管费用曲线在费用坐标上合计得到总费用曲线。经济订货批量就是总费用曲线上的最低费用点对应的订货批量。按照这种方法，得到的经济订货批量计算公式为

$$EOQ = \sqrt{\frac{2QS}{I}} \qquad\qquad\qquad (式8-1)$$

式中：EOQ表示经济订货批量(件)；Q表示年需求量(件/年)；S表示单次订货费用(元/次)；I表示单位库存年保管费用(元/年)。

由于该方法假定需求和提前期固定，且没有安全库存，因此，订货点计算公式为

$$L=qR \qquad\qquad\qquad (式8-2)$$

式中：L表示订货点(件)；q表示日均需求量(件/天)；R表示提前期(天)。

【例8-1】已知某产品的年需求量为800台，订货费用为5000元/次，保管费用为2000元/年，单价为150 000元，提前期为15天，试计算经济订货批量和订货点。

根据已知条件和公式，得到经济订货批量：

$$EOQ = \sqrt{\frac{2QS}{I}} = \sqrt{\frac{2\times800\times5000}{2000}} = \sqrt{4000} = 63.25 \approx 63(台)$$

根据已给条件得知：
日均需求量(q)为

$$年需求量/365天 = 800/365 = 2.19(台)$$

提前期(R)为15天，再根据式(8-2)，得出订货点：

$$L=qR = 2.19\times15 = 32.85 \approx 33(台)$$

虽然经济订货批量模型中的一些假设条件在实际情况中存在偏差，但其基本的原理具备普遍性，因此，在实际库存管理中经常借助经济订货批量法来确定订货的批量。

（三）库存物料的 ABC 分析

企业中所用到的物料种类非常多，但这些物料对于企业生产运作的重要性并非都是一样的，有些物料价值很高，一旦积压或短缺给企业带来的损失较大，还有些物料价值很低，即便多一些库存量，也不会占用大量资金。这两类物料对管理的要求显然是不同的。它们也服从帕累托定律，即二八原则。

依据帕累托定律，企业中有大部分的物料价值集中在少数的物料上，这些物料是A类物料；还有大量的物料只占总价值的很小一部分，这类物料是C类物料；处于中间状态的是B类物料。企业库存管理应当更严格地关注A类物料，对其采用比较高的盘点频率和比较低的计数容限进行周期盘点，而对于B类物料和C类物料的关注则可以相对宽松一些。这样既可达到ERP系统对库存记录准确度的要求，又降低了相关的成本。

ERP软件中一般都有对物料进行ABC分类管理的功能。通常，企业可以按照以下的步骤对所有物料进行ABC分类：首先，假定A、B、C三类物料分别占全部物料总价值的80%、15%和5%；其次，将企业所有库存物料按照其占用资金价值进行排序；然后按照所排顺序依次累加，累加至企业库存物料总价值的80%为止，之前的物料属于A类物料；再继续累加到企业库存物料总价值的95%为止，总价值累加到80%和95%之间的物料为B类物料；其余物料则为C类物料，其价值只占库存物料总价值的5%。

区分物料的ABC类是为了在管理的过程中对不同重要程度的物料采取不同的管理手段和措施。A类物料是需要重点管理的物料，在日常操作中，从订货、入库、保管、检查到

发放都需要严格按照库存管理的规定进行，盘点时还应对其采用比较高的盘点频率和比较低的计数容限，并且应该尽可能降低该类物料的库存量，通常采用较为准确的物料需求计划对其进行测算和计划。C类物料管理相对宽松，对其库存量的控制也不是严格按照需求来控制，经常采用再订货点或经济批量的方式进行补货。B类物料的管理严格程度介于A类物料和C类物料之间。

五、库存管理的功能

ERP库存管理功能体现出对库存作业和各项管理内容的支持，其功能模块包括库存基础数据管理、出入库业务处理及库存分析与报表三大部分。其主要功能包括以下几个方面。

（一）处理企业常见的各类普通出入库业务

企业常见的出入库业务包括采购入库、受托代销入库、销售出库、委托代销出库、产成品入库、材料出库、成套出库、倒冲出库及其他各类出入库业务。

（二）处理各类特殊的出入库业务

特殊的出入库业务包括仓库之间的调拨、物料的组装拆卸、形态转换、限额领料等。

（三）盘点管理

ERP系统应支持灵活多样的盘点方式，如按仓库盘点、按批次盘点、按存货类别盘点、按保质期盘点等，还可以对各仓库或批次中的全部或部分存货进行盘点，并根据企业的规定，支持对盘盈、盘亏的结果的处理自动生成盘盈、盘亏出入库单。

（四）支持货位管理

允许企业对仓库进行物理区域的分区管理，划分并标识货位，并按照货位对物料的储存状态进行管理。对使用货位管理的库房，库存管理还应提供相应的货位收发存报告和存量报告。

（五）条形码管理

条形码(简称条码)是迄今为止最经济、最实用的一种自动识别技术。条码技术在物资管理领域的应用具备可靠性高、数据输入速度快、经济便宜、操作简单、灵活实用的特点，在企业物料管理工作量比较大的情况下，可以很大限度地方便用户的物流、仓储操作，减弱劳动强度，降低错误率，并提高工作效率。

ERP系统一般支持对条码设备的集成应用，库存管理人员可以通过条码扫描迅速准确地识别物料，并对其进行有关出入库操作，而且还支持用户自定义条码规则。

（六）批次管理

ERP系统库存管理应支持对存货进行批次管理，即在进行相应收发存业务时记录相应的批次信息，并可对库存业务进行相应批次的查询与统计。例如，统计某一批次存货的收发存情况或某一存货所有批次的收发存情况。

（七）保质期管理

大部分的物料都有一定保质期，有些行业还涉及大量对保质期要求非常严格的物料。因此，库存管理必须对存货的保质期进行管理，并能够进行保质期预警和失效存货的报警。

（八）库存分析与报表

库存分析是对企业各类库存收发存业务进行综合分析和统计的过程。其体现方式为各类库存台账及报表；根据设置的存货控制信息，对超储、短缺、呆滞、积压的存货进行储备分析；支持库存的ABC分类管理。

六、ERP 中库存管理与其他模块的关系

ERP中库存管理与其他模块的关系如图8-4所示。

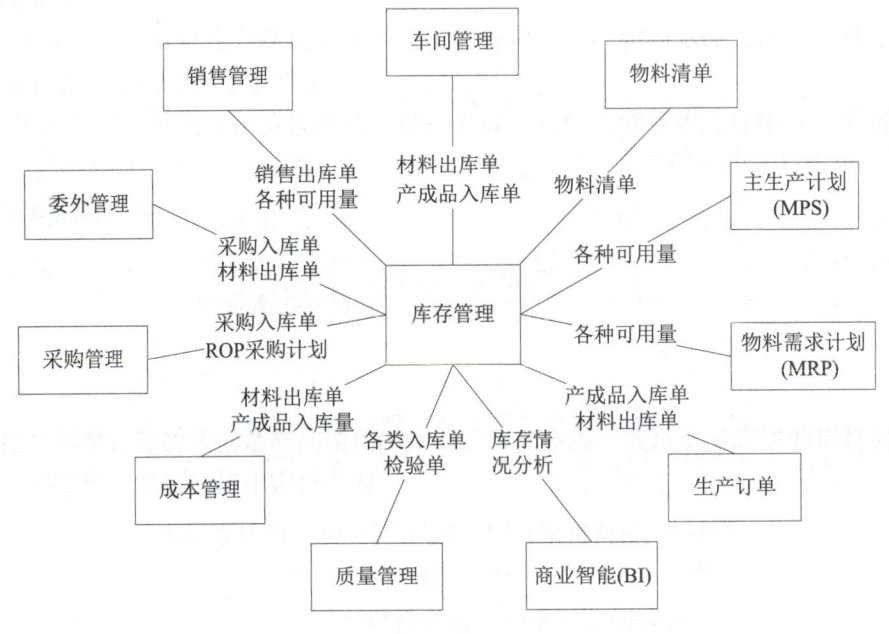

图 8-4　ERP 库存管理与其他模块的关系

图8-4中主要的数据及业务关系包括以下几个方面。

（一）采购管理

库存管理与采购管理的业务及数据关系包括多个方面，主要有：库存管理可以参照采购管理的采购订单、采购到货单生成采购入库单，并将入库情况反馈到采购管理；采购管理可以参照库存管理的采购入库单生成采购发票；采购管理还可以根据库存管理的采购入库单和采购发票进行采购结算。对于采用再订货点法进行补货的物料，采购管理还可以参照库存管理中的再订货点补货计划生成采购订单；反之，采购计划、采购订单、采购到货单为ROP运算提供数据。

（二）销售管理

在库存管理中可以参照销售管理的发货单、销售发票等销售单据生成销售出库单。库存管理为销售管理提供可用于销售的存货的可用量信息；还为销售部门提供各种可用量现存量、待发货量、到货/在检量、调拨在途量、冻结量等多种物料信息。

（三）委外管理

库存管理可以参照委外管理的委托加工单、委外到货单生成采购入库单，并将入库情况反馈到委外管理中。委外管理根据库存管理的采购入库单和委外管理的发票进行委外结算。

委外发料时，库存管理可以参照委外管理的委托加工单生成配比出库单、材料出库单，并将材料出库情况反馈到委外管理中。

委外管理根据库存管理的采购入库单和委外发料的材料出库单进行核销。

（四）MPS/MRP

库存管理向主生产计划(MPS)和物料需求计划(MRP)提供各种可用量信息。

（五）物料清单（BOM）

在企业生产物流控制中，常常需要按照要执行的生产订单或派工单领取一定数量和规格的物料，由于发料工作非常烦琐，因此经常会出现多发、少发以及发错料的情况。在ERP库存管理中可以根据要加工的零件BOM和派工数量自动生成出库单，避免了手工发料的人工失误。同时，下达生产任务前常常需要检查材料是否齐备，其也需要使用BOM中的物料信息。

库存管理中的限额领料单、配比出库单、调拨单、组装单、拆卸单、缺料表都可以参照物料清单中的信息。

（六）生产订单

库存管理可以参照生产订单生成产成品入库单、配比出库单、材料出库单。上述单据的执行情况反馈到生产订单的执行情况中，可以跟踪查询生产订单的执行情况。

（七）车间管理

车间管理中可由加工单各加工工序产生的领料单传递至库存管理生成材料出库单；加工工序完成，需入库生成相应入库单。

（八）质量管理

采购检验：库存管理根据采购检验单的合格接收数量和让步接收数量等质检单据生成采购入库单。

产品及半成品检验：库存管理根据产品或半成品检验单的合格接收数量和让步接收数量、产品不良品处理单的降级数量生成产成品入库单。

在库物料检验：有些物料需要在保管过程中或使用之前再次进行质量检验，库存管理根据这些物料的质量检验要求将库存物料送检，并按检验结果的合格数量和报废数量进行相应库存处理。

发退货检验：库存管理根据质量管理发退货不良品处理单的报废数量生成不合格品记录单，不合格品记录单审核后生成其他出库单；根据质量管理发、退货不良品处理单的降级数量生成其他入库单，并自动生成降级前存货的其他出库单，核减库存数量。

（九）成本管理

库存管理向财务的成本管理提供材料出库量、产成品累计入库量等数据。财务成本核算按照出入库单和设定的成本方法核算出入库成本，为库存管理提供出入库成本信息。

（十）商业智能

库存管理向商业智能(BI)系统提供丰富的库存相关数据，主要包括出入库情况汇总、库存结存情况、生产完工入库情况、采购入库情况及各类库存分析相关数据。

思考习题

1. 企业采购与库存管理的基本目标是什么？
2. 什么是采购管理？采购管理的工作内容包括哪些方面？
3. 试利用流程图描述采购作业的典型业务流程。
4. 如何评价供应商？
5. 简述ABC分类法的具体实现方法。
6. 试分析ERP系统中采购管理与其他模块的关系。
7. 库存管理系统包括哪些功能？
8. 按照费用与库存量的关系，库存相关费用可分为哪两类？具体包括哪些费用项目？
9. 某企业A物料每年用量为8000件，每次订货费用为200元，A物料的物料仓储保管费用为15元/件·年。试计算A物料的经济订货批量。
10. 简述库存物料的ABC分析的意义。
11. 试从库存管理在ERP系统中的作用分析，为什么库存记录准确程度的高低是衡量ERP系统实施成功与否的基本标志。

第九章

财务管理系统

财务会计是企业管理中的重要组成部分，是以货币为主要计量单位，以提高经济效益为主要目标，运用专门方法对企业、机关、事业单位和其他组织的经济活动进行全面、综合、连续、系统的核算和监督，提供会计信息，并随着社会经济的日益发展，逐步开展预测、决策、控制和分析的一种经济管理活动，是经济管理活动的重要组成部分。ERP中的财务管理系统就是围绕财务会计内容运行的。

▶ **本章的知识要点：**

- 财务管理概述。
- 总账、应收账款、应付账款、固定资产的功能。
- 成本的构成、计算及分析。
- 集团财务管理的概念。

第一节　财务管理概述

一、财务管理涉及的内容

下面就企业财务管理所涉及的主要内容和职能部门给予简单介绍。

（一）采购部门

采购部门根据采购执行计划下达采购订单，采购订单及合同接受财务部门的监督，供应商根据采购订单和合同送货，企业采购部门和仓储部门(仓库)根据订单验收货物，签收收货单并交财务。其财务管理的内容：采购订单(采购数量、价格)、采购发票、采购收货单、采购费用等，形成应付账款账、材料采购账、原材料账，自动计算材料价格、材料成本等账目。

（二）仓储部门

根据采购订单验收货物，来料检验合格后入库，仓储部门开出入库单，并交财务一联；根据生产计划发料，仓储部门开出出库单，并交财务一联。其财务管理的内容：出入库单据、盘点数据等，形成原材料、半成品、成品等的数量账和金额账。

（三）生产部门

生产部门统计标准工时、定额成本、生产工时、物料耗费、废品情况和产品产量等报给财务部门，财务部门根据各个部门和岗位的工资卡片计算应付工资和结转人工成本，并根据材料成本核算生产成本。其财务管理的内容：标准工时、定额成本、在制品、加工工时、台时、产量记录、人力情况等，进行人工工资计算、成本核算和分析。

（四）销售部门

销售部门销售产品、服务，依据销售合同(数量、价格)开具销售发票，依据销售合同仓储部门开出库单，出库单、销售发票、销售费用单据交财务部门处理。其财务管理的内容：销售合同(数量、价格)、销售发票、销售收入、销售成本、销售费用等，形成应收账款、销售收入账、销售成本等。

二、财务会计与管理会计

现代会计学把企业的会计分为财务会计和管理会计。财务会计主要是编制财务报表，为企业内部和外部用户提供信息。其重点在于报告财务状况和营运状况。管理会计主要是为企业的管理层提供信息，作为企业内部各部门进行决策的依据，没有标准的模式，也不受会计准则的限制。财务会计与管理会计的主要区别如表9-1所示。

表 9-1　财务会计与管理会计的主要区别

对比项目	财务会计	管理会计
会计主体	整个企业为工作主体	企业内部各层次的责任单位为主体
基本职能	向股东、债权人、政府主管部门提供会计报表	向企业管理当局和有关管理人员提供会计报表
对象属性	企业外部	企业内部
保密属性	对外公开发布	不对外公开，属于企业内部保密信息
报表内容	资产负债表、损益表、现金流量表等	成本物料单、成本差异分析报表、其他各种分析报表等
报表格式	固定格式(国家会计制度)	非固定格式(企业标准)
时间属性	按规定时间(年月)，定时发布信息	按管理需求定时或不定时报告企业信息
信息特征	大多为过去时态	过去、现在和未来3个时态
约束条件	以国家会计制度、准则、法规为准绳，并符合其规范	不受公认会计准则限制，以满足企业成本效益分析要求为准

　　虽然财务会计与管理会计是现代会计的两大分支，但它们的联系是密不可分的。二者的联系如下。

　　(1) 二者是现代会计两大基本内容。管理会计与财务会计源于同一母体，共同构成了现代企业会计系统的有机整体。两者相互依存、相互制约、相互补充。

　　(2) 二者的最终目标相同。管理会计与财务会计所处的工作环境相同，共同为实现企业管理目标和经营目标服务。

　　(3) 相互分享部分信息。管理会计所需的许多资料来源于财务会计系统，其主要工作内容是对财务会计信息进行深加工和再利用；财务会计也有资料来源于管理会计。管理会计有时也使用一些与财务会计并不相同的方法来记录、分析和预测企业经营状况。

　　ERP财务管理系统涉及的会计事务既有财务会计内容又有管理会计内容，如ERP中的财务总账、应收账管理、应付账管理、固定资产管理、工资管理、出纳管理等子系统均属于日常财务会计管理内容，而ERP系统中的成本管理则属于管理会计范畴。

第二节　日常财务会计管理

　　下面就ERP中的财务总账、应收账管理、应付账管理、固定资产管理、资金管理、工资管理等日常财务会计管理模块进行介绍。

一、总账

（一）总账的作用

　　财务会计对总账的定义是指总分类账簿(General Ledger)，也称总分类账。它是根据总分类科目开设账户，用来登记企业的所有经济业务，进行总分类核算，提供总括核算资料的分类账簿。总分类账所提供的核算资料，是编制会计报表的主要依据，任何企业的财务都必须设置总分类账。

　　ERP总账系统是对以上总账管理业务的实现，是财务会计核算的核心，会计核算各模块以总账为核心来进行相互之间的信息传递，业务数据在生成凭证以后，全部归集到总账系统进行处理。总账系统也可以进行日常的收、付款以及报销等业务的凭证制单工作，从建账、日常业务、账簿查询到月末结账等全部的财务处理工作均在总账系统中实现。

（二）总账账务处理流程

　　总账账务处理流程如图9-1所示。

1. 编制记账凭证

　　根据有效的原始凭证(单据)，按照经济业务的内容确定借贷方的分录账户和相应金额，制作记账凭证。

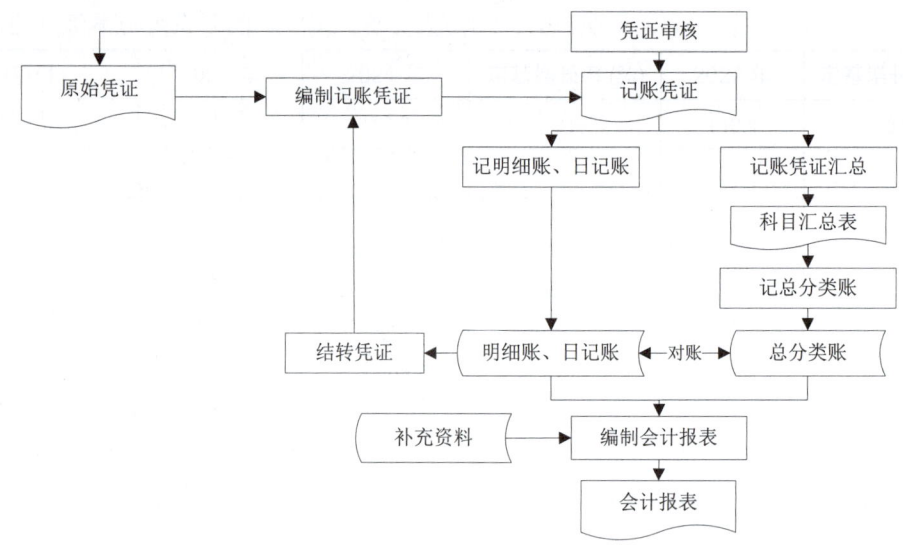

图 9-1　总账账务处理流程

2. 凭证审核

会计主管对记账凭证进行审核，以确保其真实有效。

3. 记账

根据记账凭证中的借贷方分录账户和金额，按照时间顺序，记入各种日记账、明细账和总账，若设置有辅助账，还需记入辅助账。

4. 期末结账

当一个会计期间结束时，为了保证账簿记录数字真实可靠，进行各种辅助账、明细账和总账等账目的对账，以做到账证相符、账账相符、账实相符；并对各种费用类科目进行结转。经试算平衡后，进行结账和月末结转。

5. 编制会计报表

根据结账的账户余额、本期发生额和相关资料，编制财务会计报表。常用的财务会计报表有资产负债表、损益表及现金流量表等。

（三）账务处理系统的功能

一般来说，账务处理系统的基本功能包括系统设置、凭证处理、记账结账、账目查询、账页打印、报表输出等模块构成，如图 9-2 所示。

其完成的主要功能有：

(1) 定义会计核算单位；

(2) 设置会计期间；

(3) 定义会计科目；

(4) 定义使用货币、使用税率、银行账号；

(5) 期初余额录入；

(6) 通过手工输入及自动生成方式，制作各类记账凭证；

(7) 凭证审核、记账；

(8) 建立日记账、明细账及总分类账；

(9) 进行试算平衡，产生试算平衡表；

(10) 计算费用分摊、生成各类费用结转凭证；

(11) 打印各种账簿；

(12) 编制并打印输出资产负债表、损益表及现金流量表等会计报表；

(13) 支持多公司账务合并和公司内部往来账务处理。

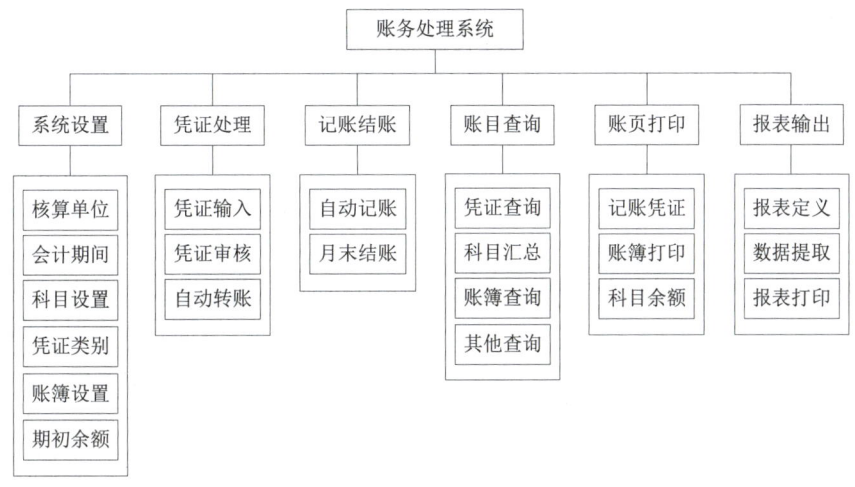

图 9-2 账务处理系统基本功能模块

ERP的财务管理是以总账为核心的，而且总账与现金、银行账管理，应收账，应付账，固定资产管理，工资核算，成本核算模块之间都有密切联系，如图9-3所示。其相互间的关系主要是通过记账凭证进行关联的。

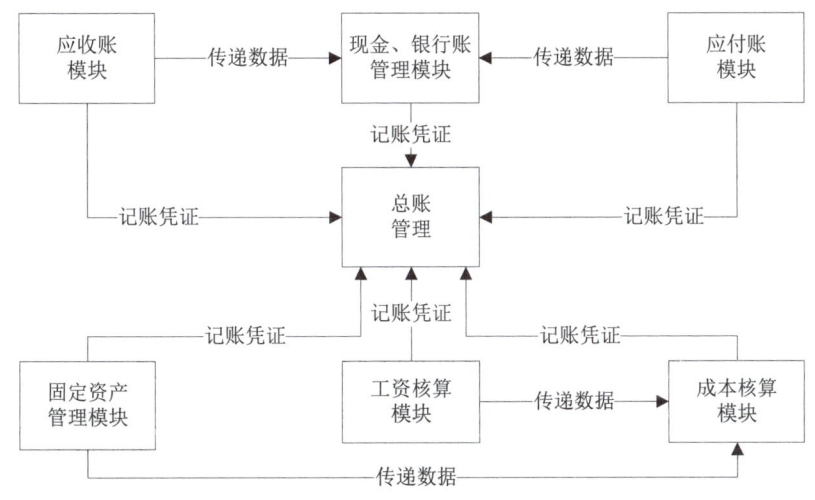

图 9-3 财务管理各模块之间的关系

二、应收账款

（一）应收账款的概念

应收账款是指企业销售商品、材料、服务和提供劳务等业务原因，应向购货客户或接受劳务的客户收取的账款。它是企业采取信用销售而形成的债权性资产，是企业流动资产的重要组成部分。

形成应收账款的直接原因是赊销。虽然大多数公司希望现款销售而不愿赊销，但是面对竞争，为了稳定自己的销售渠道、扩大商品销路、开拓并占领市场，降低商品的仓储费用与管理费用、增加收入，不得不面向客户采用信用政策，提供信用业务。公司采用赊销，虽能给公司带来以上好处，但也要付出一定的代价，给公司带来风险，如客户拖欠货款，应收账款收回难度越来越大，甚至收不回。所以，应收账管理是企业管理的重要部分。

应收账款可以按不同货币和不同客户设立账户。对于那些比较复杂的销售业务，比较复杂的应收账款的核算，需要跟踪其每一笔业务的收款情况，以及核算到产品一级。应收账款是根据发票来处理客户付款的，在处理过程中，有坏账处理功能和客户账龄分析报告。

应收账款的作用主要体现在企业生产经营过程中，主要有以下两个方面。

1. 扩大销售

在市场竞争日益激烈的情况下，赊销是促进销售的一种重要方式。赊销对顾客来说是十分有利的，所以顾客在一般情况下都选择赊购。赊销具有比较明显的促销作用，对企业销售新产品、开拓新市场具有很重要的意义。

2. 减少库存

企业持有产成品存货，要追加管理费、仓储费和保险费等支出，相反，企业持有应收账款，则无需上述支出。因此，当企业产成品存货较多时，一般可采用较为优惠的信用条件进行赊销，把存货转化为应收账款，减少产成品存货，节约相关的开支。

（二）应收账管理的主要功能

应收账管理的主要功能模块有发票管理、客户管理、应收登录、收款管理、核销业务、账龄分析、自动建立会计分录、月末结账等。

1. 发票管理

对所开发票进行管理，将订单信息与发票信息关联，并可按订单查询发票，列出需要审核的发票，打印已审核的发票，提供发票的历史信息。

2. 客户管理

提供有关客户的信息，如使用币别、付款条件、折扣代号、付款方法、付款银行、信用状态等，此外，还有交易信息，如交易金额、折扣额等。

3. 应收登录

发生销售、服务或劳务输出等业务时，录入(或转入)应收单据，并进行审核。

4. 收款管理

收到应收账款，填制收款单据，并进行审核。收款管理提供多种处理方法，如自动处理付款条件、折扣、税额和多币种的转换，能够列出指定客户的付款活动情况。

5. 核销业务

自动或手工核销两笔销售产生的应收和收款业务。

6. 账龄分析

计算和打印账龄分析表，并打印对账单。

7. 自动建立会计分录

应收账系统可自动建立有关应收账款的会计分录，并自动传到总账系统中去。

8. 月末结账

对本月的应收账款进行统计和审核，并结转。

ERP中应收账模块最好与销售模块、总账模块集成使用。

三、应付账款

（一）应付账款的概念

应付账款是指企业因购买商品、材料和接受劳务等业务原因，应向供货或提供劳务的单位支付的账款。

应付账款是企业应付的购货或接受劳务款项。它可以为具体什么时候付款、是否全额支付或是否现金折扣支付提供决策信息。

应付账款的作用主要体现在企业生产经营过程中，主要有以下3个方面。

1. 减少资金占用

通过应付账款，企业可以有效地利用商业信用来减小企业资金压力，对企业资金压力起到缓冲的作用。

2. 加强现金支付的控制

通过应付账管理，可加强对现金支付的控制，确保供货单位开出的发票及给供货单位的支票都经过了审核，加强发票和支票的核对管理。在加强现金支付控制的同时，也能更好地理解现金需求，有更多的时间对现金支付进行决策。

3. 提高商业信用

应付账款可协助企业按规定时间向供货单位付款，以提高商业信用。同时，及时付款也能得到相关折扣，由此得到更大的实惠。

（二）应付账管理的主要功能

应付账管理的主要功能模块有发票管理、支票管理、供应商管理、应付登录、付款管理、账龄分析等。

1. 发票管理

将发票输入之后，可以验证发票上所列物料的入库情况，核对采购订单物料，计算采购单和发票的差异，查看指定发票的所有采购订单的入库情况，列出指定发票的有关支票付出情况和指定供应商的所有发票和发票调整情况。

2. 支票管理

可以处理多个付款银行与多种付款方式，将开出支票与银行核对，查询指定银行开出的支票，作废支票和打印支票。

3. 供应商管理

提供每个提供物料的供应商的信息，如使用币种、付款条件、折扣代号、付款方式、付款银行、会计科目、联系人及地址等。此外，还有各类交易信息，如折扣额等。

4. 应付登录

发生物料采购、劳务输入等业务时，录入(或转入)应付单据，并进行审核。

5. 付款管理

对应付账款项进行付款操作，开出付款支票并登录和审核。

6. 核销业务

自动或手工核销两笔物料采购产生的应付和付款业务。

7. 账龄分析

计算并打印账龄分析表。

8. 自动建立会计分录

应付账系统可自动地建立有关应付账款的会计分录，并自动传到总账系统中去。

9. 月末结账

对本月的应付账款进行统计和审核，并结转。

ERP中应付账模块最好与采购模块、库存管理和总账模块集成使用。

四、固定资产

（一）固定资产的概念

固定资产是指企业使用期限比较长的各项资产，如房屋、建筑物、机器、机械、运输工具以及其他与生产、经营有关的设备、器具、工具等。从会计的角度划分，固定资产一般可划分为生产用固定资产、非生产用固定资产、租出固定资产、未使用固定资产、不需用固定资产、融资租赁固定资产、接受捐赠固定资产等。

固定资产是企业的重要资源。由于它占用企业大量的资金，因此，固定资产管理是企业的一项重要的基础性工作。

（二）固定资产管理的主要功能

固定资产管理的主要功能模块有基础数据设置、原始卡片录入、固定资产增减及变动管理、固定资产折旧处理等。

1. 基础数据设置

需要设置和维护的数据有部门档案、固定资产分类、固定资产科目(如固定资产、累计折旧、租金费用等)、折旧方法设置和增减方式设置等。

2. 原始卡片录入

固定资产卡片是固定资产核算的依据，为保证历史资料的连续性，在进行固定资产核算前，将建账前固定资产卡片录入。

固定资产卡片信息就是固定资产管理模块需要管理的基本信息，固定资产卡片的基本格式及信息如表9-2所示。

表 9-2　固定资产卡片的基本格式及信息

固定资产编号：G0001	名称：激光打印机
规格：EPSON LASERJET	设备编号：S0001
类别：01 购买	取得凭证号码：123654
取得日期：2023.5.5	生产日期：2022.9.18
生产厂家：EPSON	来源单位：EPSON 专卖
出厂产品编号：123456A	价值：4800
货币代码：RMB	数量：1
计量单位：台	部门：CB01 厂部
保管地点：厂部办公室	
固定资产状态：使用	
是否计提折旧：是	折旧借方科目：4001 生产成本
折旧方法：1 平均年限法	折旧年限：5　已折旧月数：6
法定折旧方法：1 平均年限法	累计折旧：432
净残值率：10%	

3. 固定资产增减及变动管理

固定资产增加包括投资者投入固定资产、企业购入固定资产、接收捐赠固定资产、盘盈固定资产、融资租入固定资产等；固定资产减少包括出售固定资产、报废固定资产、事故毁损固定资产、投资转出固定资产、盘亏固定资产等；固定资产变动包括原值变动、部门转移、使用状况变动、使用年限调整等。

4. 固定资产折旧处理

自动计提折旧是固定资产管理模块的主要功能之一。

计提固定资产折旧，是指将固定资产的原始成本分配到使用资产的各个会计期间的过程。固定资产的折旧管理功能主要是：通过设置折旧参数和折旧方法来计算折旧费用，并自动生成折旧分配表，然后制作记账凭证，将本期的折旧费用自动登账，并将当期的折旧额自动累加到累计折旧中。

影响折旧的参数(因素)主要包括：原值、预计残值、累计折旧、使用年限、折旧方法等。折旧方法主要有平均年限法、工作量法、双倍余额递减法、年数总和法等。

固定资产的折旧方法一经确定，不得随意变更。当月增加的固定资产，当月不计提折旧，从下月起计提折旧；当月减少的固定资产，当月仍计提折旧，从下月起停止计提折旧。固定资产提足折旧后，不管能否继续使用，均不再提取折旧；提前报废的固定资产，也不再补提折旧。

下面对常用的折旧方法进行描述。

1) 平均年限法

平均年限法是将固定资产成本平均分摊于预计使用年限的一种方法。用该方法计算出来的每个会计期间的折旧额都是相等的。其计算公式为

$$年折旧额 = \frac{固定资产原值 - 预计净残值}{预计折旧年限}$$

$$月折旧额 = 年折旧额/12$$

2) 工作量法

工作量法是根据固定资产实际完成的工作量(产量、行驶里程、工时数)计算折旧额的一种方法。其计算公式为

$$单位工作量折旧额 = \frac{固定资产原值 - 预计净残值}{预计总工作量}$$

$$月折旧额 = 该项固定资产当月工作量 \times 单位工作量折旧额$$

3) 双倍余额递减法

双倍余额递减法是一种不考虑固定资产残值情况的加速折旧方法。所谓加速折旧是指固定资产在使用早期多提折旧，后期少提折旧，从而相对加快固定资产折旧速度。其计算公式为

$$年折旧额 = 2/折旧年限 \times 固定资产账面净值$$

4) 年数总和法

年数总和法也是一种加速折旧方法。年数总和法是将固定资产的原值减去残值后的净额，乘以一个逐年递减的分数计算每年的折旧额。其计算公式为

$$年折旧率 = (折旧年限 - 已折旧年限) / [折旧年限 \times (折旧年限 + 1)/2]$$

$$年折旧额 = (固定资产原值 - 预计净残值) \times 年折旧率$$

五、资金管理

（一）资金管理的概念

资金管理是对现金、支票、汇票和银行存款的管理的统称。

资金是企业进行生产、经营等一系列经济活动中最基本的要素，资金管理贯穿企业整个生产经营的始末，具有举足轻重的作用，因此，企业必须建立健全资金管理体制，加强资金管理，从而保证账款相符，保证正常经营和日常支付。一个健全的资金收入和资金支出的管理体制主要表现在：

(1) 建立明确的资金管理制度，规范日常处理程序；

(2) 经手资金的出纳与记账会计人员要严格分开，各行其责；

(3) 资金支出活动和资金收入活动分开，做到收支两条线；

(4) 所有收入的现金必须每天存入银行，所有支出的现金必须使用支票。

（二）资金管理的主要功能

资金管理的主要功能模块有现金管理、银行存款管理、票据管理等。

1. 现金管理

回收销售现金收入和应收账款结算处理，以及现金支出的会计处理，购货、退货、折扣的核算。

2. 银行存款管理

对银行类账目进行管理，能录入或导入银行对账单，并进行银行对账，以及进行银行存款日记账与总账对账，确保资金账实相符。

3. 票据管理

对各种本票、汇票等收款票据和支票等付款票据的管理，方便用户管理日常业务票据。在集团资金管理模式下，企业票据信息可以传递到集团结算中心，为集团资金管理提供依据。

六、工资管理

（一）工资管理的概念

工资是指用人单位依据劳动关系、法律规定或行业规定或根据与员工之间的约定，并对员工提供的劳动数量和质量进行考核后，以货币形式对员工的劳动所支付的报酬。

（二）工资管理的主要功能

工资管理的主要功能模块有：基础信息维护、工资计算和工资报表。

1. 基础信息维护

基础信息维护包括人员基本信息、工资标准、职务级别等基础信息的维护。

2. 工资计算

对员工工作情况，考勤记录情况，工资标准(基本工资、绩效工资、职务工资等)，各种应发项(各种补助、福利等)，各种应扣款(个人所得税、医疗保险费、养老保险等)等原始资料进行加工处理，根据这些原始数据，计算出应付给员工的应发工资和实发工资。

工资计算后，计提费用，进行分配和结转，编制转账凭证。

3. 工资报表

查询和打印各类工资发放表、工资汇总表。

第三节　成本管理

成本是商品经济的价值范畴，是商品价值的组成部分。人们要进行生产经营活动或达到一定的目的，就必须耗费一定的资源(人力、物力和财力)，其所费资源的货币表现称之为成本，并且随着商品经济的不断发展，成本概念的内涵和外延都处于不断的变化发展之中。

产品成本是衡量企业经济效益的一项综合指标，是管理会计的一项重要内容。它不仅是企业经营核算和编制管理会计中相关报表的主要依据，也是企业管理者进行正确的经营决策和日常控制所需各种管理信息的基础。

企业毛利、销售价格、产品成本和销售数量的关系为

企业毛利＝(销售价格－产品成本)×销售数量

众所周知，产品的销售价格和销售数量受市场大环境的影响较大。因此，要保证企业利润最大化，除改革创新外，还应加强成本的管理控制，达到降低产品成本、提高效益的目的。

ERP系统的成本会计采用管理会计的原理，采用标准成本体系，通过计划、核算、分析、检查等方法和各项核心业务紧密结合，对影响和形成工业企业产品成本的各个经营环节进行管理，以实现成本的管理控制。

一、产品成本构成

（一）成本构成

企业的总成本由产品成本和经营成本构成。产品成本包括直接材料费、直接人工费和制造费用，这样计算出来的产品成本实际上是截止到车间级别(或分厂)的成本。产品成本将准确反映车间一级的成本管理水平。企业级别发生的3项费用(管理费用、财务费用、销售费用)不与产品成本计算发生直接关系，不计入产品成本。企业的成本构成如图9-4所示。

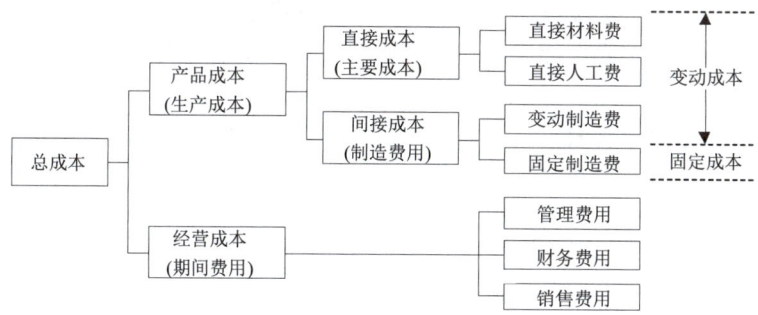

图 9-4 企业的成本构成

（二）产品成本

产品成本由直接成本和间接成本构成。在管理会计中，直接成本和间接成本是按照归属的难易程度原则分类的。

直接成本是指可以明确分辨用于某个具体物料上的费用，与产品生产数量相关，不需要进行费用分摊。直接成本包括直接材料费和直接人工费。

(1) 直接材料费包括原材料、辅助材料、备品配件、外购半成品、燃料、动力、包装物及其他费用(如采购费)等。

(2) 直接人工费包括企业直接从事产品生产人员的工资、奖金、津贴和补助等。

间接成本是指不能明确分辨用于某个具体物料上的费用，需要进行费用分摊。其主要指产品的制造费用，即按一定标准分配计入产品成本的费用，如企业各生产单位、车间为组织和管理生产而发生的各项费用，包括车间管理人员工资、职工福利费、劳保费、设备折旧费、修理费、水电费、车间办公费、车间差旅费及其他费用。

区分直接成本与间接成本的最直接的方法是判断是否需要进行费用分摊。

在管理会计中，按产品成本形态可将成本划分为变动成本和固定成本。

变动成本是指随产量的增减而变动的成本，产量增加，变动成本总量增加，一般为线性关系，但单位产品的变动成本是不变的，如表9-3所示。直接材料费、直接人工费和变动制造费都属于变动成本。

表 9-3 产品成本形态

	产量增加 ↑	产量减少 ↓
固定成本		
总量	不变 ＝	不变 ＝
单位成本	减少 ↓	增加 ↑
变动成本		
总量	增加 ↑	减少 ↓
单位成本	不变 ＝	不变 ＝

固定成本是指不随产量增减而变动的成本，无论产量大还是小，成本总是保持一个固定值，但单位产品的固定成本却因产量的增加而减少，或因产量的减少而增加。固定制造费属于固定成本。

区分变动成本和固定成本是为了管理决策的应用，主要针对的是产品定价、自制/外购、产品利润分析等。

（三）经营成本

经营成本，又称期间费用，是构成企业总成本的一部分，是指企业行政管理部门为组织和管理生产、销售产品、提供劳务等所发生的各项费用。这类费用因与制造产品和提供劳务没有直接联系，因而不计入产品成本，也不构成产品成本项目。经营成本包括以下3项费用。

(1) 管理费用，指企业行政管理部门为管理和组织生产经营活动发生的各项费用，如企业管理人员工资、差旅费、办公费、董事会费、业务招待费、工会经费和坏账损失等都属于管理费用。

(2) 财务费用，指企业为筹集资金而发生的各项费用，如利息净支出、汇兑净损失、金融机构手续费等都属于财务费用。

(3) 销售费用，指企业在销售产品、自制半成品和提供劳务等过程中发生的费用，如包装费、运输费、广告费、装卸费、销售部门人员的工资、职工福利费、差旅费、办公费、修理费及其他费用等。

二、产品成本计算

（一）直接材料费的计算

直接材料费计算的依据是产品结构(BOM)，计算步骤一般是从最底层的原材料领用出库开始，逐层往上累加。其计算公式为

$$本层直接材料费 = \sum 下层制造件(原材料)的材料费$$
$$材料费 = 材料出库价格 - 材料入库价格$$
$$= 材料采购价格 + 采购间接费$$

【例9-1】产品P的BOM结构如图9-5所示，依据产品P的BOM结构可计算得到有关产品、零件的直接材料费。

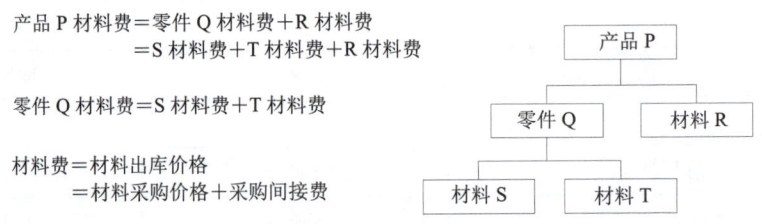

图 9-5　产品 P 的直接材料费计算

材料费等于生产时领用材料的出库价格，出库价格等于入库价格，入库价格又包括采购价格和采购间接费用。对于采购价格，由于企业的各种材料是分次分批购进的，而每次购进的材料，单价和采购间接费用又往往不同。因此，在每次发料时，就存在采用哪一批的单价计价问题。

下面介绍几种材料的计价方法，这些方法也可称为存货核算方法。

1. 先进先出法

先进先出法是以先购进的材料先领用为前提，每次发出材料的单价，要按库存材料中最先购进的那批材料的实际单价计价。采用这种方法要求分清所购每批材料的数量和单价。发出材料时，除逐笔登记发出数量外，还要登记金额，并算出结存的数量和金额。采用本方法计算的期末库存额，比较接近市价。

2. 加权平均法

加权平均法是根据本期期初结存材料的数量和金额与本期购入材料的数量和金额，在期末一次性计算材料价格的计价方法。其计算公式为

$$本期加权平均单价 = \frac{期初结存材料金额 + 本期购入材料金额}{期初结存材料数量 + 本期购入材料数量}$$

$$本期发出材料价格 = 发出材料数量 \times 本期加权平均单价$$

3. 移动加权平均法

移动加权平均法的原理类似于加权平均法，但不是在期末计算价格，而是每购入一批材料都要计算一次平均价格。其计算公式为

$$本次移动加权平均单价 = \frac{以前结存材料金额 + 本次购入材料金额}{以前结存材料数量 + 本次购入材料数量}$$

$$本次发出材料成本 = 发出材料数量 \times 本次加权平均单价$$

4. 个别计价法

个别计价法又称实际分批法，它是指每次发出材料时按所发材料购入批次的单价计价。采用这种计价方法，要求在仓库中按批次进行管理。其计算公式为

$$本次发出材料价格 = 各批(次)存货发出数量 \times 该批(次)存货实际进货单价$$

（二）直接人工费的计算

直接人工费是支付给直接参与产品生产的生产人员的工资以及按规定的比例提取的职工福利费等。由于生产人员直接从事产品生产，人工费用的发生能够判明应由哪种产品负担。因此，这些费用发生后可直接归集到各产品成本中去。其计算公式为

$$某产品的直接人工费用 = 该产品耗用的实用工时 \times 直接人工费分配率$$

$$直接人工费分配率 = \frac{生产人员工资总额}{各种产品实用工时之和}$$

直接人工费具体的计算方法：利用产品结构图(BOM)从底层逐层往上累加，直至计算

出最顶层的最终产品直接人工费。

【例9-2】 结合图9-5中产品P的产品结构(BOM)，可以得到直接人工费的计算过程，如图9-6所示。

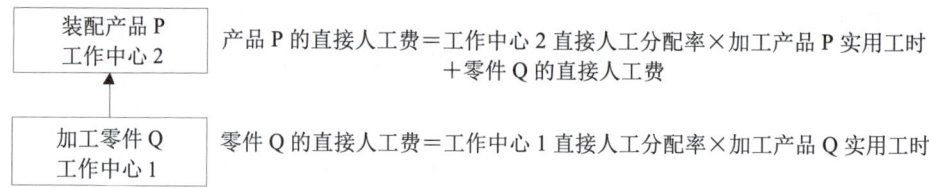

产品 P 的直接人工费＝工作中心 2 直接人工分配率×加工产品 P 实用工时
＋零件 Q 的直接人工费

零件 Q 的直接人工费＝工作中心 1 直接人工分配率×加工产品 Q 实用工时

图 9-6　产品 P 的直接人工费计算

（三）间接成本的计算

我国会计制度改革后，多数企业在计算成本时，采用制造成本法，间接费用只算到车间一级，并且是按月进行结算，不把企业管理费计入产品成本。由于加工成本是在工作中心发生的，因此间接成本要分配到工作中心。

间接成本的计算一般按以下步骤进行。

(1) 依据本会计期间生产部门的产量，结合间接成本类型确定分配依据。

(2) 根据企业的有关历史统计资料，结合本会计期间生产部门(车间、工作中心)的产量、效率和能力水平，将相关辅助生产部门(如锅炉房、动力站、工具及机修车间等)的间接成本分配给各生产车间。不同的成本项目，其分配依据是不同的，如表9-4所示。

表 9-4　间接费用的分配举例

间接费用成本项目	分配依据
照明费、暖气费、空调费	建筑面积、使用时间
电力费	用电设备额定功率、使用时间
折旧费、维修费、保险费	固定资产价值
车间管理人员工资、办公费、福利费	直接人工人数
搬运费	搬运物料的次数或重量

(3) 计算工作中心的间接费率。分配到生产部门的间接费用(如表9-4所列出的费用)还要进一步分配到工作中心，为此必须确定各工作中心的间接费率。所谓间接费率，是指在一定的产量规模、效率和能力水平条件下工作中心的分配系数，因此又称为分配系数或分配率，其单位一般为元／工时。间接费率的计算公式为

$$某工作中心间接费率＝\frac{本期工作中心的间接费用总额}{本期工作中心的工作小时数}$$

(4) 归集产品的间接费用。将有关间接费用归集到各个产品，归集方法为

某产品在某工作中心的费用＝该工作中心间接费率×该产品占用该工作中心工时

三、成本差异分析

所谓成本差异，是指产品实际成本与标准成本的差额。企业可以根据成本差异发现问题，具体分析差异形成的原因和责任，及时采取相应的措施，实现对成本的控制。

成本差异又分为有利差异和不利差异。实际成本低于标准成本时的差异称为有利差异，即成本节约。反之，实际成本超过标准成本所形成的差异称为不利差异，即成本超支。不论差异是有利差异还是不利差异，只要超过了规定的允差，都应进行差异分析。有时出现有利差异也不一定是好事，因为在某项差异上出现有利差异可能导致另一项差异出现更大的不利差异，所以要从总体上来权衡利弊。

（一）直接材料成本差异的分析

直接材料成本差异，包括材料用量差异和材料价格差异。其中：

$$材料价格差异＝实际数量×(实际价格－标准价格)$$
$$材料用量差异＝标准价格×(实际数量－标准数量)$$
$$直接材料成本差异＝材料价格差异＋材料用量差异$$

由于采购部门具有购料价格的控制权，一般而言，价格差异应由采购部门负责。而材料用量差异，一般应由生产部门负责，但有时也可能是采购部门的责任，应做具体分析。

有利差异和不利差异不是绝对的，都要进行分析，有的有利差异可能也会对企业产生不利的影响。例如，使用价格较低的材料，降低了质量要求，短期可能会降低企业成本，使企业利润增加，但从长期看，会降低企业声誉，影响企业的长期发展。

（二）直接人工成本差异的分析

直接人工成本差异，包括直接人工效率差异和直接人工工资率差异。其中：

$$直接人工工资率差异＝实际工时×(实际工资率－标准工资率)$$
$$直接人工效率差异＝(实际工时－标准工时)×标准工资率$$
$$直接人工成本差异＝直接人工工资率差异＋直接人工效率差异$$

工资率差异形成的原因，可能是由于生产中升级或降级使用不同工资等级的工人(会反映在平均工资率的变动中)；也可能是由于加班工资所形成不利的工资率差异，一般应由生产部门负责；但也可能是由于工资标准的调整。因此，工资率差异形成的原因需要具体分析。而效率差异形成的原因，可能是由于工人的熟练程度、设备的原因、管理的问题；也可能是由于原材料的质量。形成直接人工成本差异一般应由生产部门负责，但也可能是采购部门的责任。

（三）变动性制造费用差异的分析

变动性制造费用差异，包括变动性制造费用效率差异和变动性制造费用耗费差异。其中：

$$变动性制造费用效率差异＝(实际工时－标准工时)×标准分配率$$
$$变动性制造费用耗费差异＝实际工时×(实际分配率－标准分配率)$$
$$变动性制造费用差异＝变动性制造费用效率差异＋变动性制造费用耗费差异$$

变动性制造费用产生不利差异的原因有两个：一是各项费用项目的价格高于预计价格；二是各项费用的耗费量大于预计耗费量。

（四）固定性制造费用差异的分析

固定性制造费用在一定相关范围内不会受生产活动水平变动的影响，因此，固定性制造费用是通过固定预算进行控制的。固定性制造费用差异包括固定性制造费用预算差异和固定性制造费用生产能力利用差异。其中：

固定性制造费用预算差异＝固定性制造费用－固定性制造费用预算

固定性制造费用生产能力利用差异＝(以工时表现的正常生产能力－按实际产量计算的标准工时)×固定性制造费用单位工时标准分配率

固定性制造费用生产能力利用差异具有如下特点：

(1) 若预计业务量等于应耗的标准小时数，则没有生产能力利用差异；

(2) 若预计业务量大于应耗的标准小时数，则生产能力利用差异为不利差异，表示计划生产能力尚未得到充分利用；

(3) 若预计业务量小于应耗的标准工时数，则生产能力利用差异为有利差异，说明计划生产能力已得到充分利用。

第四节　财务分析与决策支持

一、财务分析

财务分析是以会计核算和报表资料及其他相关资料为依据，采用一系列专门的分析技术和方法，对企业等经济组织过去和现在有关筹资活动、投资活动、经营活动、分配活动的盈利能力、营运能力、偿债能力和增长能力状况等进行分析与评价的经济管理活动，帮助企业经营管理者进行决策。它为企业的投资者、债权人、经营者及其他关心企业的组织或个人了解企业过去、评价企业现状、预测企业未来，做出正确决策提供准确的信息或依据。财务分析的最基本功能，是将大量的报表数据转换成对特定决策有用的信息，减少决策的不确定性，它遵循一定的理论和方法。

不同的人员，其角色不同，关注点也是不同的，其分析的目的也就不一致，人员角色主要可以分为企业管理人、债权人、投资人、供应商、客户、政府部门、企业员工、工会、中介机构等。财务分析的主要内容包括会计报表分析、财务比率分析和预算分析。根据具体的分析目标分类，财务分析可以分为流动性分析、财务风险分析、专题分析等。

通常，企业的经营和财务状况都可以通过"资产负债表""利润表""现金流量表"等财务报表进行反映，通过对财务报表的数据进行财务分析，可以使企业的经营管理者及时了解企业的经营和财务状况，了解企业的收入、利润及偿债能力，发现和避免企业的经营风险，促使企业采取正确的发展策略，以实现企业的长远发展。

二、财务分析的具体方法

本小节对常用的一些财务分析的具体方法做简单介绍。

（一）对比分析法

对比分析法也称趋势分析法，是财务分析中重要的分析方法，属于动态分析。它通过对一个时期同另一个或几个时期经济指标数据的比较，以判断经济指标的变化趋势，从而确定公司财务及经营状况，预测公司未来发展趋势。

对比分析法主要有以下几种。

1. 绝对数值分析法

绝对数值分析法是将不同时期、相同项目的绝对数值进行比较，以观察其绝对数值的变化趋势。例如：X公司损益表的绝对数值分析如表9-5所示。

表 9-5　绝对数值分析

单位：万元

项目	2020 年	2021 年	2022 年
销售收入	600	660	780
销售成本	432	462	530.4
销售毛利	168	198	249.6
营业费用	93	112.2	140.4
营业纯利	75	85.8	109.2
利息费用	6.6	7.26	9.2
税前盈利	68.4	78.54	100
所得税	20.52	25.92	36
税后利润	47.88	52.62	64

2. 定基分析法

定基分析法是以分析期间某一期的报表数据作为基数，其他各期与之对比，计算百分比，以观察各期相对于基数的变化趋势。例如：X公司损益表的绝对数值和定基分析如表9-6所示。

表 9-6　绝对数值和定基分析

单位：万元

项目	2020 年	2021 年	定基增长率 (%)	2022 年	定基增长率 (%)
销售收入	600	660	10	780	30
销售成本	432	462	7	530.4	23
销售毛利	168	198	18	249.6	49

（续表）

项目	2020 年	2021 年	定基增长率 (%)	2022 年	定基增长率 (%)
营业费用	93	112.2	21	140.4	51
营业纯利	75	85.8	14	109.2	46
利息费用	6.6	7.26	10	9.2	39
税前盈利	68.4	78.54	15	100	46
所得税	20.52	25.92	26	36	75
税后利润	47.88	52.62	10	64	34

3. 环比分析法

环比分析法是以某一期的数据与上期的数据进行比较，计算趋势百分比，对每期的增长进行对比，以观察财务数据的变化情况。例如：X公司损益表的绝对数值和环比分析如表9-7所示。

表 9-7　绝对数值和环比分析

单位：万元

项目	2020 年	2021 年	环比增长率 (%)	2022 年	环比增长率 (%)
销售收入	600	660	10	780	18
销售成本	432	462	7	530.4	15
销售毛利	168	198	18	249.6	26
营业费用	93	112.2	21	140.4	25
营业纯利	75	85.8	14	109.2	27
利息费用	6.6	7.26	10	9.2	27
税前盈利	68.4	78.54	15	100	27
所得税	20.52	25.92	26	36	39
税后利润	47.88	52.62	10	64	22

从以上3个分析表中可以看出，各个项目的绝对金额都是逐年增长的，尤其是销售收入和利润基本上逐年提高，从而可知X公司三年来的收益状况良好，企业具有良好发展前景。

从分析表中可以看到，尽管X公司2021年的销售成本比2020年增加7%，2022年又比2021年增长15%，但相对于销售收入和税后利润的绝对值增长率而言，销售成本的增长率要低得多；2022年税后利润之所以能比2021年提高22%，重要原因之一就是销售收入的增长大于销售成本的增长。

4. 结构分析法

结构分析法是通过计算某项财务指标各个组成部分占总体的比重，探讨各个部分在结构上的变化规律。例如：X公司销售收入结构构成分析如表9-8所示。

表 9-8　销售收入结构构成分析

单位：万元

项目	2022 年	构成比例 (%)
总销售收入	780	100
U 产品销售收入	546	70
V 产品销售收入	156	20
W 产品销售收入	78	10

从分析表中可以看出，X公司的销售收入的构成：U产品、V产品和W产品所占的比重分别为70%、20%和10%，可知U产品所占的比重非常大。因此，公司需要大力扶持和关注U产品的生产和销售，同时，也要考虑U产品的更新换代，避免支柱产品出现问题给公司带来业绩滑坡。

（二）基本的财务比率

在财务比率中，通常涉及偿债能力比率、资本结构比率、经营效率比率、盈利能力比率、投资收益比率等方面。

下面就一些常见的比率进行介绍。

1. 偿债能力比率

1) 流动比率

流动比率的计算公式为

$$流动比率＝流动资产/流动负债$$

流动比率可以反映短期偿债能力。一般认为，生产企业合理的最低流动比率是2。

2) 速动比率

速动比率的计算公式为

$$速动比率＝(流动资产－存货)/流动负债$$

由于种种原因使得存货的变现能力较差，因此，把存货从流动资产中减去后得到的速动比率反映的短期偿债能力更令人信服。一般认为，企业合理的最低速动比率是1。

2. 资本结构比率

1) 股东权益比率

股东权益比率的计算公式为

$$股东权益比率＝股东权益总额/资产总额×100\%$$

股东权益比率可以反映所有者提供的资本在总资产中的比重，以及企业的基本财务结构是否稳定。一般来说，该比率高是低风险、低报酬的财务结构，比率低是高风险、高报酬的财务结构。

2) 资产负债比率

资产负债比率的计算公式为

$$资产负债比率＝负债总额/资产总额×100\%$$

资产负债比率反映总资产中有多大比例是通过借债得来的。

3) 资本负债比率

资本负债比率的计算公式为

$$资本负债比率＝负债合计/股东权益期末数×100\%$$

它比资产负债率这一指标更能准确地揭示企业的偿债能力状况，因为公司只能通过增加资本的途径来降低负债率。资本负债率以200%为一般的警戒线，若超过则应该格外关注。

3. 经营效率比率

1) 净资产调整系数

净资产调整系数的计算公式为

$$净资产调整系数＝(调整后每股净资产－每股净资产)/每股净资产$$

2) 调整后每股净资产

调整后每股净资产的计算公式为

$$调整后每股净资产＝(股东权益－3年以上的应收账款－待摊费用－待处理财产净损失－递延资产)/普通股股数$$

减掉的是4类不能产生效益的资产。净资产调整系数越大，说明该公司的资产质量越差。特别是如果该公司在系数很大的条件下，其净资产收益率仍然很高，则要深入分析。

3) 营业费用率

营业费用率的计算公式为

$$营业费用率＝营业费用/主营业务收入×100\%$$

4) 财务费用率

财务费用率的计算公式为

$$财务费用率＝财务费用/主营业务收入×100\%$$

5) 主营业务收入增长率

主营业务收入增长率的计算公式为

$$主营业务收入增长率＝(本期主营业务收入－上期主营业务收入)/上期主营业务收入×100\%$$

一般当产品处于成长期时，增长率应大于10%。

6) 三项费用增长率

三项费用增长率的计算公式为

$$三项费用增长率＝(上期三项费用合计－本期三项费用合计)/上期三项费用合计$$
$$三项费用合计＝营业费用＋管理费用＋财务费用$$

三项费用之和反映了企业的经营成本。如果三项费用增长率相对于主营业务收入增长率大幅增加(或减少)，则说明企业产生了一定的变化，要特别关注和分析。

7) 存货周转率

存货周转率的计算公式为

$$存货周转率＝销货成本/平均存货$$

8) 存货周转天数

存货周转天数的计算公式为

$$存货周转天数＝360天/存货周转率$$
$$＝360天/(销售成本/平均存货)$$

存货周转率(天数)表明了公司产品的产销率。如果和同行业其他公司相比，周转率太小(或天数太长)，就要注意公司产品是否能顺利销售。

9) 固定资产周转率

固定资产周转率的计算公式为

$$固定资产周转率＝销售收入/平均固定资产$$

该比率是衡量企业运用固定资产效率的指标。该指标越高，表示固定资产运用效果越好。

10) 总资产周转率

总资产周转率的计算公式为

$$总资产周转率＝销售收入/平均资产总额$$

该指标越大，说明销售能力越强。

11) 其他应收账款占流动资产比率

其他应收账款占流动资产比率的计算公式为

$$其他应收账款占流动资产比率＝其他应收账款/流动资产$$

该指标主要核算与生产经营销售活动无关的款项来往，一般情况下该数值较小。如果该指标较高则说明流动资金运用在非正常经营活动中的比例高，就应该注意是否与关联交易有关。

4. 盈利能力比率

1) 营业成本比率

营业成本比率的计算公式为

$$营业成本比率＝营业成本/主营业务收入×100\%$$

在同行之间，营业成本比率最具有可比性，营业成本比率较低的同行，往往就存在某种优势，而且这些优势也造成了盈利能力上的差异。

2) 营业利润率、销售毛利率、税前利润率和税后利润率

营业利润率、销售毛利率、税前利润率和税后利润率的计算公式分别为

$$营业利润率＝营业利润/主营业务收入×100\%$$
$$销售毛利率＝(主营业务收入－主营业务成本)/主营业务收入×100\%$$
$$税前利润率＝利润总额/主营业务收入×100\%$$
$$税后利润率＝净利润/主营业务收入×100\%$$

这几个指标都是从某一方面反映企业的获利能力。

3) 资产收益率

资产收益率的计算公式为

$$资产收益率＝净利润×2/(期初资产总额＋期末资产总额)×100\%$$

资产收益率反映了企业的总资产利用效率，或者说是企业所有资产的获利能力。

4) 经常性净资产收益率

经常性净资产收益率的计算公式为

$$经常性净资产收益率＝剔除非经常性损益后的净利润/股东权益期末数×100\%$$

一般来说，资产只能产生"剔除非经常性损益后的净利润"，所以用这个指标来衡量资产状况更加准确。

5) 主营业务利润率

主营业务利润率的计算公式为

$$主营业务利润率＝主营业务利润/主营业务收入×100\%$$

一个企业如果要实现可持续发展，主营业务利润率处于同行业前列并保持稳定十分重要。但是，如果该指标异乎寻常高于同业平均水平，就应该谨慎处理。

6) 固定资产回报率

固定资产回报率的计算公式为

$$固定资产回报率＝营业利润/固定资产净值×100\%$$

7) 总资产回报率

总资产回报率的计算公式为

$$总资产回报率＝净利润/总资产期末数×100\%$$

8) 净资产收益率

净资产收益率的计算公式为

$$净资产收益率＝净利润/净资产×100\%$$

净资产收益率又称股东权益收益率或净值报酬率，该指标反映股东投入的资金能产生多少利润。

5. 投资收益比率

1) 市盈率

市盈率的计算公式为

$$市盈率＝每股市场价/每股净利润$$

2) 净资产倍率

净资产倍率的计算公式为

$$净资产倍率＝每股市场价/每股净资产值$$

3) 资产倍率

资产倍率的计算公式为

$$资产倍率＝每股市场价/每股资产值$$

三、财务分析的发展趋势

现行财务分析是以企业财务报表反映的财务指标为主要依据，对企业的财务状况和经营成果进行评价和剖析的一项手段。财务分析的起点是财务报表，因此，财务报表的局限性就带来了财务分析所面临的局限性。

随着市场经济的不断发展，各个行业都面临着激烈的市场竞争，以及企业规模的不断扩大，企业对财务分析的要求也在不断提高，因此，提高财务分析的手段势在必行。

今后财务分析的发展趋势，应主要体现在以下几个方面。

（一）财务分析的依据更广泛

虽然财务报表的内容在逐步充实和完善，但企业经营中有许多信息在财务报表中无法容纳，因此，今后财务分析将不仅仅依靠财务报表，而且还将结合具体的财务数据和业务数据来进行整体的、全面的分析，避免目前财务分析的局限性。

（二）财务分析的目的以预测为主

财务分析是为经营管理者决策提供服务的，而决策是面向未来的，经营管理者掌握财务分析信息是为了做出对未来有利的投资、筹资及生产经营决策。因此，经营管理者除关注历史和当前财务信息外，更加关注未来发展的预测分析信息。

（三）充分应用现代技术

未来财务分析的内容越来越多，财务分析的范围越来越广，财务分析的方法也越来越复杂。而且，既要分析表内信息，又要分析表外信息；既要分析财务信息，又要分析非财务信息；既要分析历史和当前信息，又要分析预测信息。这些信息的数量之多，结构之复杂，依靠现有一般手段无法及时完成，而财务信息又有很强的时效性。因此，未来财务分析必须借助现代信息技术来完成，而且，随着信息技术和网络技术的不断发展和成熟，通过计算机这样的电子手段，可以更加快速、准确地进行各种数据的运算、分析、比较，增强数据处理能力，大大提高分析的效果和质量。

四、决策支持系统

决策支持系统(Decision Support Systems，DSS)是辅助企业管理者通过数据、模型和知识，以人机交互方式进行半结构化或非结构化决策的计算机应用系统。它是传统的管理信息系统(MIS)向更高一级发展而产生的先进信息管理系统。它为决策者提供分析问题、建立模型、模拟决策过程和方案的环境，调用各种信息资源和分析工具，帮助决策者提高决策水平和质量。

（一）决策支持系统的概念

决策支持系统的概念是20世纪70年代提出的，并且在20世纪80年代获得发展。它的产生基于以下原因：传统的管理信息系统没有给企业带来巨大的效益，人们在管理中的积极作用和主动性应该得到发挥；人们对信息处理规律认识提高，面对不断变化的环境需求，要求更高层次的系统来直接支持决策；另外，计算机信息技术的发展为决策支持系统走向实际应用提供了坚实的基础。

（二）决策支持系统的构成和特点

决策支持系统有 3 个基本要素：决策信息、决策模型和决策者。使用决策支持系统的目的是辅助决策者做决策，提高决策者的决策技能和组织的决策水平，从而使组织能获得好的经济效益。决策支持系统的一个重要特点是模型驱动(以模型库管理为核心，着重体现决策要求)，以建模为主，数据库随模型改变而改变，利用模型进行决策。

决策支持系统由数据库管理系统、模型管理系统、知识库管理系统、用户建模语言、会话管理系统、控制管理系统和用户共同构成。

（三）决策的进程步骤

决策的进程一般分为下面 4 个步骤。

(1) 发现问题并形成决策目标，包括建立决策模型、拟订方案和确定效果度量，这是决策活动的起点。

(2) 用概率定量地描述每个方案所产生的各种结局的可能性。

(3) 决策人员对各种结局进行定量评价，一般用效用值来定量表示。效用值是有关决策人员根据个人才能、经验、风格及所处环境条件等因素，对各种结局的价值所做的定量估计。

(4) 综合分析各方面信息，以最后决定方案的取舍，有时还要对方案做灵敏度分析，研究原始数据发生变化时对最优解的影响。

决策往往不可能一次完成，而是一个迭代过程。决策可以借助于计算机决策支持系统来完成，即用计算机来辅助确定目标、拟订方案、分析评价及模拟验证等工作。在此过程中，可用人机交互方式。

第五节　集团财务管理

企业集团是一种适应社会化大生产的客观需要的多层次结构组织，它的出现使企业更好地实现了统一、集中、有效地使用资金，并且在集团内部可提高资金的使用效率和资金的周转率，同时控制往来资金的增加及减少坏账损失，在很大程度上降低了企业的交易成本。由此可见，企业集团的内部协调成本要远远低于单一企业组织间的协调成本或交易成本。自 20 世纪 80 年代在我国出现至今，企业集团已逐渐发展成为国民经济的骨干力量和国际竞争的主力军，对我国的经济发展起到了重要作用。随着市场竞争的加剧，企业集团若想继续稳定生存并取得一定的发展，不仅需要宽松的外部环境，更重要的是要做好企业自身的内部管理，财务管理是企业管理的核心环节，因此企业集团有必要进一步提高集团的财务管理水平。

一、集团财务管理的特征

集团财务管理具有以下特征。

(1) 财务目标基本上由最高决策者决定。企业集团是由多个经济实体构成的企业联合体，并以集团母公司为核心进行相关管理活动。集团企业的财会业务不仅要满足企业内部各种经营活动的需求，还要向政府、社会以及信息的其他使用者提供准确、公正的财务信息，但为了满足集团资产优化运行的要求，企业集团的财务目标基本上还是由最高决策者决定。

(2) 财务活动较为复杂。组成企业集团的各种经济实体所在的地区以及所从事的行业可能各不相同，这造成了大部分集团企业的跨地区性与跨行业性，集团内部的部门设置也具有一定的复杂性。由于各种经济实体之间的关系比较复杂，具有多种核算方式或者经营模式，加大了财务管理活动的复杂性，这对于企业集团进行有效的财务管理也造成了一定的困难。

(3) 资本是各层结构之间的联系载体。资本运营是企业集团开展财务管理工作的核心部分，资本的数量决定着企业集团的结构的安排。企业集团是由多个经济实体构成的企业联合体，而资本的连接形式则决定了经济实体的从属关系和控制关系，是联系各层结构的载体。

二、实现集团财务管理的基本内容

全面、完善的集团财务管理是一种先进的管理思想，这种管理思想的实现需要考虑多种因素和手段。集团财务管理的重点在以下3个方面。

（一）集中控制

集中控制首先体现在权力的集中，即组织机构和职能的调整。为了适应企业集团的统一管理，加强管理的力度，集团财务管理需要对管理机构和管理手段进行调整。在集团财务管理的模式和要求下，机构更倾向于扁平化，更强调对信息的及时监控、查询和反馈，加强控制的手段和力度，从而提升企业集团的整体竞争能力。

另外，企业集团的财务管理还体现在财务数据的集中，即企业集团中各个下级企业财务数据的集中，而因特网的发展已经提供了完善、成熟的技术支持手段。只有在及时获取财务信息的基础上，才能强调财务管理及企业战略决策。

（二）预算及控制

企业集团更加强调计划及预算控制的管理要求，使企业集团的决策和管理层实时了解各个下属企业的财务状况并进行实时控制，因此，各级预算的制定、控制和分析就成为集团财务管理的重点。

在进行预算编制时，可以是自上而下或者自下而上，并进行多次的反复循环，最终确定具体的预算指标，以致力于降低成本和减少不必要支出，并以财务为基础，加强资本运营能力。

（三）资金的统一管理

企业集团更加注重对集团内部资金的统一调配和使用，财务管理的重点在于资金管理。现代企业集团为了加强资金的集中管理，加强对资金的调度、调控能力，提高资金的使用效率，提高资金效益，从统一进行资金的调度和使用来看，在大型企业内采用结算中心的管理办法，对集团内企业的资金进行统一分配和管理，也是大型集团性企业的发展方向。

通过集团内结算中心的建立，可以解决集团公司内部资金分散的问题，集团公司总部可以及时了解下属单位的资金状况，对资金的使用进行有效控制。同时，通过资金的统一分配和管理，可以进行集团内资金的调剂，避免资金刚需与短缺的矛盾，借鉴银行的模式，通过内部的资金调度(各种内部贷款、拆借等)，提高资金使用效率，并便于统一进行外部资金的贷款、投资等事宜，便于控制和降低财务费用。此外，通过对各项资金的严格管理，可以进行严格的应收账款控制，减少坏账准备，避免内部单位资金的相互拖欠，防止三角债，同时，通过资金的集中运转和控制，使企业建立良好的资金信用。通过集团结算中心，企业可以对资金的收支进行严格的管理，建立合理的资金预算并进行监测和控制，以满足企业长期的、良性的发展的需要。

▌思考习题 ▌

1. 简述会计循环和账务处理程序。
2. 总账的主要作用是什么？
3. 简述记账程序。
4. ERP中应收账模块的作用是什么？
5. ERP中应付账模块的作用是什么？
6. ERP中固定资产管理模块的作用是什么？
7. 简述固定资产管理中常用的折旧方法。
8. 一个健全的现金收入和现金支出管理体制具有什么特点？
9. 简述现金管理模块的主要功能。
10. 简述产品成本的构成。
11. 简述经营成本的组成。
12. 简述采用成本滚动计算法计算直接人工费用的基本思想。
13. 如何进行成本差异分析？
14. 简述两种常用的财务分析方法。
15. 实现集团财务管理的基本内容有哪些？
16. 简述财务会计与管理会计的区别。
17. 简述ERP条件下财务管理系统各组成部分之间的关系。

第十章

ERP 扩展及新技术应用

ERP作为一个产生于管理实践的应用软件系统，伴随着应用需求的不断发展而不断扩展。本章针对ERP的一些扩展应用，以及新的信息技术在ERP系统中的应用，逐一进行介绍。

▶ **本章的知识要点：**

- 客户关系管理的概念及功能。
- 供应链管理的概念及功能。
- 商业智能的概念和电子商务的概念。
- SOA 架构平台技术。

第一节　客户关系管理

客户关系管理(Customer Relationship Management，CRM)系统是利用信息科学技术，实现市场营销、销售、服务等活动自动化，并能对客户信息进行分析辅助企业营销决策，使企业能更高效地为客户提供满意、周到的服务，以提高客户满意度、忠诚度为目的的一种管理方式。近年来，客户关系管理系统已经成为企业利用信息技术提升管理水平的重要工具之一。

一、客户关系管理的概念

最早发展客户关系管理的国家是美国，在20世纪80年代初便提出了"接触管理"(Contact Management)的概念，通过将与客户有接触的每次活动加以记录，专门收集、整理客户与公司联系的所有信息。

到20世纪90年代，"接触管理"演变为包括电话服务中心(Call Center)与客户资料分析的客户关怀服务(Customer Care)。

在近些年，客户关系管理得到了学术界和企业界的重视，从事管理研究、市场营销研究和计算机软件研究的学者分别从不同角度对CRM进行深入的探讨；IBM、Oracle等国际知名的管理软件公司致力于CRM软件的开发；同时，DELL电脑、通用电气等许多知名的企业深入应用CRM的管理理念改造其营销流程，并在市场竞争中取得巨大成功。客户关系管理已经发展成为使用先进信息技术、蕴含现代营销思想的一整套客户管理解决方案。

下面从理念、机制和技术3个方面来解释CRM的概念与内涵。

首先，客户关系管理是一种管理理念，它来源于西方的市场营销理论。随着市场营销理论的发展，营销的核心从"以产品为中心"，围绕着产品(Product)、价格(Price)、地点(Place)、促销(Promotion)的4Ps营销管理模式，逐步向"以客户为中心"，强调客户/消费者(Customer/Consumer)、成本(Cost)、渠道(Channel)、方便性(Convenience)的4Cs理论模式转变，关系营销的概念得到市场的普遍重视。

在关系营销的模式下，不仅仅强调赢得客户，而且强调长期地拥有客户；从单一销售转向建立友好合作关系；从不重视客户服务转向以客户为中心。

客户关系管理为实现缩短销售周期和降低营销成本、增加收入、寻找扩展业务所需要的新的市场和渠道以及提高客户的价值、满意度和忠诚度的目的，吸收了"数据库营销""关系营销""一对一营销"等营销管理思想的精华，并提出客户生命周期(从一个客户开始对企业进行了解或企业欲对某一客户进行开发开始，直到客户与企业的业务关系完全终止且与之相关的事宜完全处理完毕为止的全过程)和客户终身价值理论(客户在其整个生命周期过程中，为企业所做贡献的总和)。以客户为中心的管理理念是所有客户关系管理系统的核心理念。

其次，CRM又是一套集中在市场营销、销售实现、客户服务和决策分析等与客户发生业务关系的领域的商业策略和管理机制。一方面通过企业对业务流程的全面管理来优化资源配置，降低企业成本，缩短销售周期；另一方面提供更快捷、周到和优质的服务来吸引和维持更多的客户，增加市场份额。客户关系管理系统包括企业识别、挑选、获取、发展和保持客户的整个商业过程。

最后，信息技术的发展与应用是客户关系管理系统的技术前提。从技术层面看，客户关系管理系统是集合Internet和电子商务、多媒体技术、数据仓库与数据挖掘、专家系统和人工智能、呼叫中心等最新信息技术的一整套解决方案和管理平台。

二、客户关系管理系统的 3 个功能层次

客户关系管理系统的功能可以归纳为以下3个层次。

(1) 运营层次：对销售、营销和客户服务3部分业务流程的信息化。

(2) 协作层次：与客户进行沟通所需要的手段(如电话、传真、网络、E-mail等)的集成和自动化处理。

(3) 分析层次：对上面两部分功能所积累下的信息进行加工处理，并做客户智能分析，为企业的战略战术的决策提供支持。

各层次CRM的应用关系如图10-1所示。

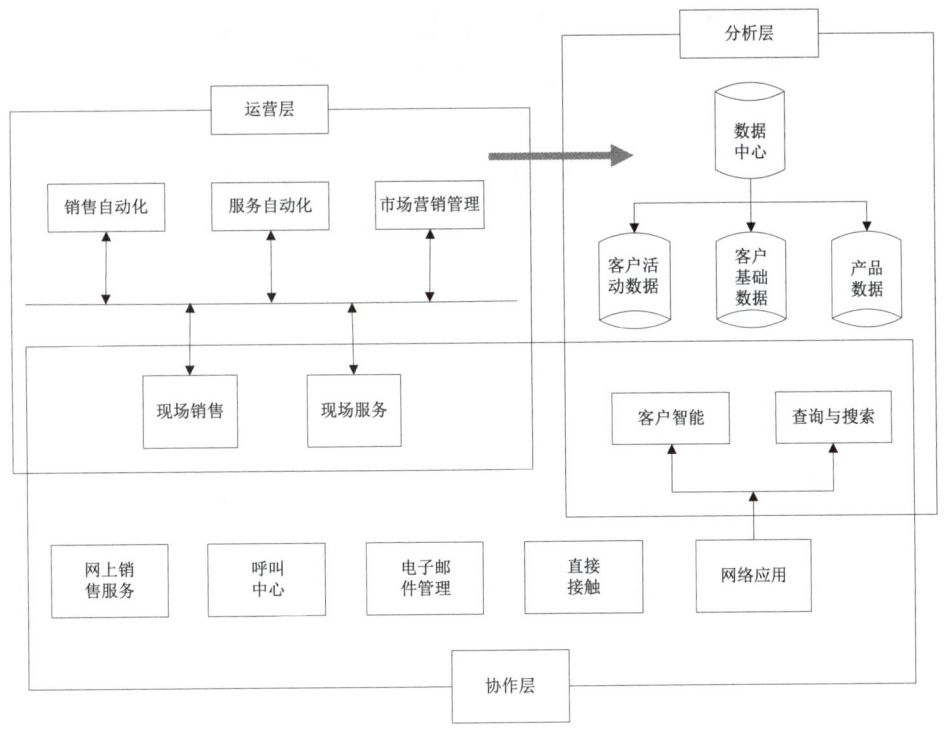

图 10-1　各层次 CRM 的应用关系

下面分别对这 3 个层面的功能加以介绍。

（一）运营层次的 CRM 功能

运营层次的CRM功能主要包括销售自动化、市场营销管理和服务自动化。

1. 销售自动化

销售自动化(Sales Force Automation，SFA)是最早应用的CRM子系统，其功能应用也最为成熟。

一般而言，销售自动化主要包括以下几个方面。

(1) 对客户和联系人的信息管理。客户和联系人管理是CRM和SFA的最基本功能，也是CRM的基础。通过客户和联系人管理，市场部、销售部门、培训部和客户服务部等可以录入、修改和更新客户和联系人信息。

(2) 销售机会管理。通过体系化的线索识别和商机确认逻辑与流程，建立企业销售线索和销售商机的数据库，并对销售过程中所有信息和技术方案、销售报价等相关文档进行统一的管理，有助于销售人员了解销售活动、进度、与客户接触时需要注意的问题、主要联系人及客户的信誉等。

(3) 销售人员活动管理。如何科学地安排日常活动，对成功地向客户推销产品或服务是十分重要的。利用这类软件以后，销售人员可以通过"活动管理"来制作并管理自己的日程表、活动计划和待处理工作。

(4) 其他销售功能。SFA通常还包括销售活动相关的其他管理内容，如潜在客户管理、报价管理、市场预测管理、销售资料管理、商机费用管理、客户日程管理、销售统计分析等。

2. 市场营销管理

CRM中的市场营销管理具有市场分析、市场预测和市场活动管理功能。市场分析能帮助市场人员识别和确定潜在的客户和市场群落，科学地制定出产品和市场策略，同时还可提供企业业务为何出现盈亏的信息，使管理者更好地监督和管理企业当前的运营。预测功能既可以为新产品的研制、投放市场、开拓市场等决策提供有力依据，又可为制定销售目标和定额提供参考，还可进行各种分析等。市场活动管理既可为市场主管人员提供制订市场计划的工具，并在执行过程中实施监控和给予快速反馈及响应，以不断完善其市场计划，还可对企业投放的广告、举行的会议、展览、促销等活动进行事后跟踪、分析和总结。

3. 服务自动化

服务自动化主要解决的问题包括：简化客户服务过程，提高客户服务响应速度；提高客户自助服务的可操作性，降低客户自助服务的复杂度；增强服务过程对客户的透明度，提高客户的满意度；建立行之有效的客户抱怨和建议系统，使企业能够更加清晰地了解客户的想法；等等。

通过服务自动化，企业可以整合各种服务渠道，将客户的各种服务请求、投诉、咨询等转入服务管理系统进行处理。其功能主要包括以下几个方面。

(1) 提供自助式服务环境。通过自助式和自我管理式的功能，企业为客户提供更多的便利，方便实现客户的定制和信息获取。

(2) 服务请求管理。它允许用户输入服务请求，并将这些请求加到服务队列中去。

(3) 服务知识管理。通过与知识管理系统的整合，可为客户的问题搜索出已有的解决方案。对于需要现场服务的情况，现场服务代表为客户提供上门服务之前，可以根据客户知识进行诊断。

(4) 电子邮件管理。通过与电子邮件系统的整合，企业可以按照客户对服务的需求来为客户提供自助式的电子邮件服务。

(5) 查询订单和服务请求状态。客户可以查询与自己有关的各种事项的进展情况。

(6) 现场服务人员派遣。调度人员可以纵观全局，进行现场服务人员的安排、检测、派遣和排序工作。

(7) 返厂维修和备件管理。返厂维修使企业可以全方位地了解客户需求、已购买产品的状况及客户对维修服务的要求，备件管理则向企业提供有关存货产品的质量和数量的最新资料。

(8) 任务管理和现场服务报告。管理人员可以制定新任务，更新现有任务，并将任务分配出去。

(9) 客户投诉管理。受理客户投诉，并将投诉发送至指定的处理人。

（二）协作层次的 CRM 功能

协作层次的CRM主要用于为客户提供互动服务和收集客户信息，实现多种客户互动渠道的整合。例如，把呼叫中心、面对面交流、因特网、电子邮件与传真等集成起来，使各种渠道协调一致，以保证企业和客户都能得到完整、准确和一致的信息。

协作性CRM着重于通过技术手段实现高质量的客户接触和高效率的客户信息收集，将多种与客户交流的渠道紧密集成在一起。目前，最主要的两种协作式CRM是呼叫中心和电子邮件系统。

1. 呼叫中心

呼叫中心通过各种计算机电话整合系统(Computer Telephony Integration，CTI)来支持自动呼叫分配功能(Automatic Call Distributor，ACD)和程控交换功能(Private Branch Exchange，PBX)，实现计算机电话集成技术与CRM业务应用软件之间的整合；通过电话技术来进行客户之间的互动，对来自多个渠道的工作任务和座席代表的任务进行全面的管理。

目前，呼叫中心已经在许多领域都得到了广泛的应用。例如，电话银行，使用户可以通过电话进行汇率查询、账户结余查询、转账和代扣公用事业费等。同样的例子还可以在航空、通信服务、汽车服务等领域轻易获取。可以说，现代的呼叫中心是CRM行业的一个重要分支，是由若干成员组成的工作组。其中，既包括一些服务代理或人工座席(Agent)，也包括一些自动语音设备。其通过网络进行通信，共享网络资源，为客户提供互动服务。

2. 电子邮件管理

CRM中的电子邮件管理专门用来处理电子邮件的收发，对以电子邮件形式进行的营销和销售推广过程进行管理，并按照预先设定好的规则对电子邮件的路由选择和队列进行管理，其主要功能包括以下几个方面。

(1) 邮件自动响应。它可对接收到的电子邮件给予自动响应。

(2) 对非结构化邮件的处理。可以通过用户自定义的规则或自动分类功能，判断自由格式的电子邮件的发信人的意图。

(3) 路由选择。邮件的处理，对路由有很高的要求。

(4) 邮件营销活动及其评价。除处理邮件接收外，还可以对邮件发送进行管理，实现营销活动的闭环管理。

(5) 生成各种报表。通过这些报表，可以了解座席代表的生产效率、利用率，并能够对邮件营销活动的效果进行评价。

销售管理系统主要解决的问题包括：如何制定销售流程，如何发掘潜在商机，如何进行销售活动的支援，如何进行销售对象的筛选，等等。

（三）分析层次的 CRM 功能

分析层次的CRM是将客户数据转化为有价值的客户信息的重要手段。

通过分析层次的CRM，企业可以查看客户资料、分析客户数据，进行业务统计，辅助企业决策。常见的报表或图形化的分析成果包括：营销活动效果统计、销售员工作情况表、销售漏斗、销售费用统计、市场活动费用统计、销售额统计分析、回款统计分析、产品服务量统计、服务收入及费用统计、客户满意程度分析、客户投诉分析等。

分析层次的CRM的数据来自运营层和协作层CRM所收集的客户基本信息和活动信息，通过应用各种算法、分析工具和模型形成对企业营销有价值的信息，辅助企业进行营销决策。

第二节　供应链管理

一、供应链管理的概念与内容

供应链在20世纪五六十年代的定义是：供应链是企业价值链的上游部分，主要涉及采购与供应管理，反映企业与供应商之间的关系。至20世纪80年代后，供应链的概念从内涵到外延都得到了极大的发展，供应链所涉及的不再仅仅是企业的供应活动，而是涵盖了企业的整个价值创造活动；所涉及的范围也不仅仅是企业与其供应商之间的关系，而是横跨整个价值链过程。

所谓供应链，就是围绕核心企业，通过对信息流、物流、资金流的控制，从采购原材料开始，制成中间产品及最终产品，最后由销售及服务网络把产品送到消费者手中，将供应商、制造商、分销商、零售商，直至最终用户连成一个整体的功能网链结构。

21世纪，国际物流发展的主流趋势是"供应链整合管理"。供应链管理就是管理企业的上游与下游关系，以整个供应链最低总成本为客户提供最大的价值。具体而言，供应链管理包含以下内容：

(1) 物料在供应链上的实体流动管理；

(2) 战略性供应商和客户关系管理；

(3) 供应链产品需求预测和计划；

(4) 供应链的设计(全球网络的节点规划与选址)；

(5) 企业内部与企业之间物料供应与需求管理；

(6) 基于供应链管理的产品设计与制造管理，供应链集成化计划、跟踪与控制；

(7) 基于供应链的客户服务和物流(运输、装卸、库存、包装等)管理；

(8) 企业间资金流管理(汇率、成本等)；

(9) 基于Internet/Intranet的供应链交互信息管理。

二、供应链管理的思想和原则

正如本书第一章所阐述的ERP的定义，供应链管理首先也是一整套的、基于现代经济环境的管理思想。正确地理解供应链管理的思想，才能更好地应用信息技术，实施供应链管理的策略。

首先，供应链管理认为，企业并非单个运作的孤立经济体，而是上、下游企业之间形成的供应链中的一环，与其上游供应商及下游客户之间存在着密不可分、相互依存的关系。因而，供应链上企业之间的关系不只是竞争关系，更是合作关系。这就要求供应链企业之间建立双赢的合作模式，以在供需双方都能接受的基础上，减少交易成本，提高服务水平。

其次，供应链管理认为，供应链上所有企业的目标都是为最终用户提供产品及服务。因而，上、下游企业之间的信息交互不仅包括基于订单的被动反应关系，还包括在信息实时共享基础上的资源共享与作业共享。这就要求供应链企业之间更多地开放和共享内部信息。

要进行良好的供应链管理，必须遵循一些基本的原则，包括以下几个方面。

(1) 以客户为出发点，了解他们的价值取向和要求，例如交付条件、产品服务、增值服务等方面的要求。理解供应链管理的目标就是更好地满足客户要求。

(2) 供应链管理是管理供应链上所有企业而非单个企业的物流资产。在进行配送中心选址、物流系统各个环节的库存决策和运输规划时，需要上、下游企业的共同参与。

(3) 整合销售、服务与运营计划，确保实现企业内部销售部门和运营部门之间，供应链伙伴之间对于客户需求信息的实时沟通。

(4) 平衡生产与采购以实现柔性、高效的运营，如实行准时制、自动补货策略等。在保证客户服务水平的基础上降低库存积压和损耗。

(5) 关注供应链伙伴之间的战略联盟和关系管理。在供应链的竞争环境中，单个企业的竞争已经被供应链之间的竞争所取代，核心企业建立并维护这一联盟实现供应链的一体化，才能以最低的供应链成本提供客户要求的服务，以取得竞争优势。

(6) 制定客户驱动的绩效指标，引导供应链上所有企业的行为并对每个企业的表现进行考评和跟踪。

三、供应链管理系统的功能

随着计算机和通信技术的发展以及企业作业区域的逐渐扩大，现代物流和供应链管理必须借助信息技术的手段才能有效实现供应链管理的目标。本节主要介绍供应链管理系统的主要功能及其应用的主要技术。

广义的供应链管理系统应覆盖供应链上所有的环节，如图10-2所示。

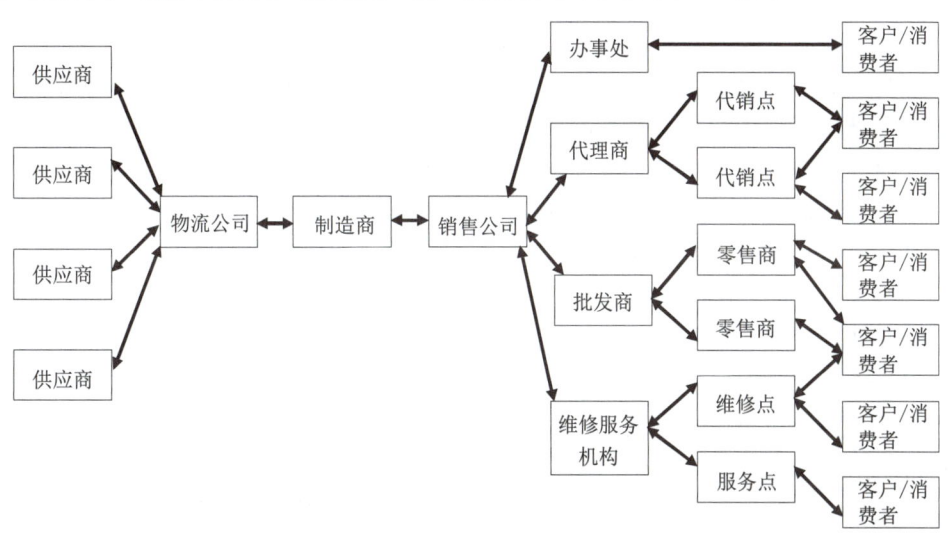

图 10-2 供应链管理环节

如图 10-2 所示的供应链管理大致分为 3 个部分。

(1) 企业内部供应链管理。其覆盖企业内部从采购、设计、加工、装配，直到销售的各个环节。这部分的物料供需管理主要通过 ERP 系统的计划、采购、销售、库存和车间物料管理来实现。

(2) 企业间物流管理。其负责供应链上、下游企业之间的物流管理，既包括图 10-2 中的从供应商向制造商的物流管理，也包括从制造商向销售公司以及代理商、批发商、维修服务机构直至最终用户的物流管理。

(3) 供应链协同管理。其包括供应链上、下游企业之间的信息传递与业务协同。

下面主要对企业间物流管理及供应链协同管理的主要功能和应用技术进行介绍。

供应链中的物流管理的主要功能应包括以下几个方面。

(1) 运输工具管理。其主要解决运输过程中根据运输工具进行货物配载、车辆调度、工具检修等问题。

(2) 运输管理。其主要针对运输流程的发运、到站、签收、过程管理等环节进行管理。

(3) 仓储管理。其类似于 ERP 中的仓储与库存管理，对货物的入库、出库、调拨进行管理。大型物流中心还涉及货物在仓储中心的包装、简单组装、拆卸、配货等物流服务业务的管理。

(4) 财务管理。其管理供应链环节中的各项费用，进行物流作业的费用归集和成本核算，独立进行账务处理或与 ERP 中的财务系统建立接口传递业务数据。

(5) 集中控制管理。其对物流全过程进行监控，主要包括物流业务流程的集中管理、各物流环节的费用管理、责任管理、结算处理、成本管理、运输环节监控、仓储环节监控等。通过对各个环节物流数据的统计分析，优化物流作业，指导物流企业的运营。

(6) 物流报表管理。各类统计报表是供应链各个环节决策者和客户了解业务状况的依据。可以根据客户和管理者不同的需求，动态生成各类统计报表，如货物完整率报表、运输时间达标率报表、延期签收统计表、物流业务量分析报表、财务结算统计报表等。

(7) 客户及供应商自助功能。其为客户提供灵活多样的查询功能，方便供应链上的客户或供应商监控其相关业务的执行情况，如货物的物流分配状况、货物的在途运输状况、货物的库存情况、货物的残损情况及签收情况等。

在供应链协同方面，主要通过网络或电子订货系统(Electronic Ordering System，EOS)来实现供应链上下游企业之间的高效协同和信息交互。

电子订货系统是指将批发、零售商所发生的订货数据通过计算机网络方式将相关信息资料传送至其上游总公司、批发商、商品供货商或制造商处，以快速满足客户订货要求，并处理相应业务单据及账务的系统。电子订货系统的主要功能如下。

(1) 货物信息及订货政策的分发。通过系统将可订货的货物信息及相关的订货政策，例如批量、折扣、保质期、外观、促销政策等信息下发给零售商等供应链下游单元。

(2) 下游单元根据自身收到的订货要求及上游供应商分发的货物信息，通过电子订货系统向其供应链上游企业发出订货需求信息。

(3) 上游单元通过电子订货系统接收、汇总，形成相应提货、检货单据，并依据相应单据组织发货。同时，发货信息传递到财务系统，形成零售商等下游单元的应付账款及批发商等上游单元的应收账款。

(4) 下游单元对接收的货物进行检验，并在相应系统中进行确认。

(5) 支持对订货信息的预测和统计分析。

四、供应链管理中应用的信息技术

现代化的供应链管理需要应用大量的物流信息技术，包括计算机网络技术、条形码技术、扫描技术、射频识别、GPS、电子数据交换(EDI)等。本小节就其中最具代表性的条形码、射频识别及GPS进行介绍。

（一）条形码技术

把表示信息的数字转化为代码，再将其以按照特定规则排列的黑白相间的条形符号表示出来就形成了条形码。条形码的应用非常广泛，其中应用最广泛的就是物流和商业领域。

条形码技术的优点如下。

(1) 可靠、准确。有资料可查，键盘输入平均每300个字符一个错误，而条码输入平均每15 000个字符一个错误。如果加上校验位，出错率是千万分之一。

(2) 数据输入速度快。键盘输入，一个每分钟打90个字的打字员1.6秒可输入12个字符或字符串，而使用条码，做同样的工作只需0.3秒，速度提高了5倍。

(3) 经济、便宜。与其他自动化识别技术相比较，推广应用条形码技术，所需费用较低。

(4) 灵活、实用。条码符号作为一种识别手段可以单独使用，也可以和有关设备组成识别系统实现自动化识别，还可和其他控制设备联系起来实现整个系统的自动化管理。同时，在没有自动识别设备时，也可实现手工键盘输入。

(5) 自由度大。识别装置与条码标签相对位置的自由度大。条码通常只在一维方向上表达信息，而同一条码上所表示的信息完全相同并且连续，这样即使是标签有部分缺失，仍可以从正常部分输入正确的信息。

(6) 设备简单。条码符号识别设备的结构简单，操作容易，无须专门训练。

(7) 易于制作。条形码可印刷，被称为"可印刷的计算机语言"。条码标签易于制作，对印刷技术设备和材料无特殊要求。

正是由于上面这些优势，条形码已经在电子商务中普遍应用。

（二）射频识别技术

射频识别技术(Radio Frequency Identification，RFID)，是指利用无线电波对电子标签中的记录媒体进行读写的技术。电子标签是以电子数据形式存储标识物体代码的标签。与条形码的区别是，电子标签是一种集成电路，能够自动或在外力的作用下，主动发射存储的信息。射频识别的物理范围从几十厘米到几米，因此适用于要求非接触的数据采集和交换的场合，例如物料的跟踪、运载工具的识别、货架的识别、包装物内部物料识别等。

（三）GPS 技术

全球定位系统(Global Positioning System，GPS)是利用通信卫星、地面监控系统和信号接收，对对象进行动态定位的系统。GPS是应用非常广泛的一种信息跟踪技术。目前在物流领域已经得到了越来越广泛的应用，尤其在运输环节。制造商、客户、物流企业可以通过GPS定位系统及时监控运输工具及货物的地点和状态，以便对运输作业进行监控和有效的调度。

第三节　商业智能

一、商业智能的概念和兴起

商业智能(Business Intelligence，BI)的概念最早由加特纳集团(Gartner Group)于1996年提出。加特纳集团将商业智能定义为：商业智能描述了一系列的概念和方法，通过应用基于事实的支持系统来辅助商业决策的制定。

商业智能技术是一种基于丰富的数据库，利用强大的数据挖掘和分析技术提炼出供市场营销使用的信息的一种商业技术手段。商业智能系统提供使企业迅速分析数据的技术和方法，包括收集、管理和分析数据，将这些数据转化为有用的信息，然后分发给不同的用户。

近些年BI由国外传入国内，受到广大国内企业尤其是IT企业的追捧，而将BI技术产品化、系统化开发的软件系统则被称为BI系统。

目前，在很多领域，已成功地引入了商业智能技术，尤其是在银行、电信、保险、交通、零售等商业领域。商业智能所能解决的典型商业问题包括：直接营销、面向细分市场客户群体划分、用户背景分析、交叉销售，以及客户流失性分析、客户信用评估、异常业务发现等。

商业智能被人们称为"混沌世界中的智能"，它代表为提高企业发展运营性能所采用的一系列方法、技术和软件，它能帮助企业的决策层进行快速、准确、高效的决策，从而迅速发现企业在发展过程中存在的问题，来提示管理人员做出快速反应。

ERP系统与商业智能(BI)系统作为信息技术在企业经营管理领域的应用，早期就紧密联系在一起，最初ERP系统中的主管信息系统(Enterprise Information System，EIS)，之后又被称为决策支持系统(Decision Support System，DSS)，就是现代商业智能系统的雏形。随着BI的进一步专业化发展，其演变成为专门的、更为灵活的独立系统。

二、商业智能核心技术

（一）数据仓库技术

数据仓库体系结构框架分为数据源层、数据整合层、数据服务层、应用分析层、信息展示层，通过各层之间密切协作完成商业智能的功能。数据仓库的技术体系结构包括三大部分：后台数据预处理、数据仓库管理、数据仓库的前台查询服务。

（二）数据抽取技术

数据被装入数据仓库的整个过程被称为数据的抽取(Extract)、转换(Transform)、装载(Load)的过程。目前，数据抽取(ETL)工具的典型代表有：微软DTS、DataStage、Informatica、OWB等。ETL主要包括3部分：数据抽取、数据转换和数据加载。

（三）联机分析处理技术

联机分析处理(OLAP)是数据仓库系统的主要应用，支持复杂的分析操作，侧重决策支持，并且提供直观易懂的查询结果。它是数据仓库的信息分析处理过程，是数据仓库与用户接口的部分，为用户提供交互和快速的响应速度及数据的多维视图。

OLAP是以数据仓库为基础的并且独立于数据存储的具体形式，其最终数据来源是底层的OLTP数据库系统，但数据仓库是主要数据源。OLAP服务器则是专门为操作和支持多维数据库所设计的多用户的数据处理引擎，能快速响应用户的各种分析需求。

（四）数据挖掘技术

数据挖掘就是利用各种分析工具在海量数据中发现模型和数据间关系的过程，这些模型和关系可以用来做出预测。现在，人们关注的焦点是怎样从海量的数据中找到真正有益的信息，数据挖掘技术也正是伴随着这种需求从研究走向应用。数据挖掘技术不仅实现了整体上实现网上信息传送、下发，减少客户来回奔波的次数和规范了相关业务，并且在此基础上实现了多种形式的数据统计、数据分析和报表汇总等功能。经过数据挖掘后所得信息应具有先知、有效和实用3个特征。数据挖掘常用技术有人工神经网络、决策树、遗传算法、近邻算法、规则推导等。数据挖掘的基本过程和主要步骤是首先在数据中选择数据，被选择的数据经过预处理，预处理数据进行转换，对转换后的数据进行挖掘，最终被抽取的数据经过分析被同化。

三、基于 ERP 的商业智能应用

ERP系统作为企业最重要的业务处理系统，在业务发生的同时，收集和存储了大量丰富的业务实际数据，因此ERP系统可以提供丰富的数据源给商业智能系统。同时，ERP系统也需要利用商业智能数据分析工具对原始数据进行分析、处理、整合，将业务数据变成对企业有益的信息和知识，从而大大提高企业竞争力。

将商业智能技术运用在ERP系统的基础上，能够使其迅速改变被动的状况，使孤立、分散的业务数据按历史顺序彼此相互联系，并按高效、易于查询的结构进行存储，让企业用户可以按不同的查询方法进行快速分析，得出需要使用的数据信息。因此，近年来，在ERP系统稳定运行后，使用商业智能系统进一步实现辅助企业管理成为企业管理信息化的一个重要方向。

目前，商业智能系统与ERP结合的应用点主要包括以下几个方面。

（1）客户分类和特点分析。根据ERP系统中客户历年来的大量消费记录及客户的档案资料，对客户进行分类，并分析每类客户的消费能力、消费习惯、消费周期、需求倾向、信誉度，确定哪类顾客给企业带来最大的利润、哪类顾客仅给企业带来最少的利润同时又要求最多的回报，然后针对不同类型的客户制定不同的服务和促销政策。

（2）市场营销策略分析。利用数据仓库技术实现市场营销在模型上的仿真，其仿真结果将提示所制定的市场营销策略是否适合，企业可以据此调整和优化其市场营销策略。

（3）经营成本与收入分析。对各种类型的经济活动进行成本核算，比较可能的业务收入与各种费用之间的收支差额，分析经济活动的曲线，得到相应的改进措施，从而降低成本、减少开支、提高收入。

（4）异常业务行为分析和预防。利用联机分析和数据挖掘技术，总结各种异常业务的内在规律后，制定一定的过滤条件，帮助企业预防和制止风险业务的发生。例如，电信企业在用户信誉管理中通过联机分析处理技术在数据仓库的基础上建立一套欺骗行为和欠费行为规则库，就可以及时预警各种骗费、欠费，尽量减少企业损失。

第四节 电子商务

近些年来，电子商务在我国得到了飞速的发展，企业从电子商务中得到的信息也越来越多，如何管理好这些海量信息，以及再利用好这些海量信息，成为一个亟待解决的问题。这使得以电子管理身份出现的ERP，自然而然地与电子商务联系到了一起。通过业界专家的深入探讨和研究，已经形成了一个共识，用ERP为电子商务做后台管理支撑，是电子商务脱离浅层运用，得以全面开展和深入运行的坚实基础。

一、电子商务的含义及特征

（一）含义

电子商务通常是指在全球各地广泛开展的商业贸易活动中，在因特网开放的网络环境下，基于浏览器/服务器应用方式，买卖双方不见面地进行各种商贸活动，实现消费者的网上购物、商户之间的网上交易和在线电子支付，以及各种商务活动、交易活动、金融活动和相关的综合服务活动的一种新型的商业运营模式。

简而言之，电子商务就是指基于因特网的一种新的商业模式，其特征是商务活动在因特网上以数字化电子方式完成。

联合国国际贸易程序简化工作组对电子商务的定义是：采用电子形式开展商务活动，它包括在供应商、客户、政府及其他参与方之间通过任何电子工具，如EDI、Web技术、电子邮件等共享非结构化商务信息，并管理和完成在商务活动、管理活动和消费活动中的各种交易。

（二）特征

电子商务具有6个基本特征。

1. 普遍性

电子商务作为一种新型的交易方式，将生产企业、流通企业以及消费者和政府带入一个网络经济、数字化生存的新天地。

2. 方便性

在电子商务环境中，人们不再受地域的限制，客户能以非常简捷的方式完成过去较为繁杂的商务活动，如通过网络银行能够全天候地存取账户资金、查询信息等，同时使企业对客户的服务质量大大提高。

3. 整体性

电子商务能够规范事务处理的工作流程，将人工操作和电子信息处理集成为一个不可分割的整体，这样不仅能提高人力和物力的利用率，也可以提高系统运行的严密性。

4. 安全性

在电子商务中，安全性是一个至关重要的核心问题，它要求网络能提供一种端到端的安全解决方案，如加密机制、签名机制、安全管理、存取控制、防火墙、防病毒保护等，这与传统的商务活动有着很大的不同。

5. 协调性

商务活动本身是一种协调过程，它需要客户与公司内部、生产商、批发商、零售商间的协调。在电子商务环境中，它更要求银行、配送中心、通信部门、技术服务等多个部门的通力协作，而电子商务的全过程往往是一气呵成的。

6. 集成性

电子商务以计算机网络为主线，对商务活动的各种功能进行了高度的集成，同时也对参加商务活动的商务主体各方进行了高度的集成。高度的集成性使电子商务进一步提高了效率。

二、电子商务的分类

按照不同的分类方法，可以将电子商务分为不同的类型。

(1) 按照商业活动的运行方式分类，电子商务可分为完全电子商务和非完全电子商务。

(2) 按照开展电子交易的范围分类，电子商务可分为区域化电子商务、远程国内电子商务和全球电子商务。

(3) 按照使用网络的类型分类，电子商务可分为基于专门增值网络的电子商务、基于因特网(Internet)网络的电子商务和基于Intranet(企业内部网)网络的电子商务。

(4) 按照交易对象分类，电子商务可分为企业对企业(Business-to-Business)、企业对消费者(Business-to-Consumer)、消费者对消费者(Consumer-to-Consumer)、企业对政府(Business-to-Government)4种模式。其中，最基本的模式是企业对企业和企业对消费者这两种模式。

近年来，还涌现出一些新的电子商务模式，如ABC模式、团购模式、O2O等。

ABC模式是新型电子商务模式的一种，被誉为继阿里巴巴B2B模式、京东商城B2C模式、淘宝C2C模式之后电子商务界的第四大模式。ABC模式是由代理商(Agents)、商家(Business)和消费者(Consumer)共同组成的集生产、经营、消费为一体的电子商务模式。三者之间可以相互转化、相互服务、相互支持，真正形成一个利益共同体。

团购(Group Purchase)就是团体线上购物，指认识或不认识的消费者联合起来，加大与商家的谈判筹码，取得最优价格的一种购物方式。根据薄利多销的原则，商家可以给出低于零售价格的团购折扣和单独购买得不到的优质服务。团购作为一种新兴的电子商务模式，通过消费者自行组团、专业团购网、商家组织团购等形式，提升用户与商家的议价能力，并极大程度地获得商品让利，引起消费者及业内厂商，甚至是资本市场关注。团购商品的价格更为优惠，尽管团购还不是主流消费模式，但它所具有的爆炸力已逐渐显露出来。现在团购的主要方式是网络团购。

线上订购、线下消费是O2O的主要模式，是指消费者在线上订购商品，再到线下实体店进行消费的购物模式。这种商务模式能够吸引更多热衷于实体店购物的消费者，同时也避免了传统网购以次充好、图片与实物不符等虚假信息的缺点。传统的O2O核心是在线支付，而O2O经过改良，可以把在线支付变成线下体验后再付款，消除消费者对网购诸多方面不信任的心理。消费者可以在网上的众多商家提供的商品里面挑选最合适的商品，亲自体验购物过程，不仅放心有保障，而且也是一种快乐的享受过程。

三、电子商务系统的基本功能

电子商务可提供网上交易和管理等全过程的服务，因此它具有广告宣传、咨询洽谈、网上订购、网上支付、电子账户、服务传递、意见征询、交易管理等功能。

（一）广告宣传

电子商务可凭借企业的Web服务器和客户的浏览，在Internet上传播各类商业信息。客户可借助网上的检索工具(Search)迅速找到所需商品的信息，而商家可利用网上主页(Home Page)和电子邮件(E-mail)在全球范围内做广告宣传。与以往的各类广告相比，网上的广告成本最为低廉，而给顾客的信息量却最为丰富。

（二）咨询洽谈

电子商务可借助非实时的电子邮件(E-mail)、新闻组(News Group)和实时的讨论组(Chat)来了解市场和商品信息、洽谈交易事务。如有进一步的需求，还可用网上的白板会议(Whiteboard Conference)来交流即时的信息。网上的咨询和洽谈能超越人们面对面洽谈的限制、提供多种方便的异地交谈形式。

（三）网上订购

网上的订购通常都是在产品介绍的页面上提供十分友好的订购提示信息和订购交互格式框。当客户填完订购单后，通常系统会回复确认信息单来保证订购信息的收悉。订购信息也可采用加密的方式使客户和商家的商业信息不会泄露。

（四）网上支付

电子商务要形成一个完整的过程，网上支付是重要的环节。客户可采用信用卡账号进行支付。在网上直接采用电子支付手段，可省略交易中很多人员的开销。网上支付将需要更为可靠的信息传输安全性控制，以防止欺骗、窃听、冒用等非法行为。

（五）电子账户

网上的支付必须要有电子金融来支持，即银行或信用卡公司及保险公司等金融单位要为金融服务提供网上操作的服务，而电子账户管理是其基本的组成部分。

信用卡号或银行账号都是电子账户的一种标志，而其可信度须配以必要技术措施来保证。如数字证书、数字签名、加密等手段的应用保证了电子账户操作的安全性。

（六）服务传递

对于已付款的客户，应将其订购的货物尽快地传递到他们的手中，而有些货物在本地，有些货物在异地，电子邮件将能在网络中进行物流的调配。最适合在网上直接传递的货物是信息产品，如软件、电子读物、信息服务等。它能直接从电子仓库中将货物发到用户端。

（七）意见征询

电子商务能十分方便地采用网页上的"选择""填空"等格式文件来收集用户对销售服务的反馈意见。这样使企业的市场运营能形成一个封闭的回路。客户的反馈意见不仅能提高售后服务的水平，更能帮助企业获得改进产品、发现市场的商业机会。

（八）交易管理

整个交易的管理涉及人、财、物多个方面，包括企业和企业、企业和客户及企业内部等各方面的协调和管理。因此，交易管理是涉及商务活动全过程的管理。

第五节　面向服务的体系结构

面向服务的体系结构(Service-Oriented Architecture，SOA)是近些年在ERP圈子里出现频率最高的词汇之一，有些厂商和顾问经常会提及SOA，否则就会让人觉得跟不上ERP技术潮流了。

早在20世纪90年代中期，Gartner就提出了SOA的概念，但当时的软件技术发展和信息化水平还不足以使它走入实用阶段。进入21世纪，随着Web服务等相关标准的出现和成熟，SOA开始从概念走向实用。2004年后，BEA对SOA进行了大量研究，紧随其后，IBM、Oracle、微软等软件业巨头也纷纷投身其中，相继推出了各自的SOA解决方案，并且鼓励其用户逐渐转向SOA。

一、SOA 的定义

SOA是一种软件架构，也可以认为是一个组件模型，它就像计算机的总线一样，将应用程序的不同功能单元(称为服务)通过这些服务之间定义良好的接口和契约联系起来，构成了企业信息化的主线。接口是采用中立的方式进行定义的，它应该独立于实现服务的硬件平台、操作系统和编程语言。这使得构建在各种这样的系统中的服务可以以一种统一和通用的方式进行交互。除ERP外，企业其他以ERP为核心的外围信息化模块应用(如CRM、SCM、SRM、PLM等)若符合SOA的技术规范，即使不是同一个公司的产品，实施和接口将比以前更加容易。

SOA着重强调软件组件的松散耦合，并使用独立的标准接口。其核心是：SOA是一种软件架构思想，并不是一种产品。SOA的重点是面向服务，此服务包括企业的内部与外部的每一个业务细节，比如企业中财务应收发票的处理就是一个服务。SOA的思想是把这些服务从复杂的环境中独立出来——组件化封装，然后通过标准的接口使不同的服务之间相互调用。SOA是一种软件架构思想，通过使企业中一个个细化的服务标准化，来达到企业的IT系统跟随企业的动态变化的目的。

ERP的技术趋势是从集中到分立，由于SOA技术的出现，使这样的架构实现成本更低。在SOA技术出现之前，由于各业务模块之间非松散耦合的关系，某业务功能升级将引发整个ERP产品的升级，给业务和信息部门都带来很大的压力。某一业务模块的调整将对整个公司或集团的信息处理工作带来影响，比如因为升级需要频繁地停机安装和备份，甚至带来相关模块操作界面和流程的改变。

二、SOA 的体系结构

SOA的体系结构如图10-3所示。

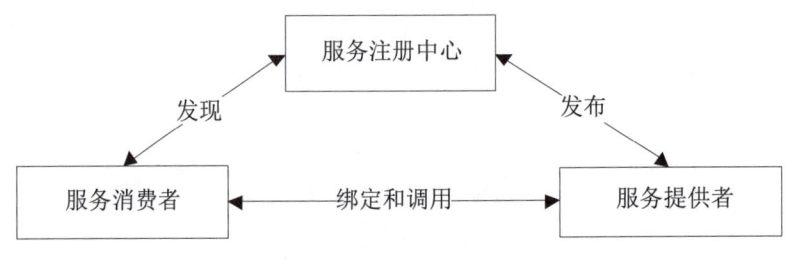

图 10-3　SOA 的体系结构

在SOA的体系结构中，主要有以下3种角色。

(1) 服务消费者：利用服务注册中心查找所需的服务，然后使用该服务。

(2) 服务提供者：是创建服务的实体，并对使用自身服务的请求进行响应。

(3) 服务注册中心：注册已经发布的服务，对其进行分类，并提供搜索服务。

服务注册中心相当于一个服务信息的数据库，为服务提供者与服务消费者提供一个平台，使两者可以各取所需。同时，服务注册中心要有一个通用的标准，使服务提供商提供的服务符合这个标准，这样，服务消费者使用的服务才可以跨越不同的服务提供者。

在SOA的体系结构中，每个实体的角色不是固定不变的，一个实体可以同时充当以上3种角色中的一个或多个。

在SOA的体系结构中，主要的操作如下。

(1) 发布：使服务提供者可以向服务注册中心注册自己的功能及访问接口。

(2) 发现：使服务请求者可以通过服务注册中心查找特定种类的服务。

(3) 绑定和调用：在获得服务描述信息之后，服务消费者据此去调用服务。

目前，实现SOA的技术很多，比如Web Services、CORBA等，这些技术的一个很重要的共同点就是支持在不同的平台上、以不同语言编写的各种程序以基于标准的方式相互通信。例如，作为 SOA的一种实现手段，Web服务提供了基于可扩展标记语言(XML)的标准接口，具有完好的封装性、松散的耦合性、协议规范的标准性及高度的可集成性等特点，能够良好地满足SOA应用模式的需求。目前已经有一系列基于XML的Web服务标准被业界广泛接受，形成了Web服务的核心技术。服务的提供者可以用Web服务描述语言(Web Services Description Language，WSDL)描述Web 服务；用统一描述、发现与集成(Universal Description，Discovery and Integration，UDDI)注册中心发布、注册Web服务；服务的请求者通过UDDI进行查询，发现所需的服务后可以利用简单对象访问协议(Simple Object Access Protocol，SOAP)来绑定和调用这些服务，换言之，就是SOA架构主要依赖于WSDL、UDDI和SOAP等协议与技术来实现和完成。

三、SOA 的特点

与传统开发方法相比，SOA具有以下几个典型特点。

(1) 标准化的接口。近年来出现的两个重要标准XML和Web服务使得SOA得以真正实现。Web服务使应用功能得以通过标准化接口提供，并可基于标准化传输方式、采用标准化协议进行调用。采用XML，开发人员无须了解特定的数据表示格式，便能够在这些应用间交换数据。

(2) 松散的耦合性。通过接口中立，避免了修改一个服务的代码对其他服务的影响，使开发者能够大量地迁移或取代单个服务而不影响总的组合应用程序。

(3) 位置透明性。位置透明性指的是SOA系统中的所有服务对于它们的调用来说都是位置透明的，也就是说每个服务的调用者只需要知道它们调用的是哪一个服务，但并不需要知道所调用服务的物理位置在哪里。

(4) 服务的可重用性。服务的可重用性设计显著地降低了成本。

综上可以看出，SOA具备了标准化、可操作、可组装的特性，提供了一个通用的、可操作的和有弹性的行业标准架构，可以在软件基础架构中建立一系列支持商业模型的可重复利用的服务，这些服务由不同应用系统的组件构成，能够帮助企业实现适应商业流程变化的需求。

四、基于 SOA 的 ERP 体系架构的优点

通过 SOA 思想的引入，基于 SOA 的 ERP 系统比传统的 ERP 系统优点更突出，主要表现在以下几个方面。

(1) 集成现有系统，解决了"信息孤岛"问题。SOA 要求开发者从服务集成的角度来设计应用软件。通过使用 SOA，可将企业现有的应用系统封装成标准的服务，使用这些服务只需要知道它们的接口和名称，可有效地利用现有的投资，并可方便地实现各业务应用的集成。

(2) 降低企业的 IT 投资成本。目前，多数企业通常购买的是成熟性软件，需一个模块或一个系统的购买，企业在购买时往往无法将那些企业不需要的功能剔除出去。这样，企业就不得不为此多付出资金、培训成本等许多不必要的成本。而支持 SOA 的 ERP 软件则可以帮助企业实现真正的按需购买，企业需要什么功能就购买相应的服务，帮助企业避免不必要的支出。

(3) 实现企业的动态变革，真正实现 ERP 的应用柔性。基于 SOA 的 ERP 系统提供的是一个个独立的服务，服务之间可以通过标准接口来相互调用，这样使得企业在重复功能上就可以直接通过接口调用，而不必重新开发。当企业的业务流程发生变化时，只需要修改相应的服务即可，降低了修改的难度与复杂度，保证了企业的 ERP 系统的动态变化。

思考习题

1. 请简单说明客户关系管理系统的 3 个功能层次。

2. 销售自动化是最早应用的 CRM 子系统，请说明销售自动化包含的主要功能。

3. 目前最主要的两种协作式 CRM 分别是什么？并举例说明其在企业领域的应用。

4. 供应链管理是一整套的基于现代经济环境的管理思想，试说明供应链管理的基本思想，并说明为保障良好的供应链管理，必须遵循的基本原则。

5. 列举供应链物流管理中应用的主要信息技术。

6. 商业智能系统应用的核心信息技术包括哪几种？

7. 电子商务作为一种基于因特网的新型商业模式，其相对于传统商务模式的特点是什么？

8. 按照交易对象，可以将电子商务分为哪些类型？

9. 以 B2C 模式为例，阐述电子商务系统的基本功能。

10. 绘图说明 SOA 的体系结构，并说明结构中各角色的作用。

第十一章
ERP 项目实施流程

ERP作为企业信息化的重要组成部分，其规划与实施应服从企业整体信息化的规划要求。在实践中，很多企业启动信息化规划是从ERP项目的意向开始的。从ERP涵盖的应用范围而言，也有必要对ERP系统在企业的全面应用进行合理的规划并分步实施。本章首先介绍企业ERP规划的内容和方法，然后介绍ERP的选型、实施和ERP项目管理，以及业务流程重组的内容。ERP项目实施结束后，还应对ERP项目的实施效果进行评测，分析问题和总结经验。本章的末尾介绍了一些常用的ERP评测方法和常见的问题分析方法。

▶ **本章的知识要点:**

- ERP 系统规划。
- ERP 软件的选型。
- ERP 实施流程。
- ERP 项目管理。
- 业务流程重组。

第一节 ERP 系统规划

一、ERP 系统规划的必要性

随着企业对ERP的认识逐渐加深，越来越多的企业从普及率较高的、单纯的ERP财务系统的应用，开始转向ERP其他领域的应用。例如，内部物流的采购、销售、库存系统的应用，物料需求计划的应用，甚至生产管理的深度应用。

同时，伴随信息技术的发展，企业在各个方面对信息技术的依赖不断加深。除ERP系统外，企业还可能采用其他计算机系统辅助企业的研发、工艺、经营及管理。对于制造业而言，很多具备一定规模的制造业企业除应用计算机辅助设计(Computer Aided Design，CAD)系统辅助设计人员进行产品设计外，还部署产品数据管理(Product Data Management，PDM)系统管理企业产品数据，使用ERP部分或全部模块辅助企业的经营管理，采用办公自动化(Office Automation，OA)系统作为企业内部办公工作流处理和信息沟通的工具，业务数据繁杂的企业还采用专业化的商业智能(Business Intelligence，BI)系统帮助企业更深层次、更广度地分析其业务数据，辅助企业做重要的经营决策。

正是上述这些趋势，使得ERP在企业中应用的复杂程度和重要程度都大大提高了。越来越多的企业发现，它们的ERP建设出现了许多新的问题，主要包括以下几个方面：

(1) 遗留系统繁多，信息孤岛林立，信息共享困难；

(2) 系统集成工作量大，导致企业重复投资；

(3) 系统维护费用高、收益低、风险大；

(4) 软硬件更新换代频率高，投资回报率低；

(5) ERP系统频繁更改；

(6) 企业ERP建设脱离企业经营战略；

(7) ERP项目实施无限期拖延，陷入可怕的泥淖。

这些问题中有很多都是由于缺少有效的ERP系统实施规划引起的。例如，对ERP项目的认知和定位不清楚，认为ERP项目实施是一个单纯的技术项目，需求多是作业层面，无法支持公司整体战略目标的实现，而有的企业虽然有规划，但是是从个别部门的角度进行规划的，没有全面观。

规模以上企业的ERP建设周期往往超过一年，其应用范围涉及企业经营管理的各个方面，需要企业投入大量的人力、物力和资金，再加上企业经营战略将越来越多地借助并依赖包括ERP在内的信息技术(Information Technology，IT)的应用来实现。IT技术将改变企业的供应链结构，改变企业的物流、资金流方式，同时还要改变企业的办公模式、组织结构，影响企业的人流、信息流。越来越多的企业将包括ERP在内的信息技术战略与企业经营战略紧密结合起来，在同一个重要级别上同等考虑。

随着企业对上述问题的认识趋于客观和深刻，越来越多的企业认识到，必须对ERP这一复杂的系统在企业的实施加以科学规划，用以指导企业的ERP系统建设过程。

二、ERP 系统规划的工作内容

所谓ERP系统规划，就是指基于企业的经营战略与长远目标，制定与企业发展相适应的、以ERP系统为核心的信息技术应用发展战略与整体规划方案。

ERP规划需要与企业战略相结合，应不脱离企业的业务现状、信息技术和ERP软件，以及企业的发展、社会经济及市场发展的现状及远景。企业ERP规划既是一项需要应用大量信息技术及管理科学等专业知识的专业工作，又是与企业经营管理实践紧密结合的管理实践系统工程，进行企业ERP系统的规划必须按照一定的步骤，综合考虑各个方面的因素，对企业ERP应用的各个方面进行规划和设计。

ERP系统规划的基本工作内容包括以下几个方面。

(1) 评估企业ERP及其他相关信息系统应用的水平。

(2) 通过与同行业ERP应用情况的比对，结合企业经营战略要求，确定企业ERP系统建设的需求，制定ERP系统建设的中长期目标。

(3) 定义企业ERP系统建设的阶段及阶段目标。

(4) 构建本企业ERP及其相关信息系统的技术标准。

(5) 建立企业ERP系统建设的组织规划及保障体系。

三、ERP 规划的步骤

ERP规划工作大致需要以下8个步骤。

(1) 企业经营战略与业务现状分析。

(2) 以ERP为核心的信息技术发展预测。

(3) 企业经营战略与信息技术战略支持分析。

(4) 企业阶段经营目标及业务活动与ERP支持分析。

(5) ERP规划的构想框架。

(6) ERP系统功能设计与IT技术方案。

(7) ERP系统硬件方案。

(8) 设计收益分析与输出ERP规划整体方案。

第二节 ERP 软件的选型

选择一套适合自己的ERP软件是每个企业信息化建设取得成功的关键因素之一。ERP软件市场中可以选择的产品非常多，有些系统功能丰富且强大，复杂又庞大，价格昂贵；有些系统价格便宜，但功能简单。这些纷繁复杂的ERP软件让企业的信息技术人员和管理人员看得眼花缭乱，不知如何选择。本节从选型的原则和步骤两个方面对这一问题进行阐述。

一、ERP 软件选型的原则

ERP软件选型应该遵循以下几个基本原则。

（一）选型应服务于企业战略定位与管理目标的达成

不同行业的企业对ERP软件的需求固然不同，同一行业不同行业地位的企业对ERP系统的需求也不尽相同，甚至同一行业同等规模以及同行业地位的企业由于其核心竞争力、企业发展战略和管理目标不尽相同，因此，它们对于ERP系统的需求也会存在差异。

企业的ERP选型一定要从企业自身的实际出发，选择一个最为实用和适用的ERP产品来服务于企业管理目标的达成。既不要攀比，一味追求所谓"最好""最贵""最大"的ERP产品，也不能把选型的依据单纯制定为价格最低或简单复制同行的选型决策。

（二）选型应兼顾软件产品的功能完善性与技术先进性

进行ERP软件选型时，既要考虑软件产品的功能，又要考虑其底层的技术；既要满足当前的企业需求，又要考虑未来一定时期内企业的发展。企业当然希望选择技术先进、功能完善的系统，但在现实环境中，往往是难以兼得的。

Gartner Group提出的ERP软件技术功能矩阵，可以帮助企业综合考虑功能和技术的平衡问题。这是一个二维矩阵，纵坐标表示功能的完备程度，横坐标表示技术水平的高低。按照功能的完善与不完善、技术水平的高低，将矩阵划分为4个区域，如图11-1所示。

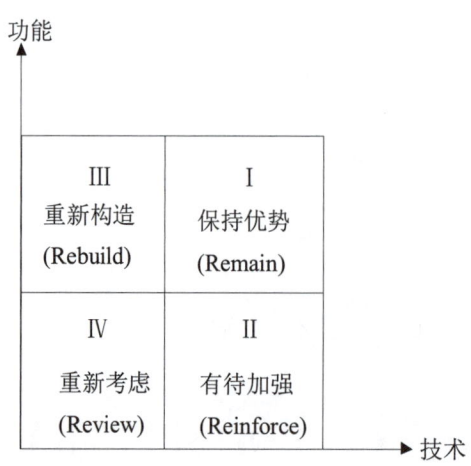

图 11-1　Gartner Group 提出的 ERP 软件技术功能矩阵

企业可以在选型时，根据企业纳入考察范围的各种ERP软件产品的功能和技术水平，把它们分别放置在不同的区域中。区域I称为保持优势(Remain)区域，该区域内的软件在功能和技术两方面都是很好的，是ERP软件产品的市场领导者。区域Ⅱ称为有待加强(Reinforce)区域，该区域内的软件产品技术先进，但功能尚有待完善和加强。区域Ⅲ称为重新构造(Rebuild)区域，该区域内的软件产品功能比较完善，但技术已经落后，从长远来看这些软件的发展有很大的局限性，因此，必须采用新的技术来重新构造。区域Ⅳ称为重新考虑(Review)区域，该区域的软件产品在技术和功能两方面都比较落后，因此企业需要重新审视是否选择或继续使用该ERP软件产品。

区域I中的ERP产品，往往价格比较昂贵。企业在选型时，应关注这类产品对于企业自身的适用性和价格的可接受性。区域Ⅱ中的ERP产品适合企业发展较快、对系统技术要求高的企业使用，这类ERP产品虽然技术先进，但价格较区域Ⅰ便宜很多，但企业应综合考虑在后续项目实施中由于功能不够完善带来的二次开发工作量和成本。区域Ⅲ中的ERP产品价格一般较区域Ⅰ低廉，适合业务模式非常稳定，未来也没有太多的变化，而且该ERP产品又能满足企业绝大多数功能需求的企业选用。但由于企业选型团队或其决策人员对技术和功能的喜好不同，因此，上述选型建议不能一概而论，企业还应结合自身的其他情况做出选择。

（三）选型应选择性价比高的、成熟的 ERP 系统

性价比是大多数采购决策依据的重要指标。ERP软件的性能包括其功能完整性、配置

方便性、平台开放性、查询及报表执行效率、界面美观性、操作易用性、开放性、技术先进性等多个方面，企业可以采用定量打分的方法综合评估。但性能好的ERP产品往往价格昂贵，科学的方法是选择性价比最高的产品。计算每种ERP软件产品的价格时，不仅应包含ERP软件标准产品的购买价格，还应考虑后续可能支出的二次开发费用、维护费用、实施费用等。实际的购置成本应是上述价格之和。

此外，由于ERP产品作为一个软件产品，在实施完成之前，其性能本身有相当多的不确定因素而难以评估，那么降低选型风险的重要原则之一就是要选择有成功用户先例的、比较成熟的软件产品。因为成功的用户可以验证软件产品及其相关服务的有效性。企业尽量不要贸然选择那些未经实践证实的产品。

（四）选型既要关注对企业的现状适应性，又要关注 ERP 软件产品中蕴含的优秀管理经验对企业的借鉴性

在实践中，我们经常发现有些企业前期工作做得比较细致，选型人员对自己的业务也非常熟悉。在考察ERP软件产品时，选型人员经常要求ERP软件完全按照自己的现有业务进行系统功能的模拟。这样做的好处是可以清楚地了解软件能够实现自身业务功能的情况，但缺点是有时会忽视ERP软件设计中蕴含的先进管理思想和优秀的管理经验。因此，选型人员在选型时，应在关注企业现有业务在系统中实现的同时，关注ERP软件是否能够提供更好的管理经验和实践，而不是一味按照企业的现状对ERP软件进行匹配选择。

（五）选型除了选择软件产品，更是选择实施团队

一般来说，企业不但要购买供应商的ERP软件，还要购买相应的实施服务。在ERP应用领域存在这样的经验之谈，即"ERP应用成功三分软件，七分实施"。虽然企业最终应当立足于依靠自己的力量去使用和维护软件系统，但是在开始阶段，供应商所提供的培训、实施咨询和技术支持能力，特别是供应商的实施顾问、培训教师及其他技术人员的资历和经验，对于成功地实施和应用ERP系统是非常重要的。因此，选择实施团队甚至比选择软件产品更为重要，所以，选型工作除了要考察软件产品的性能，还要对供应商的实施团队进行评估，并将其作为产品选型的重要工作内容。

二、ERP 软件选型的步骤

ERP系统的选型过程较之一般的系统或设备选型更为复杂。企业ERP选型工作可以大致分为5个阶段，分别是：选型准备、需求调研与分析、考察与评估、商务技术谈判、商签合同。每个阶段都需要完成一定的工作内容，企业可以遵循这样的基本步骤完成ERP系统的选型工作。

1. 选型准备

选型准备的主要工作内容包括：

(1) 明确项目基本目标及范围；

(2) 组建选型工作团队；

(3) 必要的ERP知识的培训；

(4) 制订必要的选型工作计划。

ERP系统的建设是按照项目来组织和管理的，在选型之前，必须按照企业的信息化战略规划的要求，明确ERP系统建设项目的基本目标和范围，再根据制定的目标及范围，选择合适的人员组建选型工作的团队。一般而言，ERP选型工作团队的成员应包括企业主管领导、管理业务骨干、计算机技术人员及适当的外部行业ERP应用专家或顾问。当然，既懂管理业务又懂计算机软件技术的复合型人才，是选型团队的最佳人选。选型团队中的全部或部分成员后续也将成为实施团队的核心力量。

明确选型工作团队之后，还需要对团队成员进行有关ERP基础知识的培训。企业可以邀请内部或外部的ERP应用专家对整个选型工作团队进行必要的短期ERP知识培训。培训的目的在于使得团队成员对ERP系统有一个初步的概念，培训的内容包括ERP的基本原理、标准模块配置、主要业务功能及特点、ERP能够解决的主要问题和可以取得的效益分析。通过培训可以增强团队成员对ERP系统的识别能力和判断能力，从而提高选型工作的质量，加快选型工作进度，避免不必要的时间和资源浪费。

ERP软件选型工作团队的第一个工作成果就是制订选型工作计划。在选型工作计划中，应该明确此次选型要实现的基本目标和应用的范围，对选型工作步骤进行分解，估计工作进度和费用开支，明确责任和工作制度。

2. 需求调研与分析

知己知彼，百战不殆。选型工作团队在真正地开始选型之前，必须对企业进行一个全面的调研，系统地了解当前存在的各种问题，深入地分析造成这些问题的真正原因，真正地理解应该需要一个什么样的ERP系统，这种ERP系统应该具备哪些功能，解决哪些具体的问题。只有对企业的运行状况有了透彻的了解，才能对选型有正确的认识。

对于规模较小的企业，需要通过ERP系统解决的问题及其解决方案往往比较准确明了。但对于较大规模的企业来说，其问题的准确定位需要对企业各管理职能及业务进行细致、系统的分析，可以借助PIECES方法对企业的ERP项目系统需求进行分析。

PIECES方法是一种效果显著的进行问题识别和分类的方法。PIECES是6个英文单词的缩写，它们分别是：

(1) P是Performance的缩写，表示提高系统的性能；

(2) I是Information的缩写，表示提高信息的质量和改变信息的处理方式；

(3) E是Economics的缩写，表示改善组织的成本、效益等经济状况；

(4) C是Control的缩写，表示提高信息系统的安全和控制水平；

(5) E是Efficiency的缩写，表示提高组织的人、财、物等使用效率；

(6) S是Service的缩写，表示将要提高组织对客户、供应厂商、合作伙伴、顾客等的服务质量。

其中，性能指标(P)主要衡量各项业务的运行效率，如吞吐量和响应时间。吞吐量反映单位时间处理的业务数量，而相应时间反映单项业务耗费的平均时间。将企业的性能指标与同行业水平进行比较，可以发掘出企业在业务处理性能方面的问题和改进的可能。

　　信息指标(I)用于衡量各项业务在信息与数据的输入、输出及处理方面存在的问题，包括其完整性、准确性、数据与信息的表现形式、信息获取的速度、易用性等多个方面。

　　经济指标(E)主要从成本和效益两个角度分析企业可能存在的问题。例如，企业无法获取准确的成本，或某项成本远远高于行业平均水平，又或企业的某系列产品不能获取合理的收益等。

　　安全和控制指标(C)主要衡量企业各项业务安全性机制以及业务控制手段的有效性。例如，虽然有相应的规定，但企业的保密信息可以轻易地被未授权人获取和使用。

　　效率指标(E)衡量企业各项业务处理中是否存在时间、物资和人力的浪费。例如，各种各样的重复工作和多余的人力、物力配备等。

　　服务指标(S)主要从应用结果来衡量现有业务处理存在的问题。

　　在表11-1中列举了PIECES方法6个方面的具体的问题，企业可以参考这些问题有针对性选择或设计自身应用PIECES方法的问题集，并通过对问题逐一回答和全面分析，找到企业的当前业务系统存在的各种问题，不论它是手工的，还是基于计算机的信息系统，全部或部分解决这些问题就是ERP系统的需求。

表 11-1　PIECES 方法 6 个方面的具体的问题

类别		内容描述
性能		吞吐量：表示单位时间内处理的工作量
		响应时间：完成一项业务或请求所耗费的平均时间
信息	输出	该项业务是否缺乏任何信息
		该项业务是否缺乏必要的信息
		该项业务是否缺乏有关的信息，是否具备完整的信息
		该项业务是否信息过多，这些过多的信息是否应该删除
		描述该项业务的信息格式是否不符合要求，是否需要提供丰富的信息表现形式
		描述该项业务的信息是否是不准确的
		描述该项业务的信息是否很难获取
		描述该项业务的信息的产生是否太慢了，如何才能解决这种问题
	输入	是否无法捕捉描述该项业务的数据
		是否无法及时捕捉描述该项业务的数据
		捕捉到的数据是否存在错误
		数据的捕捉是否非常困难
		捕捉到的数据是否冗余，即某些数据多次捕捉
		捕捉到的数据是否太多
		是否存在非法途径捕捉数据现象，为什么会产生这种现象

(续表)

类别		内容描述
信息	已存储的数据	某项业务的数据是否在多个文件或数据库中存储
		已存储的数据是否准确
		已存储的数据是否安全，是否容易遭到无意或恶意的破坏
		已存储的数据的组织方式是否合适，使用是否方便
		已存储的数据是否灵活，即这些已存储的数据是否容易满足新的业务信息需要
		已存储的数据是否不可访问
经济	成本	业务、产品或服务的成本是否是未知数
		业务、产品或服务的成本是否不可跟踪
		业务、产品或服务的成本与同行业水平相比是否过高
	效益	新的市场需求已经形成，企业是否还未从中得到收益
		当前的市场营销方式已经改进，企业是否还未从中获利
		订单数量增加了，企业是否没有得到更多收益
安全和控制	太少	输入的数据是否不完整
		业务数据是否很容易受到攻击
		数据或信息是否可以轻而易举地被未授权的人使用
		存储在不同的文件或数据库中的冗余数据是否不一致
		是否无法保护数据隐私
		是否出现了错误的处理方式（人、机器、软件等各种原因）
		是否存在决策错误
	太多	复杂的官僚体制是否降低了系统处理的速度
		控制客户或雇员访问系统的方法是否很不方便
		过多的控制是否引起了处理速度的迟缓
效率		业务数据是否被重复输入或复制
		业务数据是否被重复处理
		信息是否被重复生成
		为了完成任务所付出的努力是否多余
		为了完成任务所需要的物料是否多余

（续表）

类别	内容描述
服务	当前系统生成的结果是否不准确
	当前系统生成的信息是否不一致
	当前系统生成的结果是否不可靠
	学习当前系统是否非常困难
	使用当前系统是否非常困难
	当前系统的使用方式是否笨拙
	对于新情况，当前系统是否无法处理
	修改当前系统是否困难
	当前系统与其他系统是否不兼容
	当前系统与其他系统是否不协调

3. 考察与评估

选择ERP软件及实施服务提供商，应从以下4个方面进行考察与评估。

1) ERP软件功能的考察与评估

考察与评估应考虑软件功能的合理性，如实现企业各项业务处理的能力；软件的连通性，是否具有数据接口和第三方程序接口，以便于二次开发；软件的输出报告是否满足企业的要求；软件的运行时间和响应时间；软件的兼容性及软件是否简明、易学、易用；等等。

另外，软件文档对于软件的应用是非常重要的。软件文档包括使用手册、帮助文件、在线学习工具和培训教材。不仅要考虑软件文档是否齐全，还要考虑文档组织的逻辑性，是否有有效的索引，是否叙述清楚、简明、易读，而不是烦琐冗长。对于国外的ERP系统，还要考察评估其界面和内核汉化的程度与质量。

考察与评估ERP软件的功能，可以通过ERP软件产品的文档、供应商技术顾问对功能的介绍等手段来实现；还可以通过使用企业业务数据，在ERP软件系统中模拟企业实际业务执行的方法来检验，但这种方法的使用并非适合所有的选型，而且会花费较多的时间和费用。

2) ERP软件技术的考察与评估

从系统的角度考虑，ERP产品所用的技术是否具有先进性，Gartner Group关于ERP的定义中所强调的技术，如客户机/服务器体系结构、图形用户界面(GUI)、计算机辅助软件工程(CASE)、面向对象技术、关系数据库、第四代语言、数据采集和外部集成(EDI)等都可作为考虑的对象。

系统的可开放性也是应当考虑的问题，在实施应用ERP系统之前，企业里往往已经有了一些在某个方面应用较好的子系统。所以，在实施ERP时，有些企业希望能保留这样的子系统；又或者随着形势的发展，企业可能要开发某个不是ERP软件功能能够覆盖的子系统。在这些情况下，都需要把这些子系统与ERP系统连接起来，实现数据共享。还有的时候，需要把ERP系统中的数据成批地提取出来进行处理，或者把一批数据导入ERP系统内。凡此种种，都需要ERP系统具有在程序级或数据级上的开放性。

3) 考察与评估软件供应商的实力以及实施服务提供商的技术支持能力

实施应用ERP，就要和软件供应商进行很长时间的合作。ERP产品供应商也会不断对其产品进行升级和改进。出现软件缺陷问题，还需要通过软件供应商消除软件缺陷。因此，在进行软件选型时考察ERP软件供应商的各项实力是非常重要的。通过评估软件供应商的经济实力，可以确定该供应商是否具备长期升级和改进产品以及提供必要服务内容的能力。

对实施服务提供方的考察与评估重点是对其委派的实施顾问的考察与评估。具备丰富业务应用经验和IT项目管理能力的项目实施团队，是ERP系统应用成功的保证，也是ERP项目达成预期功能、性能、费用、进度目标的最为关键的因素。

4) 考察ERP产品的用户

通过考察ERP产品的用户群落，特别是本企业的同行业用户，可以了解用户对软件的使用情况和满意程度，可以了解供应商对用户的培训、实施指导与帮助是否得力，可以了解供应商对用户的技术支持是否及时有效，可以了解其供应商的用户成功率等。

4. 商务技术谈判

商务技术谈判阶段是企业针对ERP实施项目进行的最终确认合作伙伴的阶段。在这一阶段，多数企业会采用招标的方式进行。ERP系统招标的主要活动包括以下几项内容：

(1) 制订招标计划；

(2) 编写招标文件；

(3) 发布招标公告或投标邀请书；

(4) 开标与评标；

(5) 编写评标报告；

(6) 定标。

编写招标文件是招标阶段的一项重要工作，是实现招标采购的不可缺少的环节。一般情况下，招标文件由两部分组成：商务部分和技术部分。商务部分应该详细、准确和清晰地给出投标人须知、合同条件、投标书报价及其附件、法定代表人证明书及其授权委托书、财务建议书、合同协议书及其他相关内容。技术部分应该详细给出ERP系统的招标背景、招标内容、详细的技术功能及性能要求、产品交付方式、培训以及维护相关技术内容。

根据企业采用的招标方式不同，企业既可以在公开发行的媒体上发布招标公告，也可以向前阶段考察过程中有意向的软件及服务供应商发出投标邀请书。邀请符合条件的投标人参与项目投标。

开标和评标是公开投标人的投标文件、投标人宣讲投标文件内容以及评标专家对投标文件内容进行全面评价和比较的过程。实际上，这是对ERP系统本身进行评价的过程。

编写评标报告是选型团队和评标专家记录整个评标过程和评标结果的活动。在评标报告中，最重要的内容是记录最后的评标结果，对ERP系统进行正式的排序，列在首位的ERP系统就是中标的ERP系统。

定标是根据评标结果确认中标ERP系统的过程。根据评标结果，用户企业法人高层管理人员最终确认中标的ERP系统及其供应商，并且同意向该中标供应商发送中标通知书。

5. 商签合同

签订ERP系统供货及实施服务合同是ERP选型的最后一项任务。该阶段的主要目标就是根据上一阶段商务技术谈判的招标文件方案和投标文件方案，用户和中标厂商签订具体的ERP系统供货及实施服务合同。合同内容应该详细规定双方的权利和义务。合同是一份重要的法律文书，是整个选型工作的最终成果。需要注意的是：①合同的某些具体条款需要双方经过商务谈判来最终确定；②该合同应该在中标通知书发出之后的规定时间内完成。

第三节 ERP 实施流程

目前，许多研究人员和厂商都提出了许多不同的ERP系统实施方法，例如，SAP、Oracle、用友、金蝶等国内外著名的ERP系统供应商都有自己的实施方法。软件供应商的各种ERP实施方法体现了其应用产品的特点及其对实施的理解。到目前为止，虽然尚未有一个得到大家公认的并具有普遍意义的实施方法，但各个ERP实施方法所包含的流程和步骤有很多的共同点。本节结合目前各主流ERP厂商的实施方法，对ERP实施的主要流程进行介绍，读者在应用过程中可以结合自身选择的ERP产品灵活应用。

ERP的实施过程大致可以划分为5个阶段：项目规划阶段；业务蓝图设计阶段；系统实现及静态数据准备阶段；系统切换及动态数据准备阶段；运行和持续支持阶段。

一、项目规划阶段

项目规划阶段的主要工作目标包括项目范围的定义、双方项目团队的组建、实施目标及方法的确定以及制订项目计划用以指导整个项目的实施进程。这一阶段完成的主要任务包括以下几个方面。

(1) 界定项目范围，包括实施涉及的组织、业务及对应的软件系统模块。

(2) 确定实施目标，确定通过实施需要达成的目标及评价方法。

(3) 组建项目团队，包括实施服务方的顾问团队以及实施ERP企业的业务及技术团队。

(4) 制订项目计划，由双方项目团队共同拟订一份项目计划书，具体包括实施进度计划、风险识别及处理、里程碑划分及界定标志等，规划出整个项目的实施进程。

(5) 通过启动培训，双方项目团队成员清楚和理解项目实施的目标和方法，企业的高层决策人员达成ERP系统实施的共识。

(6) 讨论和签字确认《双方项目管理制度》。

(7) 组织并召开项目启动会。项目启动会的目的是使客户的高层乃至全体员工对项目实施的过程和方法有清楚的认识，同心协力，推进项目实施。在项目启动会上应对实施工作进行动员，发布实施计划以及项目管理的各项制度。

在项目规划阶段，最为复杂的工作是项目计划的制订，这项工作需要企业和实施服务方根据企业的实际情况以及实施顾问的经验密切配合。制订项目计划一般按照以下几个步骤进行：

(1) 确定项目实施的主要阶段；

(2) 定义各阶段的有关活动和详细任务；

(3) 定义各阶段活动和任务之间的关联关系；

(4) 对活动和任务完成的时间进度进行估算；

(5) 为每一活动分配所需人力资源，并保证他们有足够的时间按进度完成项目；

(6) 定义活动和任务应递交的工作成果。

二、业务蓝图设计阶段

业务蓝图设计阶段的主要工作目标是通过充分的沟通与调研，进行企业应用ERP系统的业务场景设计，形成符合企业现状和发展需要的业务解决方案。其一般包括以下几项工作任务：

(1) 搭建设计环境，为项目团队安装标准产品，搭建ERP软件环境，方便进行产品培训及测试；

(2) 软件产品理念和标准产品培训，让企业的项目组团队充分了解软件系统的功能、管理思想及应用流程；

(3) 需求调研及分析，通过问卷调研、业务沟通、业务流程图绘制等方法了解客户业务现状及系统需求，进行详细的需求分析，撰写需求分析报告；

(4) 拟订系统初步方案，设计业务系统配置方案及权限方案，规划业务场景及操作流程，并对初步方案进行评审；

(5) 企业按照ERP产品的硬件环境要求建设网络和计算机系统。

三、系统实现及静态数据准备阶段

系统实现及静态数据准备阶段的主要工作目标是，根据蓝图设计的业务解决方案在软件系统中进行配置并验证业务解决方案的可行性，并准备系统运行必备的静态数据。所谓静态数据，是指为保障系统运行需要的存货分类编码、部门人员编码、存货档案、供应商档案等各项基础数据，这类数据的特点是不会随业务的进行而发生快速变化。

系统实现及静态数据准备阶段包括的主要任务有：

(1) 根据企业实际，制定静态数据的准备方案；

(2) 根据静态数据准备方案进行分工及数据准备工作的进度跟踪，确保数据准备工作的质量和进度；

(3) 根据系统初步方案，搭建系统环境；

(4) 进一步培训和培养企业业务人员，为进一步开展解决方案的测试与验证奠定基础；

(5) 进行解决方案的测试，验证解决方案的正确性、完整性和稳定性；

(6) 编制必要的系统操作规范，保证系统在企业的平稳运行；

(7) 根据测试情况，经过讨论、测试、修订完善企业业务解决方案的内容；

(8) 根据经测试验证的解决方案，编写《企业ERP系统操作手册》；

(9) 对系统管理员、数据库管理员进行培训；

(10) 必要时，在这一阶段，还需要对ERP软件产品不能满足的客户关键需求进行二次开发及测试工作。

四、系统切换及动态数据准备阶段

系统切换及动态数据准备阶段的主要工作目标是进行动态数据的准备，ERP系统运行准备各项工作就绪，并完成ERP系统的切换运行。所谓动态数据，是指随业务的进行发生及时变化的业务数据，例如系统切换时点的各项库存量、应收账款、应付账款、未结单据等业务数据。本阶段包括的主要工作任务有：

(1) 帮助客户建立保证系统稳定运行的各类制度；

(2) 帮助客户建立内部支持体系；

(3) 建立正式的生产系统，完成静态数据的导入和校验工作；

(4) 完成系统参数的配置、校验，进行权限规划和分配；

(5) 对客户所有的最终用户进行培训并考核，作为使用系统的必要条件；

(6) 完成动态数据的准备、转换工作；

(7) 系统切换，试用ERP系统处理企业的日常业务。

五、运行和持续支持阶段

运行和持续支持阶段的主要工作目标是保持ERP系统连续稳定地运行。其包括的主要工作任务有：

(1) 系统上线后的运行支持，对运行问题的反馈、记录及处理；

(2) 项目总结；

(3) 项目文档整理及归档；

(4) 项目验收，对项目实施过程及实施效果进行综合评价；

(5) 售后服务，一般包括电话咨询服务、邮件咨询服务、远程登录服务、软件版本升级、技术交流会议以及必要的现场服务。

第四节 ERP 项目管理

一、ERP 项目管理的内容与特点

项目管理是一项独特的、具有一定风险性的工作，这项工作按照有限的时间、有限的资源，在预期的实施范围内来完成，并实现项目的预期整体目标，满足各方面既定的需求。根据项目管理协会(PMI)的定义，项目管理知识体系包括9个知识领域，分别如下：

(1) 项目整体管理；

(2) 项目时间管理；

(3) 项目范围管理；

(4) 项目人力资源管理；

(5) 项目沟通管理；

(6) 项目价值管理；

(7) 项目质量管理；

(8) 项目风险管理；

(9) 项目采购管理。

ERP实施项目也具备上述项目管理中共性的知识领域，但ERP项目作为一项企业管理与信息工程相结合的项目，具备自身独有的特点，上述管理内容在ERP项目管理中的重要性和复杂性是不同的。在ERP项目管理中，项目范围管理、时间管理、沟通管理和风险管理更为重要及复杂。本节重点介绍这些项目管理内容，其他有关部分内容，读者可以参考有关项目管理的书目。

同时，按PMI的定义，项目管理按照其过程又可以分为启动、计划、执行、控制和结束5个过程组。

(1) 启动：确认和批准一个项目(或项目的一个阶段)的执行。

(2) 计划：界定项目目标，确定实现目标的工作方案。

(3) 执行：组织人力、协调其他资源以执行计划。

(4) 控制：监控项目的实际进展与计划的偏差，并采取必要的纠正措施以确保目标实现。

(5) 结束：整理和移交项目成果，确保项目有序结束。

项目由多个过程构成，一般认为过程是"产生结果的一系列行为"(参见PMBOK2000-PMI)。过程基本可以分成两类：一类是项目管理过程，描述了如何组织、规划和完成项目的各项工作；如果抛开"工作"之间的具体差异，将工作作为"任务"看待，则项目管理过程可以适用于各种领域和各种类型的项目。另一类是产品过程，描述了如何获得或创造项目的产品，产品过程与项目的行业、类型和方法论有密切的关系。

本节主要针对关键的项目管理领域介绍ERP项目实施中的项目管理过程。

二、项目范围管理

对ERP项目范围的管理贯穿整个ERP项目实施过程。从ERP项目实施失败原因的分析上看，项目范围控制失败是很多ERP项目实施失败的首要原因。因此，范围管理是ERP项目管理的首要任务。

ERP项目范围管理的目标包括：确保项目的总体界限和目标以及对项目的期望值是合理的和可以达到的；确保双方(企业和软件供应商)对项目实施的认识是一致的；确保双方能够保证项目实施所需要的投入；确保双方对今后项目实施过程中可能遇到的困难和阻力有充分的估计并有对策。

项目范围管理在项目各个阶段的工作内容主要包括以下几个方面。

(1) 在ERP项目启动阶段，项目管理团队需要根据ERP实施规划及选型阶段的资料，确定详细的项目范围，包括对企业进行业务调查和需求访谈，了解用户的详细需求，据此制定系统实施范围或称之为工作任务书，在项目范围文件中明确用户的现状、具体的需求和系统实施的详细范围等内容。

(2) 在ERP项目计划阶段，项目管理团队需要通过详细的项目计划进一步明确项目执行的内容和步骤，对项目范围进行更为详尽的定义，包括的工作内容有：根据项目的期望和目标以及预计项目的实施范围，对企业自身的人力资源、技术支持等方面做出评估，明确需要为配合项目而采取的措施和投资的资源；通过定义项目各阶段需要递交的工作成果来明确项目交付物，包括相关的实施文档和最终上线运行的系统；通过项目计划，工作分解结构(WBS)对项目需要完成的工作内容做进一步的界定。

(3) 在ERP项目执行与控制阶段，需要随时检查项目的范围是否在计划的范围内，是否出现项目范围失控的局面。由于需求的延伸性，绝大多数ERP项目在实施过程中都会出现一定程度的需求范围扩大。因此在执行与控制阶段，需要对ERP项目的新增需求进行评估，以确定是否需要变更项目范围。必要的范围变更，应按照项目的变更管理程序进行变更的定义、评审和审批，以避免无止境的范围变更。

变更管理程序一般的原则包括：所有需求变动均由双方项目组讨论通过，并提交客户方项目经理审核确认；必要时，需提交管理层批准。确立项目的变更管理程序可以有效管理项目实施过程中出现的任何重大变动。

在ERP项目结束阶段，需要对原定项目范围进行检查，ERP项目实施是否已经实现规定范围的全部实施工作，并对项目的实施效果进行评测。对于未能实现的项目需求，以备忘录的形式进行描述并制定处理方式。

三、项目时间管理

实施ERP是一个庞大的综合性工程项目，进度与实践控制是整个项目执行过程中的重要管理内容。ERP项目时间管理的目标在于通过控制项目实施过程中各阶段投入的各种资源和达到项目各阶段目标所用的时间，使之尽可能达到项目实施计划的时间进度要求。

在ERP项目启动阶段，一般都会有一个完成整个ERP项目实施的大致的时间要求。

在ERP项目计划阶段，需要完成以下几项工作。

(1) 制订项目的时间计划：在确定详细的项目范围、定义递交的工作成果和明确预计的主要风险的基础上，根据系统实施的总体时间要求，编制详细的实施时间安排。

(2) 制订成本和预算计划：根据项目总体的成本和预算计划，结合实施时间安排，编制具体的系统成本和预算控制计划。

(3) 制订人力资源计划：确定实施过程中的人员安排，包括具体的实施服务公司的咨询人员和企业方面的关键业务人员及项目管理人员，对用户方面参与实施的关键人员，需要对其日常工作做出安排以确保对实施项目的时间投入。

当一个切实可行的总体实施计划和目标被制订和批准以后，如何监督和控制就成了一个重要的问题。根据在许多项目中的实施经验，可以说，很少有一个项目是完全按照实施计划预定的时间来进行的，因为再好的计划也不可能预见所有的问题并事先制定出对策。所以，对实施过程的监督和控制，主要着眼于以下几个方面：

(1) 要使实施各方都明白时间计划是严肃的；

(2) 即使时间计划是严肃的，但也是可以调整的，进度计划调整必须合理并得到高层领导批准；

(3) 化整为零，按每一个实施的小阶段对投入的资源和达到目标所需时间进行监督和控制；

(4) 发生问题造成时间上的调整是正常的，但发现问题不进行控制是不能接受的。

在项目的实施过程中，监督和控制的依据是计划和目标，监督和控制的目的是要使实施工作按计划进行并达到预期的目标。当有问题发生时，其直接的表现就是实施结果偏离了原来的计划和目标，在这种情况下，项目负责人的工作，就是要及早发现这种偏离，并分析原因。如果是因为原来的时间计划和目标制订得不合理，或者发生了预料之外的情况而又无法克服，这样就必须调整时间计划和目标。如果不是原来的计划和目标的问题，则一定是资源的问题，这里所讲的资源是指广义的资源，如时间、人力、资金、技术和工具等。企业在实施ERP项目时，资源发生问题是最常见的，而好的项目时间计划，可以在开始时就考虑到时间的富余量，并懂得如何分清责任，如何及时控制资源的合理投入。

四、项目沟通管理

项目沟通管理(Project Communication Management)是指为了确保项目信息合理收集和传输，以及最终处理所需实施的一系列过程。由于ERP项目不仅仅是一个IT工程，更是一项企业的管理工程，参与项目实施的人员遍布企业的各个层面，因此良好的项目沟通是ERP项目成功的必备因素。

ERP项目中沟通的主要作用包括以下几项：

(1) 为项目决策和计划提供依据；

(2) 为组织和控制管理过程提供依据和手段，有利于改善人际关系；

(3) 为项目经理的成功领导提供重要手段。

项目沟通管理贯穿项目整个生命周期，在ERP项目实施过程中经常采用的沟通机制包括以下几种。

(1) 报告机制。项目组成员应首先在小组内部讨论解决问题，如不能解决，应按照项目组织结构图所列逐级并及时向项目组长报告，向项目经理报告乃至向项目领导层汇报，所有重要问题都应有书面材料。

(2) 日常沟通机制。每周提交项目状态报告。实施项目组成员于每周书面列示完成任务、存在问题及下周计划并提交给实施项目组。项目经理以项目进度报告的形式每周向实施项目组成员通报项目实施的进展情况、已经开展的工作和需要进一步解决的问题，达到项目实施小组信息、资源的共享，使得整个实施项目小组成员及时了解项目的整体状况，同时根据项目主计划及项目整体进展，讨论并制订下周工作计划。

(3) 项目例会制度。项目例会每一到两周举行一次，由客户方的项目领导、各相关部门的相关领导及项目实施咨询顾问参加，其根本作用在于协调解决实施过程中出现的各种问题，保证项目的顺利推进。同时应对所有的项目会议与专题讨论会议等写出会议纪要，对会议做出的各项决定或讨论的结果进行文档记录、整理，并分发给与会者和有关的项目实施人员。

(4) 专项讨论。针对某一专题组织会议进行沟通。在ERP项目实施过程中，根据项目进程开展业务调研、业务分析、问题处理、解决方案讨论等专题会议，以便对项目执行过程中出现的各种问题进行沟通并制定解决方案。与项目例会类似，专项讨论会议也应对会议做出的各项决定或讨论的结果进行文档记录、整理，并分发给与会者和有关的项目实施人员。

(5) 里程碑节点绩效报告。根据项目进程，向项目干系人提供有关资源如何利用来完成项目目标的信息。绩效报告一般应提供关于范围、进度计划、成本和质量的信息。一般在项目里程碑节点进行项目绩效报告的沟通。

(6) 除以上沟通机制外，ERP项目实施过程中还可以采用备忘录、电子邮件等其他方式随时进行项目信息沟通并存档。

五、项目风险管理

风险管理是项目管理最关键的管理内容。实施ERP的风险管理可以分为4个步骤：识别风险、衡量风险、风险监控与管理、风险处理。

识别风险主要的工作是确定可能影响项目实施的风险并记录风险的特征。需要注意的是：风险识别是贯穿整个项目实施的全过程的，而不仅仅是项目的开始阶段；可能的风险包括各种内部因素和外部因素；在识别风险的同时，需要辩证地分析其负面效应(即风险带来的威胁)和正面效应(即潜在的机会)。识别风险的重要工作之一是定义风险发生的标志，即以何标准判定风险已经发生。例如，ERP实施中经常遇到一个风险是企业管理人员对项目的投入不足，但如何界定这一风险的发生还需要确定该项风险发生的标志。

衡量风险主要是对识别的风险进行评估，确定风险与风险之间的相互作用以及风险发生时所带来的一系列后果，并根据风险的影响程度以及风险发生的概率来确定风险的重要性和处理风险的优先次序。衡量风险可以采用风险评估矩阵的分析工具来确定风险的重要级别。按照风险发生的概率高低以及风险带来的影响大小，将风险划分为4类：发生概率高对项目危害大的风险、发生概率高但对项目危害小的风险、发生概率小但一旦发生对项目危害大的风险，以及发生概率和危害性都较小的风险。

风险监控与管理是风险控制中最为直接，也是最为关键的一个步骤。在风险管理过程中，需要对风险的正面效应(即潜在的机会)制定增强措施，对风险的负面效应(即可能的危害)制定风险应对措施。对于不同的风险，需要根据其重要性、影响大小以及已经确定的处理优先次序，采取不同的关注度，对于风险发生概率高和危害大的风险应密切跟踪，采取积极的措施并加以控制，对负面风险的反应可以是尽量避免、努力减小或设法接受。另外，在处理风险时需要注意"及时性"——即在第一时间对各种突发的风险做出判断并采取措施；以及"反复性"——即对已经发生或已经得到控制的风险需要经常进行回顾，确保风险能够得到稳定、长期的控制。

最终，一旦发生风险，还需要项目管理团队对风险进行及时、妥善的处理，采取合理的措施应对风险的发生，采取重新对项目进行计划、增加投入等手段以尽可能小的成本使风险给项目带来的损失最小化。

第五节 业务流程重组

企业管理现代化是现代管理思想、现代化组织管理方法和手段的结合体。ERP这种反映现代管理思想的软件系统的实施，必然要求有相应的管理组织和方法与之相适应。因此，ERP与业务流程重组的结合是必然趋势。业务流程重组涉及的内容多范围大，不仅包括管理流程的重组，还包括工作流、生产和服务提供流程的设计和重组。有很多专门的著作对业务流程重组进行了详细的介绍，本节主要针对ERP实施过程中必要的业务流程重组的相关内容进行介绍，而不涉及企业商业模式、业务策略的变更等重大业务流程重组。

一、业务流程重组的概念

业务流程重组(Business Process Reengineering，BPR)的概念，最早在1990年由美国MIT的Hammer教授首先提出。此后，BPR作为一种新的管理思想，迅速风靡整个美国和其他工业化国家。根据Hammer与CSC Index的首席执行官James Champy的定义，"业务流程重组就是对企业的业务流程(Process)进行根本性(Fundamental)的再思考和彻底性(Radical)的再设计，从而获得在成本、质量、服务和速度等方面业绩的戏剧性(Dramatic)改善"，使得企业能最大限度地适应以"顾客、竞争和变化"为特征的现代企业经营环境。

业务流程是指进行一项或多项投入，以创造出顾客所认同的、有价值的、产出的一系列特定活动的集合。

企业的作业流程包括以下几个方面。

(1) 核心作业流程：为完成产品或服务提供而进行的作业活动，包括识别顾客需求、满足顾客需求、接受订单、评估信用、设计产品、采购物料、制作加工、包装发运、账务处理、产品维修等。

(2) 支持作业流程：为支持与保障核心流程的执行而进行的作业活动，包括设施设备采购维护流程，人员招聘、培训、管理流程，后勤服务流程，资金管理流程等。

(3) 管理活动：包括计划、组织、用人、协调、监控、预算和汇报，以确保作业流程以最小成本及时准确地运行。

二、业务流程重组的类型

根据业务流程范围和重组特征，可将BPR分为以下3类。

（一）功能内的 BPR

功能内的BPR通常是指对职能内部的流程进行重组。很多企业经过多年的经营，各职能管理机构重叠，中间层次多，而这些中间管理层一般只执行一些非创造性的统计、汇总、填表等工作，计算机完全可以取代这些业务而将中间层取消，使每项职能从头至尾只有一个职能机构管理，做到机构不重叠、业务不重复。

例如，实施ERP后，物资管理可以由分层管理改为集中管理，取消分厂、车间等二级仓库，财务核算系统将原始数据输入计算机，全部核算工作由计算机完成，变多级核算为一级核算等。采用集中管理往往可以实现职能机构扁平化，做到集中决策、统一经营，增强了企业的应变能力。

（二）功能间的 BPR

功能间的BPR是指在企业范围内，跨越多个职能部门边界的业务流程重组。功能间的BRP旨在以客户为中心，打破部门之间的界限，以提高效率和服务水平为目标，灵活、并行处理业务以满足顾客需求。

近年来，很多企业根据市场环境的变化和自身的条件，将原有的多层级职能组织重组为项目型或矩阵型组织，以提高各专业技术人员的协作效率和工作质量。这就是一种最为常见的功能间BPR的应用。

例如，北京第一机床厂进行的新产品开发业务流程重组，便以开发某一新产品为目标，组织集设计、工艺、生产、供应、检验人员为一体的项目组，打破部门界限，实行项目团队管理，并将设计、工艺、生产制造原本串行的作业并行交叉进行，大幅度地缩短了新产品的开发周期。

（三）组织间的 BPR

组织间的BPR是指发生在两个以上企业之间的业务重组，通过企业间的功能转移或业务渗透，提高整个供应链的运作效率和服务水平。

组织间BRP的目标在于减少供应链上的不增值环节，减少因信息不对称或信息失真而造成的过量生产或过量库存的发生，从而实现整个供应链业务流程的无缝连接，进而在不增加不必要成本的前提下，提高整个供应链对市场需求的响应速度。

相对于功能内的BPR与功能间的BPR，实现组织间的BPR更为困难。除了需要与供应链上的上下游企业建立长期合作的伙伴关系，还需要站在共赢的立场上设计对双方都有效的激励机制。由于供应链上企业间的重组往往涉及不同地址之间企业的业务连接，因此必须要借助完善的信息系统来帮助企业实现企业间业务流程的无缝连接。当然，在实施企业间的业务流程重组之前，往往要求企业内部各职能部门之间已经实现了其业务的集成管理。

例如，通用汽车公司(GM)与SATURN轿车配件供应商之间的购销协作关系就是组织间BPR的典型例子。GM公司采用共享数据库、EDI等信息技术，将公司的经营活动与配件供应商的经营活动连接起来。配件供应商通过GM的数据库了解其生产进度，拟订自己的生产计划、采购计划和发货计划，同时通过计算机将发货信息传给GM公司。GM的收货员在扫描条形码确认收到货物的同时，通过EDI自动向供应商付款。这样，使GM与其零部件供应商的运转像一个公司似的，实现了对整个供应链的有效管理，缩短了生产周期、销售周期和订货周期，减少了非生产性成本，简化了工作流程。

由以上3种类型的业务流程重组可以看出，各种重组过程都需要数据库、计算机网络等信息技术的支持。对于ERP项目实施过程中的业务流程重组来说，更多地集中在企业内部功能内和功能间的流程重组，当然ERP的实施往往也为企业间流程重组奠定了基础。

需要注意的是，由于ERP系统实施本身带有相当的复杂性，而且ERP实施往往需要相对稳定的业务模式和组织模式。因此，不建议将组织间的BPR和ERP的实施同时进行。ERP的业务流程重组不是全盘否定和推翻企业现有的业务流程，而是在有信息系统支撑的前提下，优化现有组织和流程的过程。

三、业务流程重组的核心理念

业务流程重组是对现行业务运行方式的再思考和再设计，其最基本的流程设计与重组理念包括以下几个方面。

（一）面向企业流程，追求全局最优，而非局部最优

在传统管理模式下，劳动分工使各部门具有特定的职能，同一时间只能由一个部门完成某项业务的一部分。而业务流程重组重在打破传统职能层级的界限，注重流程的效率和质量而非部门工作的最优和效率。

（二）面向顾客，追求顾客满意最大化

业务流程重组诞生在美国，而不是日本，是有其必然性的。长期以来，美国企业以技术为推动力，忽视了顾客的核心地位，故难以适应瞬息万变的市场环境。回顾历史，第二次世界大战后美国在世界经济格局中举足轻重，长期缺乏竞争对手，使之将大量精力投入学院式基础研究中，走上了一条技术推动型道路。而日本则相反，科研为生产服务，因此到了20世纪80年代，日本的竞争力已经大大加强，并在机械、钢铁、汽车、化工等美国传统优势行业显示出明显的比较优势。

日本的成功在于更专注地关注顾客及其需求。其对现代经济社会市场需求的特点把握得非常准确。随着工业经济的发展，顾客的选择范围扩大，期望值也随之提高，如何满足客户需求，解决"个性化程度提高"和"交货期缩短"之间的矛盾，已成为企业在市场上获得竞争优势的核心问题。业务流程重组正是强调以客户为中心，而不是以利润为中心的管理理念，以客户为中心设计产品的品种、质量、款式、交货期、价格、办事程序、售后服务内容及程序。

（三）面向 IT 技术的合理运用

20世纪90年代以来，从全球范围看，随着国际互联网(Internet)、企业内部网(Intranet)和电子商务(Electronic Business)的飞速发展，信息技术正广泛而深入地介入我们的生活，改变着我们的生活方式和思维模式，信息技术带来的效率提升、便利性、质量改善、快速响应都是有目共睹的。任何业务流程重组如果忽略IT技术的影响都很难有大的作为，这是技术对于管理的强大推动力。

因此，多数成功的业务流程重组都借助于IT技术的合理应用。如果说BPR是一种化学反应，那么IT就是催化剂，离开了它，反应虽可进行，但却难以达到理想的结果。ERP的实施正是IT技术在企业管理领域应用的一项重要工程，因此，BPR应面向IT技术的合理应用，这一点对于ERP实施过程中的BPR显得尤其重要。

四、ERP 实施过程中业务流程重组的着眼点

ERP实施过程中的业务流程重组与独立开展的业务流程重组活动是有区别的，往往在ERP实施过程中的项目时间、资源和成本约束也不允许进行大规模的业务流程重组。在ERP实施过程中的业务流程重组应从哪些方面着手，主要从以下几个方面来进行考量。

（一）选择适当的流程进行重组

ERP实施过程中的流程重组应选择ERP系统应用的核心流程进行重组，并且应当选择其中通过利用ERP系统优势可能尽快获得收益(包括工作效率和工作质量两个方面)的关键流程作为重组对象，从而使企业尽早地看到流程重组和ERP应用的成果，在企业中营造乐观、积极参与变革的气氛，减少人们的恐惧心理，以促进BPR思想和ERP系统在企业中的顺利应用。

（二）充分发挥每个人在整体流程中的作用

在大多数企业中，执行者、监控者和决策者是严格分开的。这是基于一种传统的假设，即认为一线业务执行者既没有时间也没有意愿去监控流程，同时他们也没有足够的知识和眼界去做出决策。这种假设就构成了整个金字塔式管理结构的基础。但随着ERP的实施应用，ERP系统可以提供足够的信息，系统的业务执行人员的经验和能力足以支持他们做出必要的决策。这就为充分发挥每个人的作用，以达成管理组织扁平化和提高业务流程效率提供了可能性。

在ERP系统的支持下，让执行者有工作上所需的决策权，可消除信息传输过程中的延时和误差，并对执行者有激励作用，同时也为压缩管理层次和实现扁平组织提供了技术支持。这是ERP系统应用的特点，也是ERP实施过程中业务流程重组的一项基本原则。因此，在ERP系统实施过程中的业务流程重组，重点内容之一是去除流程中冗余的审核环节，让执行工作者有更多的决策权。

（三）减少不必要的人工信息处理环节

过去大部分企业都建立了这样一些部门，它们的工作仅仅是收集和处理其他部门产生的信息。例如，某大型集团企业供应公司有一个部门叫作审核科，其主要工作是收集各二级单位相关数据(通常以报表形式提交)并根据这些数据编制供应公司的各种月度、季度及年度报表，其中有些报表还需要进一步报送给集团公司。

实施ERP后对这项管理业务流程进行了重组，将信息处理工作纳入产生这些信息的实际工作中去。伴随着IT的运用和员工素质的提高，信息处理工作完全可以由低层组织的员工自己完成，从而减少企业流程中的数据收集环节和信息处理环节，简化流程，提高效率。

福特公司进行的采购付款的流程重组就是个很好的例子。在旧流程中，验收部门虽然产生了关于货物到达的信息，但却无权处理它，而需将验收报告交至应付款部门。在新流程下，由于福特公司利用了新的计算机系统，改变了业务数据处理的权限分配，实现了信息的收集、存储和分享，使得验收部门自己就能够独立完成产生信息和处理信息的任务，极大地提高了流程效率，使得精简75%员工的目标成为可能。

（四）利用 IT 技术解决集权和分权的矛盾

集权和分权的矛盾是长期困扰企业的问题。集权的优势在于规模效益，而缺点是缺乏灵活性。分权，即将人、设备、资金等资源分散开来，能够满足更大范围的服务，但却随之带来人员冗余、官僚主义和丧失规模效益的后果。利用ERP工具，可以使得企业更好地在集权和分权之间取得平衡。

举个例子来说明，某食品连锁集团旗下有多个分公司，其中包括4个加工厂和数十个分公司，分布于全国各大中城市。由于各分公司采购的物料及销售的产品都大致相同，集团一直都有集中采购获取规模效益以及通过统一原料确保产品质量的想法，但由于地理位置相距较远很难实现。在开始ERP实施后，企业通过业务流程重组，借助数据库、远程通信网络及ERP系统功能，实现集团掌控合格分供方、采购总合同价格确定、采购数量等质量和成本控制的关键点，而将每次订货、送货、检验、入库及结算的环节交由分公司在统一的ERP采购系统中完成，集团可以随时查询分公司业务。这样的重组既实现了企业规模采购的经济性，又通过合格分供方避免了二级单位随意采购对产品质量带来的风险，而二级单位也在日常业务处理中保持了自身必要的灵活性和独立性。

（五）变革信息采集方式，从信息来源地一次性获取信息

在信息难以传递的时代，人们往往会重复采集信息。但是，由于不同人、不同部门和组织对于信息有各自的要求和格式，不可避免地造成企业业务延迟、输入错误和额外费用。使用ERP后，一方面系统要求数据来源是唯一的，另一方面数据库的共享和数据组织方式多样化也为变革信息采集方式提供了可能。

在ERP实施过程中必然需要对有些数据和信息的采集规范及流程进行统一和改革，这常常是ERP实施过程中必要的流程重组内容。

（六）组织应依流程定，而不是流程依组织定

既然伴随ERP的实施，企业不可避免地要进行一些业务流程的重组，那么也必然会带来一些组织的重组。

ERP实施过程中的组织重构应侧重于岗位及职能的调整，而不适合做大的组织机构重新设计。

┃ 思考习题 ┃

1. 简述ERP系统规划的基本工作内容。

2. 试分析为什么在ERP软件选型时，既要关注对企业的现状适应性，还要关注ERP软件产品中蕴含的优秀管理实践对企业的借鉴性。

3. ERP软件选型大致可以分为哪5个阶段？每个阶段的工作内容分别是什么？

4. 制订ERP项目实施计划一般包括哪些主要步骤？

5. 试分析蓝图设计阶段的主要工作目标，并描述其包含的工作任务。

6. 根据项目管理协会(PMI)的定义，项目管理知识体系包含9个知识领域，其分别是哪9个知识领域？

7. 项目沟通管理贯穿项目整个生命周期，试列举3种以上ERP项目实施过程中经常采用的沟通机制。

8. 业务流程重组的分类有哪些？举例说明在ERP项目实施过程中，企业如何利用ERP系统和业务流程重组的思想进行流程的优化和改进。

第十二章

金蝶云星空 ERP 案例实验

金蝶旗下的多款云服务产品获得标杆企业的青睐，包括金蝶云·苍穹(可组装企业级PaaS平台)、金蝶云·星瀚(大型企业EBC)、金蝶云·星空(成长型企业EBC)、金蝶云·星辰(小型企业SaaS管理云)等，已为世界范围内超过740万家企业、政府等组织提供数字化管理解决方案。

金蝶云星空系统，是一款云时代下诞生的新型ERP产品。在功能层面上，把握住了当下中国制造企业的特性与需求，兼容多语言、多会计准则、多税制；支持多组织、多工厂应用，是一款助力企业集团化发展的产品；针对中国企业组织结构、考核体系变化快的特性，能够动态构建核算与考核体系。

在软件运行模式下，金蝶云星空颠覆传统ERP的服务模式，免安装客户端，纯Web应用，更支持移动互联下的智能终端应用，用户可以在任何时间、任何地点进行管理运作，突破企业管理的办公室局限和8小时工作时间局限。同时对用户而言，这是一款完全社交化的ERP产品，用户可以一边向供应商订货，一边与同事、领导、供应商在线协调，工作首先从做朋友开始。此外，这还是一款基于角色与业务的全流程驱动产品，对普通用户而言，以后不再是自己找工作，而是"工作找人"。

第一节　系统管理

特别说明：本次课程的案例时间都发生在当前年份的下一年1月里，例如，当前年份为2022年，则案例时间为2023年1月。课程中提及的"×年"指的是当前年份的下一年，也就是2023年，希望同学们在录入数据时注意日期不要录错。

案例中所指的"学号"为学生实际学号的后三位，本实验以学号后三位为"001"为例。

一、金蝶云星空产品体系结构

金蝶云星空系统包括：计划管理、生产管理、采购管理、销售管理、库存管理、财务管理等模块，如图12-1所示。

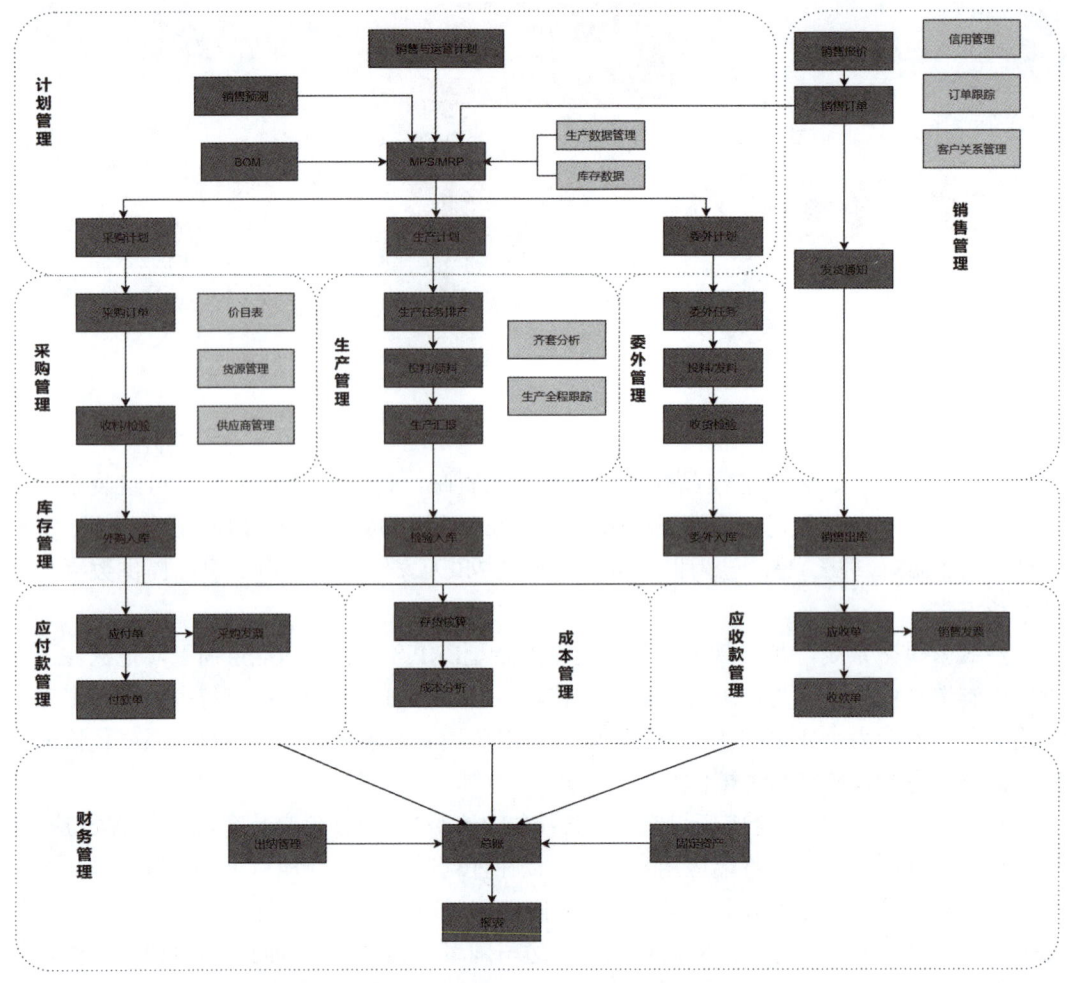

图12-1　金蝶云星空整体架构图

金蝶云星空系统功能涉及总账管理、资产管理、成本管理、报表管理、采购管理、销售管理、库存管理、存货核算、质量管理、生产数据管理、计划管理、生产管理和车间管理等功能模块，具体功能见表12-1。

表12-1　金蝶云星空系统功能

业务	功能描述
总账管理	提供以凭证处理为核心的财务核算系统，在凭证录入的基础上，自动生成各种分析账表，帮助企业减少重复工作，提高数据准确性、适时性和共享性
资产管理	提供以固定资产卡片为核心的全面的资产管理，根据资产的不同折旧方法，自动计提折旧，并形成各种资产分析管理报表，帮助企业强化资源有效控制，防范减值风险
成本管理	提供全面的工业企业成本核算及管理系统，围绕"费用对象化"的基本成本理念，与相关模块集成，通过费用归集、费用分配、成本计算实现实际成本处理的业务流程；在此基础上，建立成本预测、成本控制、成本分析和考核体系，帮助企业实现全面、科学的成本管理

（续表）

业务	功能描述
报表管理	提供统一的报表平台，通过报表平台建立统一规范的财务报告体系，帮助企业及时、真实、准确、快速地收集下属公司的各种管理报表并进行合并处理，同时通过报表平台提供多种财务业务分析数据，帮助企业分析决策
采购管理	提供从采购申请、订单、收货/入库、退货到付款的业务管理功能，支持供应商、价格、批号等多种采购业务处理，帮助企业实现采购业务全过程的物流、资金流和信息流的有效管理和控制
销售管理	提供从订单、发货/出库、退货、发票到收款的业务管理功能，支持信用赊销、价格、折扣、促销等多种销售业务处理，帮助企业实现销售业务全过程的物流、资金流和信息流的有效管理和控制
库存管理	提供入/出库业务、仓存调拨、库存调整、虚仓等业务管理功能，支持批次、物料对应、盘点、即时库存校对等管理功能，帮助企业建立规范的仓存作业流程，提高仓存运作效率
存货核算	提供多种存货核算计算方式，结合总仓与分仓核算、凭证模板灵活设置等业务管理功能，可以帮助企业准确核算存货的出入库成本和库存金额余额，实时提供库存业务的财务成本信息
质量管理	提供采购检验、工序检验、委外工序检验、产品检验、委外加工入库检验、发货检验、退货检验等质量管理功能，帮助企业提高质量管理效率与生产效率
生产数据管理	通过 BOM 的有效期管理、工程变更管理、工艺路线的管理、结合工序替代处理、成本模拟、物料替代等，帮助企业建立完整生产基础数据管理规范
计划管理	提供支持多种生产方式的主生产计划和物料需求计划，结合粗细能力计划、生产预测管理、可按计划人员及物料范围设定的计划策略，以及替代物料策略，制订合理的生产计划，使企业生产安排更高效合理
生产管理	提供从生产任务、投料与领料、生产检验与汇报，到产品入库、任务单结案等业务的全过程监督与控制，结合模拟发料、领料和入库数量控制等，协助企业有效掌握各项制造活动信息
车间管理	提供车间工序排产及产品加工任务的确定、分派、执行和流转等功能，结合计时计件，配置产品、联副产品与等级品的处理，帮助企业减少车间在制品，提升管理效益

二、实验目的

1. 认知金蝶 ERP 产品——金蝶云星空，熟悉相关界面和功能。
2. 理解系统管理在整个系统中的作用和重要性。
3. 掌握金蝶云星空系统中有关如何创建组织机构、创建用户等基本信息的内容。
4. 了解账套与数据中心的关系以及用户权限与角色之间的关系。

三、实验要求

认真阅读教材配套的 Word、PPT 及操作视频，理解指导老师现场讲解的内容，按照教材进行上机操作，完成实验任务，对金蝶云星空产品有所认知与理解，并撰写相应实验报告。

1. 选择账套并进入系统。

2. 搭建组织机构、维护组织机构的会计核算体系。

3. 增加用户并设置用户权限。

四、实验内容

1. 理解金蝶云星空产品构成、相关概念，包括账套、账号、组织机构等。

2. 掌握搭建组织机构，了解组织机构相关概念。

3. 学会如何维护公司的会计核算体系。

4. 掌握如何创建用户，进行角色的授权。

五、实验准备

1. 理解金蝶云星空软件的功能。

2. 确认已正确安装金蝶云星空软件。金蝶云星空软件安装成功后会有金蝶云星空管理中心和金蝶云星空登录网页。

金蝶云星空管理中心是数据中心的管理平台，负责维护数据中心，具有创建、恢复、备份、删除数据中心等功能。数据中心是业务数据的载体，在数据中心可以进行各种业务操作。

六、实验练习

实验一　搭建组织机构

(一) 应用场景

蓝海机械有限公司是一家新成立的高新技术企业，主营轴承的研发、生产与销售。蓝海机械有限公司分为销售、计划、生产、仓存、采购、财务六大环节部门，企业组织架构如图12-2所示。

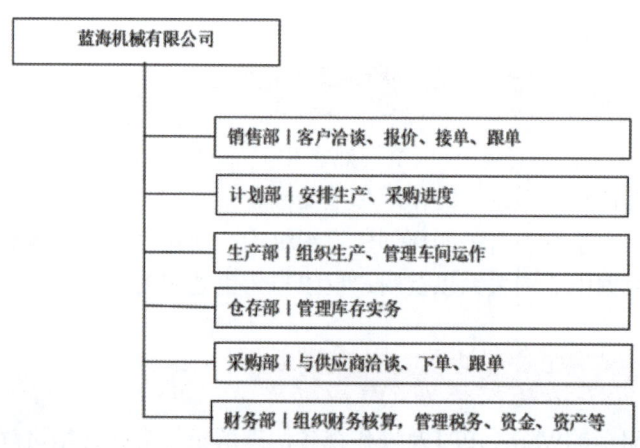

图12-2　企业组织架构图

（二）实验步骤

1．搭建组织机构。

2．维护会计核算体系。

（三）实验前准备

使用教师提供的数据中心。

（四）操作人员

系统管理员，登录账号：administrator，密码：888888。

（五）实验数据要求

注意：为了方便老师教学和学生操作，案例中"学号"指的是学生学号的最后三位数字。
为了隔离每个学生的实验数据，实验过程中需按照"蓝海机械有限公司+每个学生的学号"
来建立每个学生后续实验要用的组织机构。如某学生的学号为2022881001，则组织机构的
编码为001，名称为"蓝海机械有限公司001"。

组织机构信息见表12-2，本实验以学号后三位为"001"为例。

表12-2　组织机构

编码	名称	形态	核算组织	业务组织
学号	蓝海机械有限公司＋学号	公司	法人	销售职能、采购职能、库存职能、工厂职能、质检职能、结算职能、资产职能、资金职能、收付职能、营销职能、服务职能、共享中心、研发职能

（六）实验具体步骤

1．搭建组织机构

打开浏览器，输入金蝶云星空网址，打开金蝶云星空登录界面，如图12-3所示。选择
数据中心(由教师提供)，用户名：administrator，默认密码：888888，单击【登录】按钮，
进入金蝶云星空系统管理界面。

图12-3　金蝶云星空登录页面

登录成功后，单击右上角的所有功能，打开功能菜单，如图12-4所示。在功能菜单中，执行【系统管理】→【组织机构】→【组织机构】→【组织机构】命令，进入组织机构查询页面。

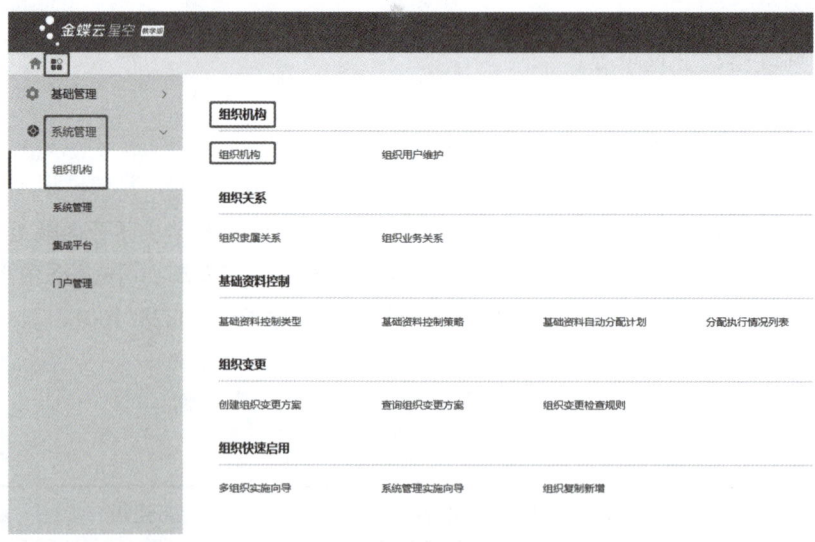

图12-4　金蝶云星空功能菜单页面

在组织机构页面上单击左上角的【新增】按钮，进入组织机构新增页面，根据表12-2填写信息，如图12-5所示。完成后，依次单击【保存】【提交】和【审核】按钮。

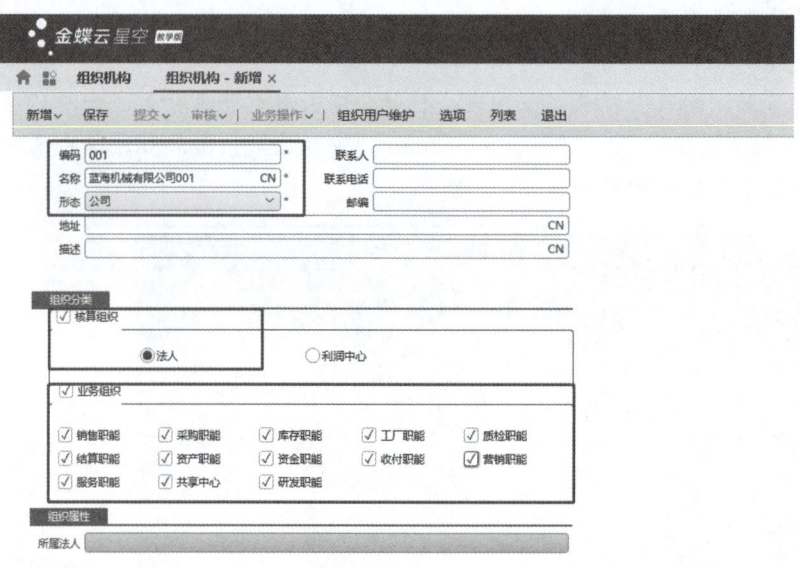

图12-5　组织机构新增页面

2. 维护会计核算体系

系统管理员创建好组织机构后，执行【基础管理】→【基础资料】→【财务会计】→【会计核算体系】命令，在会计核算体系页面，单击系统默认单据编码"KJHSTX01_SYS"，

进入会计核算体系修改页面，在【核算组织】页签下，单击【新增行】，在【核算组织】
选择自己创建的组织机构，【适用会计政策】【默认会计政策】均为"中国准则会计政策"；
【下级组织】页签下的【下级组织】也是选择自己创建的组织机构，录入正确的信息后，
单击【保存】按钮即可，如图12-6所示。

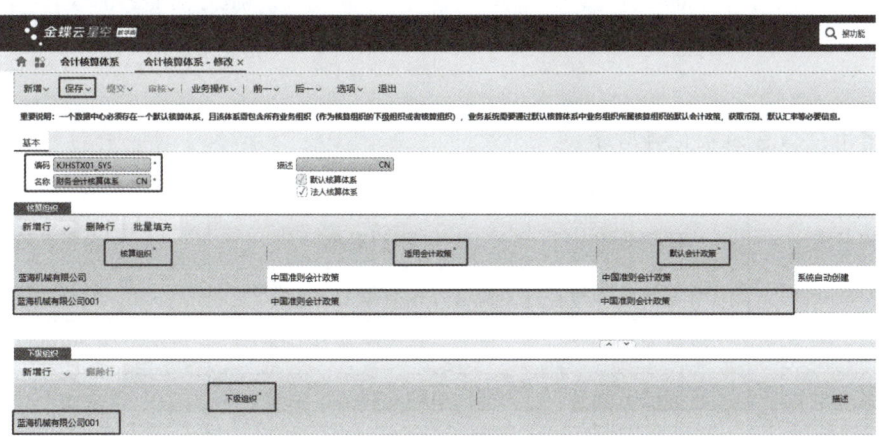

图12-6　会计核算体系的维护

实验二　用户权限管理

(一) 应用场景

蓝海机械有限公司下设有财务部、销售部、采购部、生产部、仓存部等，每个部门的
人员使用系统进行业务处理的功能权限不同，每个岗位的功能权限也不同。

(二) 实验步骤

1. 创建用户组。

2. 创建用户。

(三) 实验前准备

先调查、统计每个系统使用人员的业务操作范围，并明确功能、业务等的操作权限。

(四) 操作人员

系统管理员，登录账号：administrator，密码：888888。

(五) 实验数据要求

新增用户组信息如表12-3所示。

表12-3　用户组

编码	名称
学号.01	财务部＋学号
学号.02	销售部＋学号
学号.03	生产部＋学号
学号.04	计划部＋学号

（续表）

编码	名称
学号.05	采购部＋学号
学号.06	仓存部＋学号
学号.07	信息系统部＋学号

新增用户信息如表12-4所示。

表12-4　用户信息表

用户名称	部门分组	组织名称	角色名称
王涛＋学号	财务部＋学号	蓝海机械有限公司＋学号	财务经理
李欣然＋学号	财务部＋学号	蓝海机械有限公司＋学号	出纳
张彬彬＋学号	财务部＋学号	蓝海机械有限公司＋学号	成本会计
吴小美＋学号	财务部＋学号	蓝海机械有限公司＋学号	总账会计
肖观海＋学号	财务部＋学号	蓝海机械有限公司＋学号	应收会计
肖奈＋学号	财务部＋学号	蓝海机械有限公司＋学号	应付会计
张天天＋学号	财务部＋学号	蓝海机械有限公司＋学号	资金专员、费用管理专员、资产会计
孙北＋学号	销售部＋学号	蓝海机械有限公司＋学号	销售员
李倩＋学号	销售部＋学号	蓝海机械有限公司＋学号	销售主管
郭敏＋学号	生产部＋学号	蓝海机械有限公司＋学号	生产调度员、车间调度员、车间统计员、质检员
高子裕＋学号	生产部＋学号	蓝海机械有限公司＋学号	生产主管、车间主管
苏娟＋学号	计划部＋学号	蓝海机械有限公司＋学号	计划主管
林妙妙＋学号	采购部＋学号	蓝海机械有限公司＋学号	采购员
肖飞飞＋学号	采购部＋学号	蓝海机械有限公司＋学号	采购主管
李佳＋学号	仓存部＋学号	蓝海机械有限公司＋学号	仓管员
季成＋学号	仓存部＋学号	蓝海机械有限公司＋学号	仓库主管
信息管理员＋学号	信息系统部＋学号	蓝海机械有限公司＋学号	全功能角色

（六）实验具体步骤

1. 创建用户组

登录用户为系统管理员：administrator，默认密码：888888，登录金蝶云星空系统后，打开功能菜单，执行【系统管理】→【系统管理】→【用户管理】→【查询用户】命令，如图 12-7 所示。

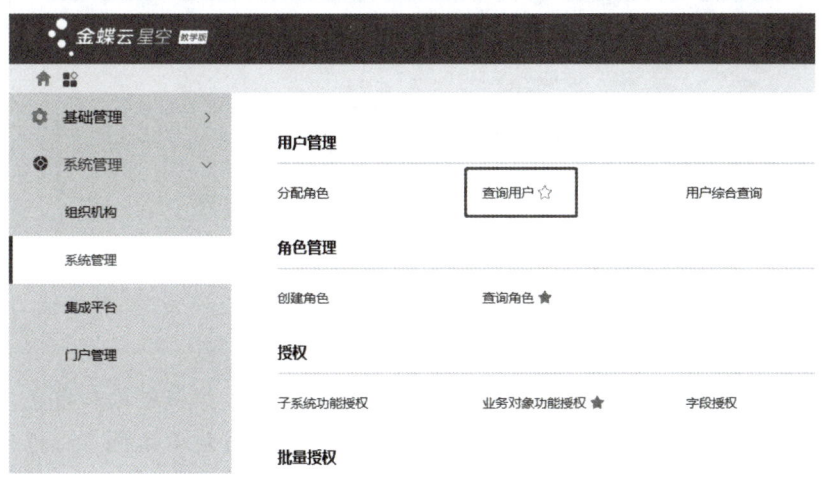

图12-7　金蝶云星空功能菜单页面

在查询用户界面，根据实验数据表12-3的信息，本步骤以学号为"001"为例，完成用户分组的创建，单击【新增分组】按钮，填写用户分组的编码和名称后，再单击【保存】按钮即可，如图12-8所示。

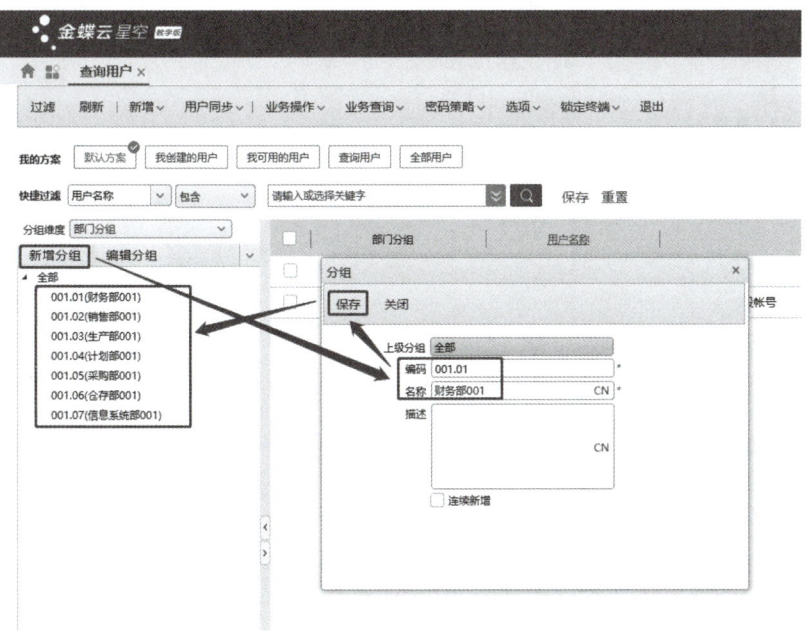

图12-8　新增分组页面

2.创建用户

在查询用户页面，根据实验数据表12-4的信息新增用户，在查询用户页面上单击左上角的【新增】按钮，如图12-9所示。

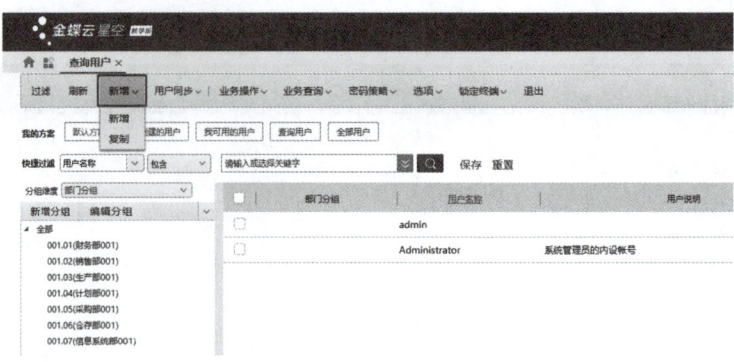

图12-9　新增用户页面1

在用户新增页面输入用户名称，选择对应的部门分组、组织机构和角色，部门分组和组织机构可以通过搜索关键字进行检索，角色则可以通过搜索角色名称进行检索，如图12-10和图12-11所示。

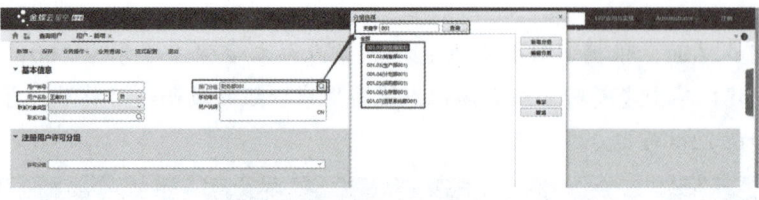

图12-10　新增用户页面2

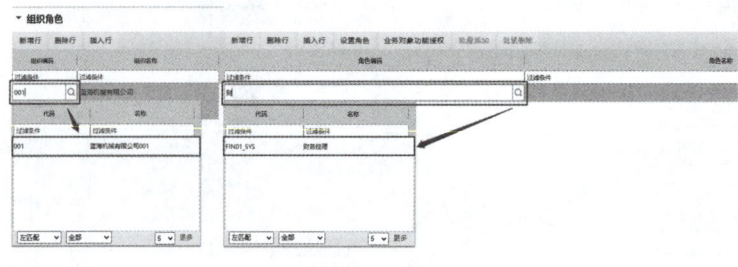

图12-11　新增用户页面3

如果用户有多种角色，可以单击【新增行】按钮进行增加，信息录入完毕后单击【保存】按钮即可，如图12-12所示。

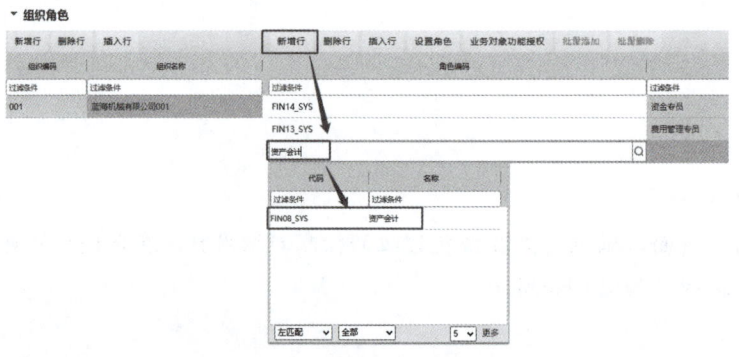

图12-12　用户信息录入页面

注意：用户名称即为登录金蝶云星空系统的用户名(也可以理解为账号)，密码默认都为"888888"，首次登录金蝶云星空系统时会提示需要修改密码。

若忘记密码，可以用"administrator"登录金蝶云星空系统，打开功能菜单，执行【系统管理】→【系统管理】→【用户管理】→【查询用户】命令，对用户进行重置密码，如图 12-13 所示。

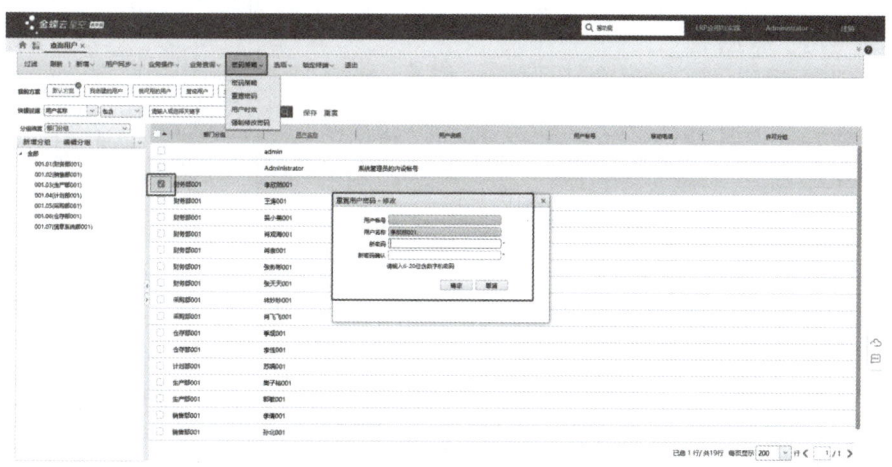

图 12-13　重置密码

七、实验报告要求

1. 交上机报告，要求每位同学以"学号+姓名+班级"的形式提交实验电子版，并上交实验报告书。

2. 实验报告提交要点：

(1) 金蝶 ERP 软件的主要模块及其组织架构体系；

(2) 简单介绍如何新增组织机构、维护组织机构的会计核算体系和新增用户；

(3) 简单介绍组织机构的业务组织功能，用户的权限由哪几部分构成？

第二节　库存管理

一、系统概述

库存管理是企业的基础和核心，支撑企业销售、采购、生产业务的有效运作。库存管理在物料日常出入库控制、保证生产的正常进行方面发挥着重要的作用，同时将库存控制在合理水平，为企业提供了准确的库存信息，为企业快速响应市场变化、满足市场需求、提高企业竞争力提供了有力保证。

库存管理的主要业务包括仓库管理、日常物料的流转业务、库存控制 3 大部分。库存管理系统是通过入库业务、出库业务、调拨、组装拆卸、库存调整等功能，结合批号保质期管理、库存盘点、即时库存管理等功能综合运用的管理系统，对仓存业务的物流和成本管理全过程进行有效控制和跟踪，实现完善的企业仓储信息管理。

金蝶云星空库存管理系统整体流程图如图12-14所示。

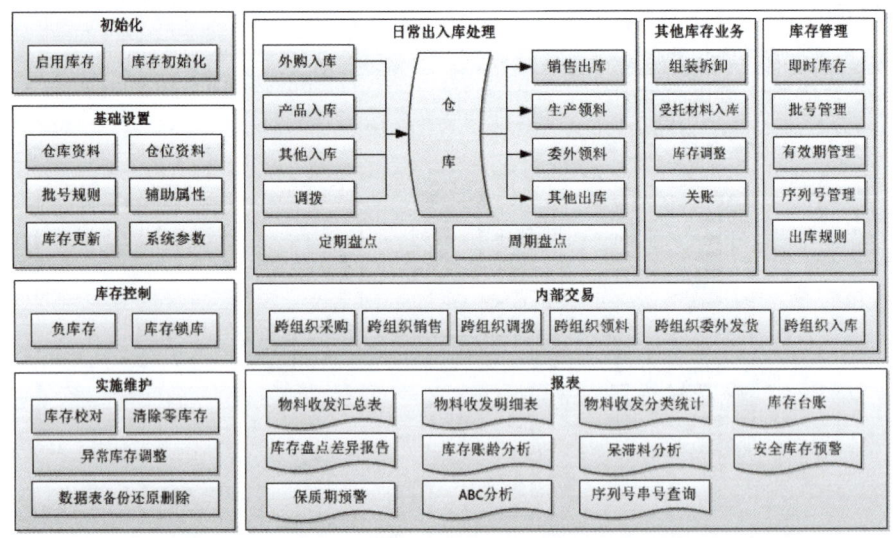

图12-14　库存管理系统整体流程图

二、实验目的

1. 理解金蝶云星空库存管理模块、采购管理模块、销售管理模块及生产管理模块之间的业务关系。

2. 掌握库存管理的日常出入库业务流程。

3. 掌握库存盘点业务。

三、实验要求

认真阅读实验教材配套的Word、PPT及操作视频，按照实验教材进行上机操作，完成实验内容，对金蝶云星空库存管理模块有一定的认知与理解，并撰写相应实验报告。

1. 理解库存管理模块。

2. 熟悉库存管理模块和功能应用。

3. 完成出入库业务实操和库存盘点业务实操。

四、实验内容

1. 采购入库业务流程。

2. 领料业务流程。

3. 产品入库业务流程。

4. 销售出库业务流程。

5. 盘点业务流程。

五、实验练习

实验一 采购入库业务流程

(一) 应用场景

仓存部根据采购订单、供应商的送货单和质检员的检验单，将物料运入原材料仓库，并填制采购入库单。

(二) 实验步骤

1. 手工增加采购入库单。

2. 由采购订单生成采购入库单。

3. 审核采购入库单。

(三) 操作部门及人员

采购业务由公司采购部采购经理负责，用户名：肖飞飞+学号。

库存管理由公司仓存部负责，仓管员用户名：李佳+学号，仓管经理用户名：季成+学号。用户默认登录密码都为888888。

(四) 实验数据要求

采购入库单(手工)新增信息如表12-5所示。

表12-5 采购入库单(手工)新增信息

入库日期	供应商	物料名称	实收数量	仓库	仓管员	采购员
×/1/4	雅俊实业	轴承钢 D=45	300	原材料仓库	李佳＋学号	林妙妙＋学号
×/1/5	天利公司	滚珠	500	原材料仓库	李佳＋学号	林妙妙＋学号

仓存部根据采购订单将物料运入原材料仓库，并填制采购入库单。采购订单信息如表12-6所示，采购入库单信息如表12-7所示。

表12-6 采购订单信息

采购日期	物料名称	交货日期	税率	采购数量	含税单价	供应商	采购员
×/1/5	轴承钢 D=40	×/1/8	13%	100	20	明瑞五金	肖飞飞＋学号

表12-7 采购入库单信息

入库日期	物料名称	实收数量	仓管员	供应商	采购员
×/1/8	轴承钢 D=40	100	李佳＋学号	明瑞五金	肖飞飞＋学号

(五) 实验具体步骤

1. 手工增加采购入库单

蓝海机械有限公司仓管员"李佳+学号"登录金蝶云星空系统，打开功能菜单，执行【供应链】→【库存管理】→【采购出入库】→【采购入库单】命令，打开采购入库单新增页面。根据实验数据表12-5的内容新增供应商为"雅俊实业"的采购入库单，在【基本信息】页签下，修改入库日期为"×/1/4"，设置供应商为"雅俊实业"，选择仓管员为"李佳+学号"，采购员为"林妙妙+学号"，在【明细信息】页签下，在物料编码中选择物料名称为"轴承钢D=45"，设置其实收数量为"300"，仓库为"原材料仓库"，填写完成后，核对信息，确认无误后依次单击【保存】【提交】按钮，如图12-15所示。

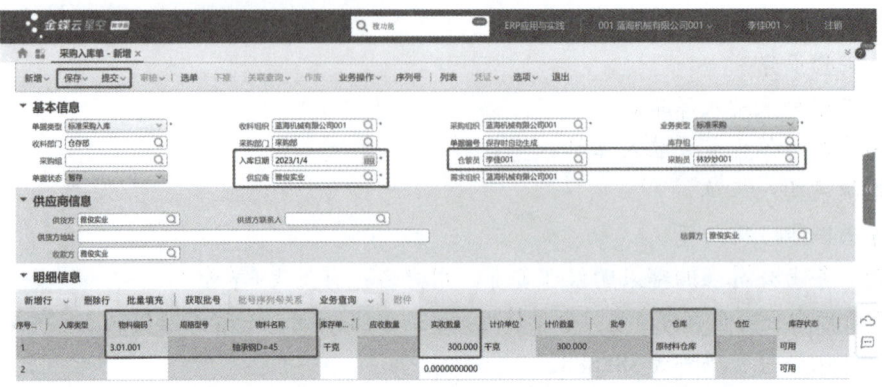

图12-15　采购入库单(手工)新增页面1

继续根据实验数据表12-5的内容新增供应商为"天利公司"的采购入库单，填写完成后，核对信息，确认无误后依次单击【保存】【提交】按钮，如图12-16所示。

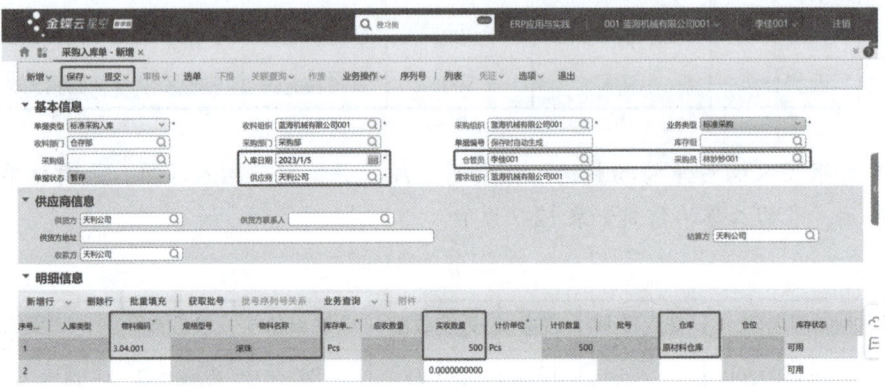

图12-16　采购入库单(手工)新增页面2

2. 由采购订单生成采购入库单

采购经理"肖飞飞+学号"登录金蝶云星空系统，打开功能菜单，执行【供应链】→【采购管理】→【订单处理】→【采购订单】命令，打开采购订单新增页面。根据实验数据表12-6的内容输入信息，在【基本信息】页签下，设置供应商为"明瑞五金"，采购员为"肖飞飞+学号"，修改采购日期为"×/1/5"，在【明细信息】页签下，在物料编码中选择物料名称为"轴承钢D=40"，设置采购数量为"100"，修改交货日期为"×/1/8"，设置含税单价为"20"，"税率%"为"13"，如图12-17所示，填写完成后，依次单击【保存】【提交】【审核】按钮。

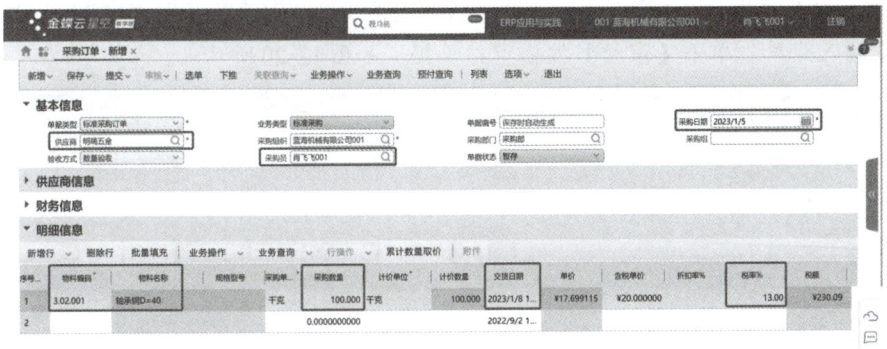

图12-17　采购订单新增页面

切换仓管员"李佳+学号"登录金蝶云星空系统，打开功能菜单，执行【供应链】→【库存管理】→【采购出入库】→【采购入库单】命令，进入订单新增页面，单击工具栏中的【选单】按钮，选择"采购订单"，勾选采购经理"肖飞飞+学号"刚刚新增的采购订单，单击页面工具栏中的【返回数据】按钮，如图12-18所示。

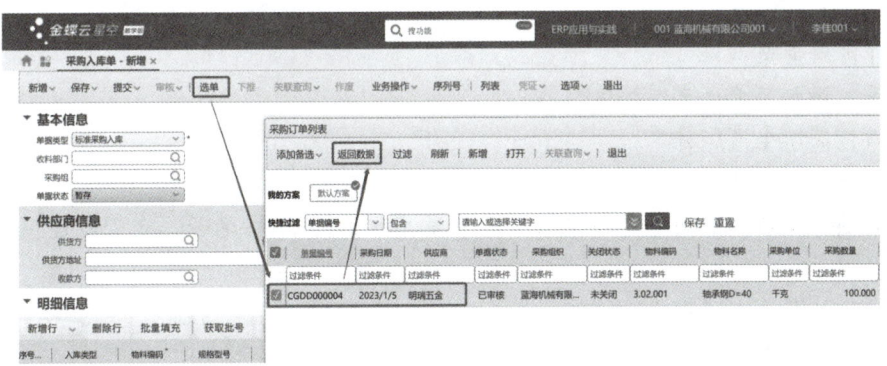

图12-18　采购入库单选取采购订单页面

修改入库日期为"×/1/8"，选择仓管员"李佳+学号"，根据实验数据表12-7核对其他信息，如图12-19所示，确认无误后依次单击【保存】【提交】按钮。

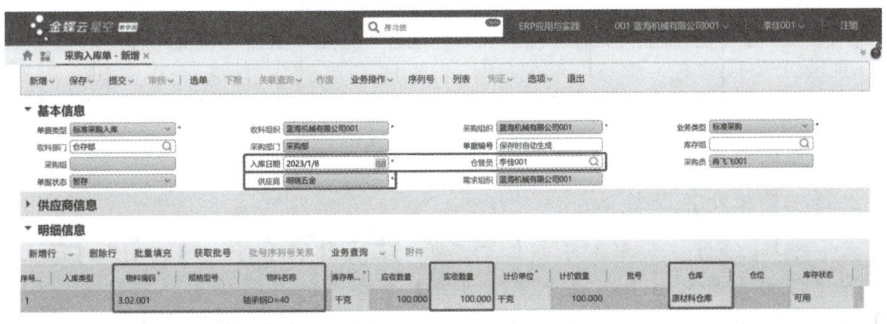

图12-19　采购入库单页面

3. 审核采购入库单

切换仓管经理"季成+学号"登录金蝶云星空系统，打开功能菜单，执行【供应链】→【库存管理】→【采购出入库】→【采购入库单列表】命令，进入查询采购入库单列表页面，勾选仓管员"李佳+学号"之前提交的入库日期分别为"×/1/8""×/1/5""×/1/4"的3张采购入库单，单击【审核】按钮审核单据，如图12-20所示。

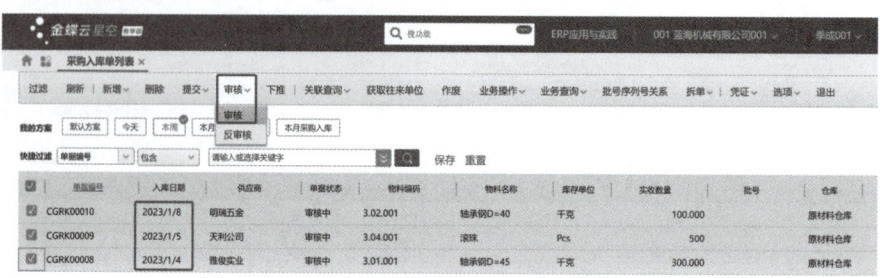

图12-20　审核采购入库单

实验二　领料业务流程

(一) 应用场景

蓝海机械有限公司仓存部仓管员根据生产部的领料需求分拣物料，编制领料单，进行发料。

(二) 实验步骤

1. 手工增加简单生产领料单。

2. 审核简单生产领料单。

(三) 操作部门及人员

领料业务流程由公司仓存部负责，仓管员用户名：李佳+学号，仓管经理用户名：季成+学号。

用户默认登录密码都为888888。

(四) 实验数据要求

简单生产领料单(手工)新增信息如表12-8所示。

表12-8　简单生产领料单(手工)新增信息

日期	领料人	仓管员	生产车间	物料编码	物料名称	申请数量	仓库
×/1/11	郭敏＋学号	李佳＋学号	装配车间	3.01.学号	轴承钢 D=45	15	原材料仓库
×/1/11	郭敏＋学号	李佳＋学号	装配车间	3.04.学号	滚珠	100	原材料仓库

(五) 实验具体步骤

1. 手工增加简单生产领料单

仓管员"李佳+学号"登录金蝶云星空系统，打开功能菜单，执行【生产制造】→【生产管理】→【简单生产】→【简单生产领料单】命令，打开简单生产领料单新增页面。根据实验数据表12-8的内容新增物料名称为"轴承钢D=45"的简单生产领料单，在【基本信息】页签，修改日期为"×/1/11"，设置仓管员为"李佳+学号"，领料人为"郭敏+学号"，生产车间为"装配车间"，在【明细】页签下，选择物料编码中物料名称为"轴承钢D=45"，设置申请数量为"15"，仓库为"原材料仓库"，核对信息，确定无误后依次单击【保存】【提交】按钮，如图12-21所示。

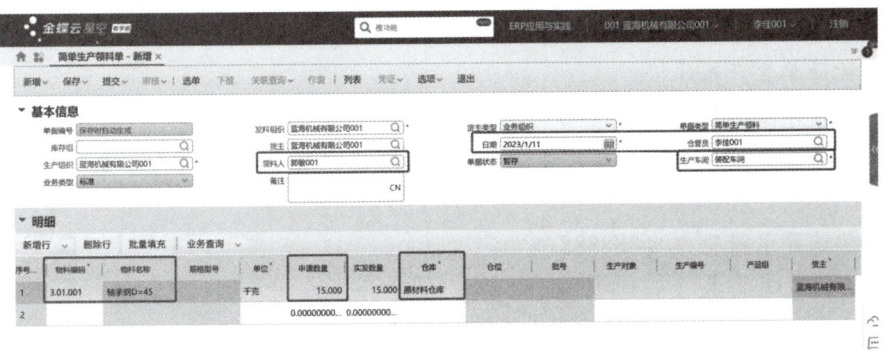

图12-21　简单生产领料单新增1

继续根据实验数据表12-8的内容新增物料名称为"滚珠"的简单生产领料单，填写完成后，核对信息，确认无误后依次单击【保存】【提交】按钮，如图12-22所示。

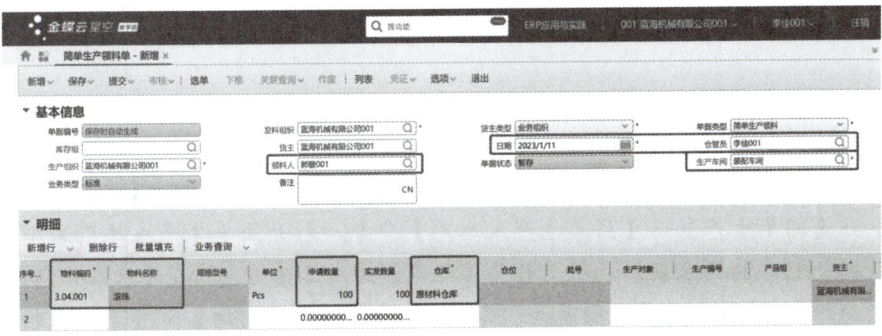

图12-22　简单生产领料单新增2

2. 审核简单生产领料单

切换仓管经理"季成+学号"登录金蝶云星空系统，打开功能菜单，执行【生产制造】→【生产管理】→【简单生产】→【简单生产领料单列表】命令，进入查询简单生产领料单列表页面，勾选仓管员之前提交的简单生产领料单，单击【审核】按钮审核单据，如图12-23所示。

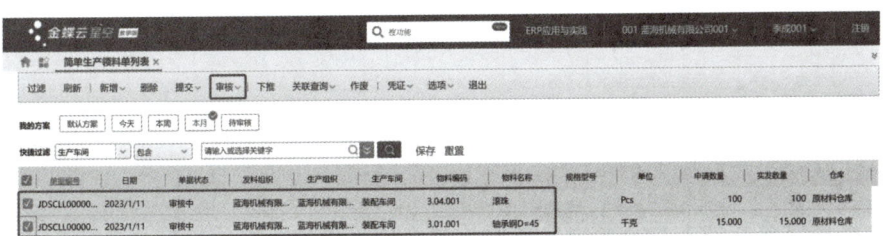

图12-23　简单生产领料单审核

实验三　产品入库业务流程

(一) 应用场景

仓管员对生产部门生产完工的产成品进行入库处理，编制简单生产入库单。

(二) 实验步骤

1. 手工增加简单生产入库单。

2. 审核简单生产入库单。

(三) 操作部门及人员

产品入库业务流程由公司仓存部负责，仓管员用户名：李佳+学号，仓管经理用户名：季成+学号。

用户默认登录密码都为888888。

(四) 实验数据要求

简单生产入库单(手工)新增信息如表12-9所示。

表12-9　简单生产入库单(手工)新增信息

日期	物料编码	物料名称	应收数量	仓库	仓管员	生产车间
X/1/6	2.01.学号	外圈	300	半成品仓	李佳+学号	机加车间
X/1/6	1.01.学号	轴承	50	成品仓	李佳+学号	装配车间

(五) 实验具体步骤

1. 手工增加简单生产入库单

仓管员"李佳+学号"登录金蝶云星空系统，打开功能菜单，执行【生产制造】→【生产管理】→【简单生产】→【简单生产入库单】命令，打开简单生产入库单新增页面。根据实验数据表12-9的内容新增物料名称为"外圈"的入库单信息，在【基本信息】页签下，修改日期为"×/1/6"，设置仓管员为"李佳+学号"；在【明细】页签下，在物料编码中选择物料名称为"外圈"，应收数量为"300"，仓库为"半成品仓"，生产车间为"机加车间"，填写完成后，依次单击【保存】【提交】按钮，如图12-24所示。

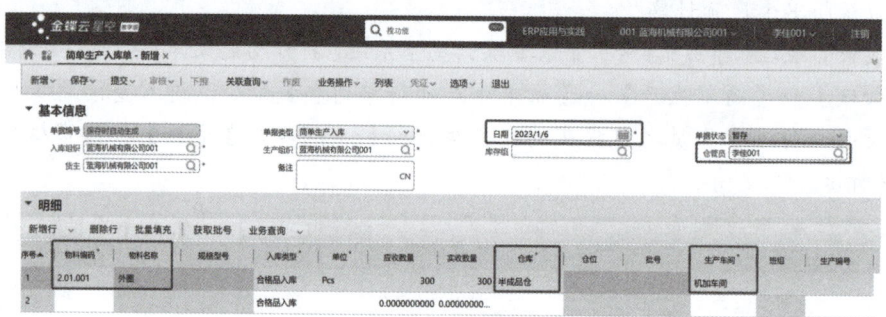

图12-24　简单生产入库单新增1

继续根据实验数据表12-9的内容新增物料名称为"轴承"的简单生产入库单，填写完成后，核对信息，确认无误后依次单击【保存】【提交】按钮，如图12-25所示。

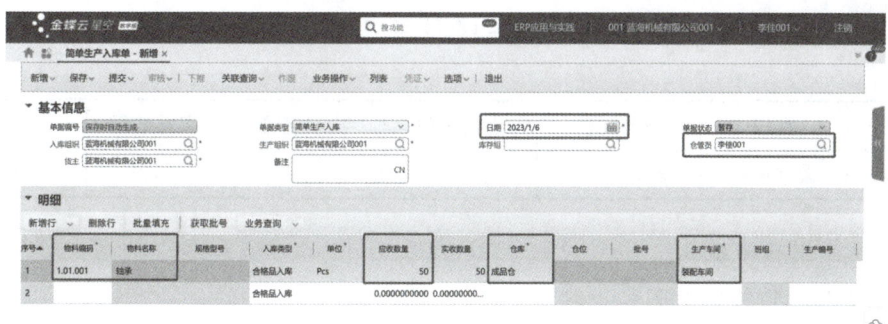

图12-25　简单生产入库单新增2

2. 审核简单生产入库单

切换仓管经理"季成+学号"登录金蝶云星空系统，打开功能菜单，执行【生产制造】→【生产管理】→【简单生产】→【简单生产入库单列表】命令，进入查询简单生产入库单列表页面，勾选仓管员"李佳+学号"之前提交的物料名称分别为"轴承"和"外圈"的两张简单生产入库单，单击【审核】按钮审核单据，如图12-26所示。

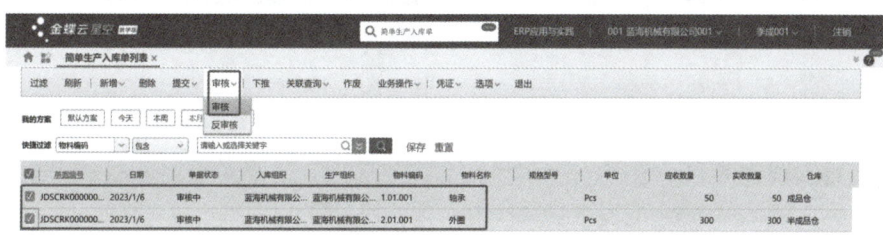

图12-26　审核简单生产入库单

实验四　销售出库业务流程

(一) 应用场景
仓存部根据销售订单将产品从成品仓发货，运出至客户处，并填制销售出库单。

(二) 实验步骤
1. 手工增加销售出库单。
2. 由销售订单生成销售出库单。
3. 审核销售出库单。

(三) 操作部门及人员
库存管理由公司仓存部负责，仓管员用户名：李佳+学号，仓管经理用户名：季成+学号。
用户默认登录密码都为888888。

(四) 实验数据要求
销售出库单(手工)新增信息如表12-10所示。

表 12-10　销售出库单(手工)新增信息

日期	客户	物料编码	物料名称	实发数量	仓库	仓管员
×/1/16	东方机械	1.01.学号	轴承	50	成品仓	李佳＋学号

销售订单生成销售出库单，信息如表12-11所示。

表12-11 销售订单生成销售出库单

日期	客户	仓管员	物料编码	物料名称	实发数量	仓库
×/1/26	大宇机械	李佳＋学号	1.01.学号	轴承	1000	成品仓

(五) 实验具体步骤

1. 手工增加销售出库单

仓管员"李佳+学号"登录金蝶云星空系统，打开功能菜单，执行【供应链】→【库存管理】→【销售出入库】→【销售出库单】命令，打开销售出库单新增页面。根据实验数据表12-10的内容新增单据信息，在【基本信息】页签下，修改日期为"×/1/16"，客户为"东方机械"，仓管员为"李佳+学号"；在【明细信息】页签下，在物料编码中选择物料名称为"轴承"，录入实发数量为"50"，仓库为"成品仓"，填写完成后，依次单击【保存】【提交】按钮，如图12-27所示。

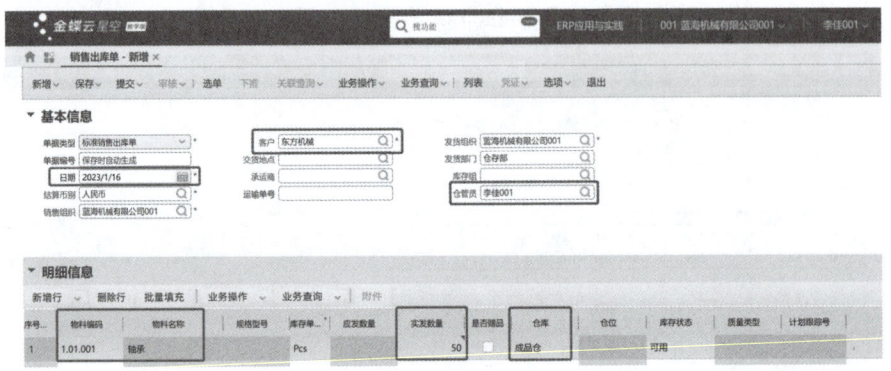

图12-27 新增销售出库单

2. 由销售订单生成销售出库单

仓管员"李佳+学号"登录金蝶云星空系统，打开功能菜单，执行【供应链】→【库存管理】→【销售出入库】→【销售出库单】命令，进入销售出库单新增页面，单击工具栏中的【选单】按钮，选择销售订单，单击【确定】按钮，进入销售订单列表界面，勾选销售轴承数量为1000个的销售订单，单击选单页面工具栏中的【返回数据】按钮返回单据相关信息，如图12-28所示。

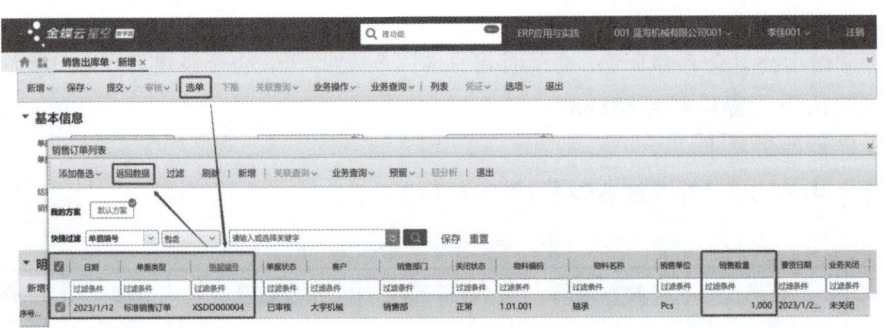

图12-28 选取销售订单

由销售订单生成销售出库单，根据实验数据表12-11的内容修改信息，在【基本信息】下修改日期为"×/1/26"，设置仓管员为"李佳+学号"，核对其他信息，确认无误后依次单击【保存】【提交】按钮，如图12-29所示。

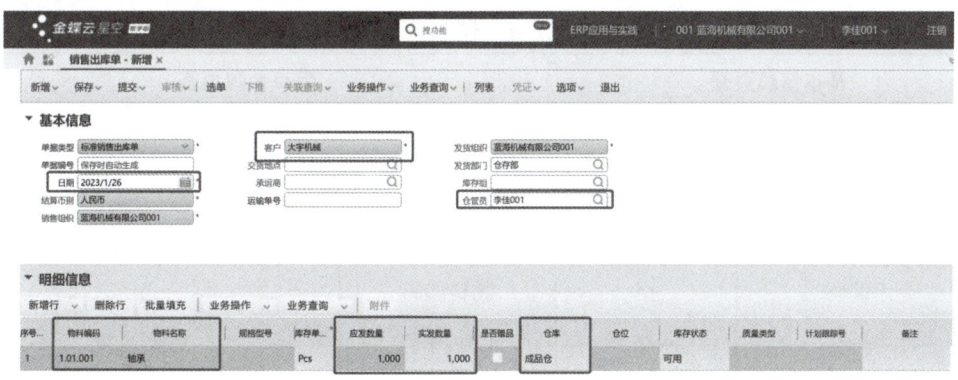

图12-29　由销售订单生成销售出库单

3. 审核销售出库单

切换仓管经理"季成+学号"登录金蝶云星空系统，打开功能菜单，执行【供应链】→【库存管理】→【销售出入库】→【销售出库单列表】命令，进入查询销售出库单列表页面，勾选仓管员之前提交的客户分别为"大宇机械""东方机械"的两张销售出库单，单击【审核】按钮审核单据，如图12-30所示。

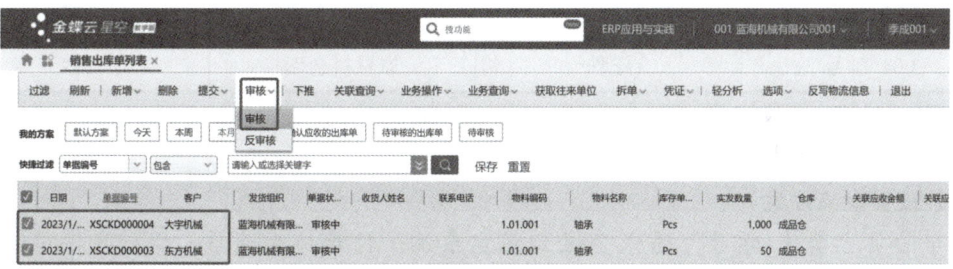

图12-30　审核销售出库单

实验五　盘点业务流程

(一) 应用场景

月末，仓存部对公司的所有仓库、所有物料进行盘点。

(二) 实验步骤

1. 设置盘点方案。

2. 录入盘点数据。

3. 生成盘盈盘亏。

(三) 操作部门及人员

盘点业务主要由公司仓存部负责，仓管员用户名：李佳+学号，仓管经理用户名：季成+学号。

用户默认登录密码都为888888。

（四）实验数据要求

盘点方案信息如表12-12所示。

表12-12　盘点方案信息

基本信息页签	盘点参数页签		
盘点方案名称	盘点参数		
蓝海机械有限公司＋学号＋盘点方案	截止日期：×/1/31		
盘点范围 _ 常规页签			
仓库编码	至	物料编码	至
1+学号	3+学号	1.01.学号	3.04.学号

盘点数据信息如表12-13所示。

表12-13　盘点数据信息

物料编码	物料名称	仓库	盘点数量
2.01.学号	外圈	半成品仓	290
3.01.学号	轴承钢 D=45	原材料仓库	276
3.02.学号	轴承钢 D=40	原材料仓库	102
3.04.学号	滚珠	原材料仓库	382

(五) 实验具体步骤

1. 设置盘点方案

仓管员"李佳+学号"登录金蝶云星空系统，打开功能菜单，执行【供应链】→【库存管理】→【定期盘点】→【盘点方案】命令，打开盘点方案新增页面。根据实验数据表12-12输入信息，在【基本信息】页签下设置盘点方案名称为"蓝海机械有限公司+学号+盘点方案"，在【盘点参数】页签下设置截止日期为"×/1/31"，在【盘点范围_常规】页签下设置仓库编码为"1+学号"至"3+学号"，设置物料编码为"1.01.学号"至"3.04.学号"，填写完成后，依次单击【保存】【提交】按钮，如图12-31所示。

切换仓管经理"季成+学号"登录金蝶云星空系统，打开功能菜单，执行【供应链】→【库存管理】→【定期盘点】→【盘点方案列表】命令，进入查询盘点方案列表页面，勾选仓管员"李佳+学号"之前提交的"蓝海机械有限公司+学号+盘点方案"，单击【审核】按钮审核此方案，如图12-32所示。

注意：

(1) 审核盘点方案之前需要检查库存管理是否已经结束初始化。

(2) 盘点方案审核系统会自动生成物料盘点作业；盘点方案反审核会删除物料盘点作业；一旦完成盘点(物料盘点作业审核)，则盘点方案会自动关闭。

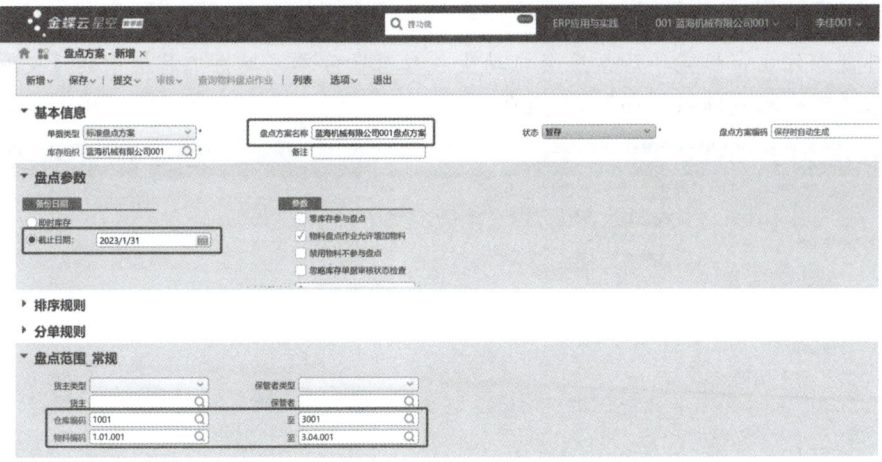

图 12-31　新增盘点方案

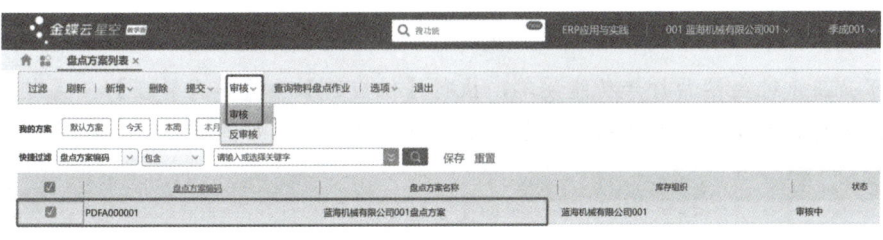

图 12-32　审核盘点方案

2. 录入盘点数据

仓存部根据系统自动生成的物料盘点表进行盘点。仓管经理"季成+学号"审核盘点方案完毕后，单击工具栏中的【查询物料盘点作业】按钮，可联查物料盘点作业。或者打开功能菜单，执行【供应链】→【库存管理】→【定期盘点】→【物料盘点作业列表】命令亦可。打开之前生成的盘点来源名称为"蓝海机械有限公司+学号+盘点方案"的物料盘点作业单，在【明细信息】页签下根据实验数据表 12-13 录入实际盘点数量，填写完成后依次单击【保存】【提交】【审核】按钮，如图 12-33 所示。

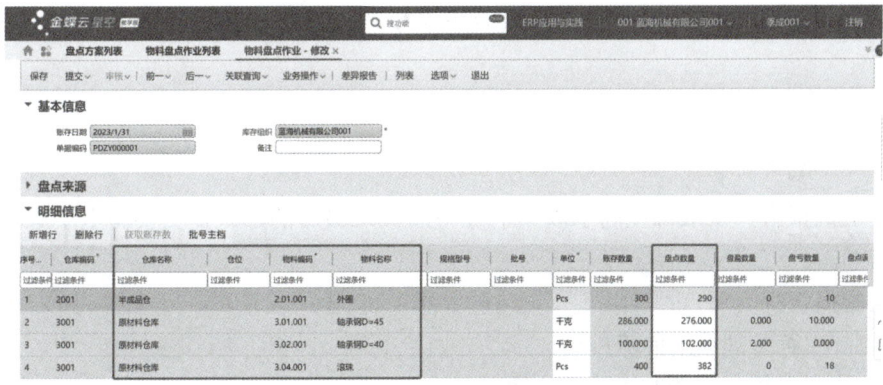

图 12-33　物料盘点作业页面

3. 生成盘盈盘亏

物料盘点作业审核完毕后系统会自动生成盘盈盘亏单，单击工具栏中的【关联查询】按钮可选择联查相应单据，如图12-34所示。

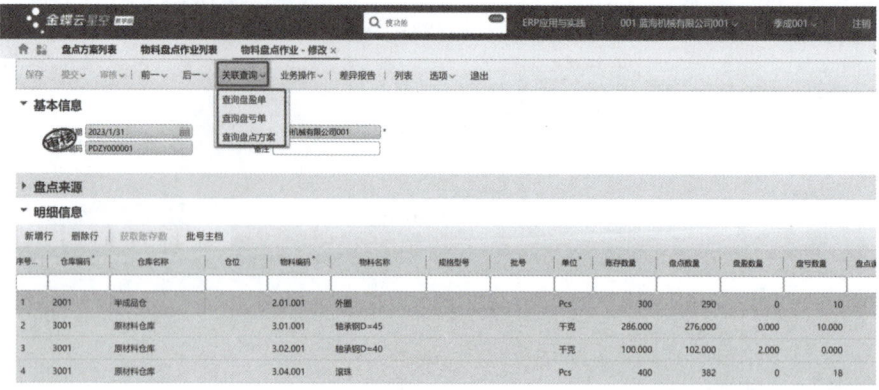

图12-34　联查盘盈盘亏单

还可以在系统主界面打开功能菜单，执行【供应链】→【库存管理】→【定期盘点】→【盘盈单列表】命令，找到相应的盘盈单后打开并查看，如图12-35所示。

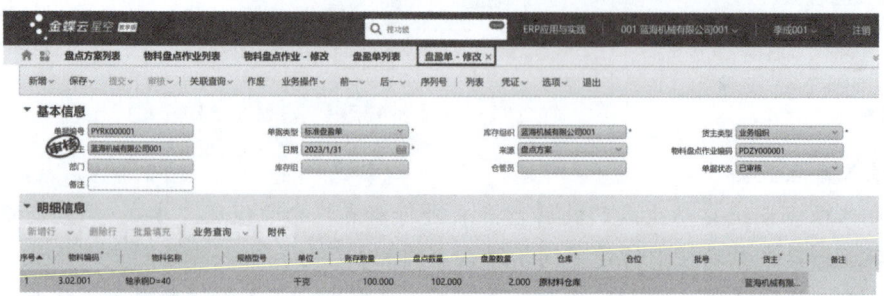

图12-35　查询盘盈单

注意：

(1) 由物料盘点作业生成的盘盈盘亏单自动审核，且不能反审核。

(2) 审核的盘盈盘亏单更新即时库存来调整账存，使得调整后的账存数量和实际库存数量一致。

六、实验报告要求

1. 交上机报告，要求每位同学以"学号+姓名+班级"的形式提交实验电子版，并上交实验报告书。

2. 实验报告提交要点：

(1) 绘制库存管理系统的流程图；

(2) 简述库存管理系统的主要子功能；

(3) 简单描述库存盘点的操作流程。

参考文献

[1] 陈庄. ERP原理与应用教程[M]. 2版. 北京：电子工业出版社，2009.

[2] 陈启申. ERP——从内部集成起步[M]. 2版. 北京：电子工业出版社，2005.

[3] 程国卿. MRPⅡ/ERP原理与应用[M]. 北京：清华大学出版社，2021.

[4] 郑荆陵，陈建松，黄铁梅. ERP供应链管理实务[M]. 北京：清华大学出版社，2019.

[5] 倪庆萍. ERP项目管理与实施[M]. 北京：人民邮电出版社，2021.

[6] 林翊. ERP综合实验教程[M]. 2版. 北京：经济科学出版社，2018.

[7] 吴迪. 企业资源规划(ERP)实训教程[M]. 大连：东软电子出版社，2021.

[8] 成明山，李锐，汪清海. ERP原理与应用[M]. 北京：人民邮电出版社，2021.

[9] 胡生夕，姜明霞. ERP供应链管理系统[M]. 大连：东北财经大学出版社，2019.

[10] 杜益虹，施郁文. ERP系统应用与实践[M]. 北京：北京理工大学出版社，2019.

[11] 陈光会. ERP原理与应用[M]. 西安：西北工业大学出版社，2009.

[12] 张瑞君. e时代财务管理——管理信息化理论与实践的探索[M]. 北京：中国人民大学出版社，2002.

[13] 汪国章，桂海进. ERP原理、实施与案例[M]. 北京：电子工业出版社，2003.

[14] 闪四清. ERP系统管理和实施[M]. 2版. 北京：清华大学出版社，2008.

[15] 周玉清，刘伯莹，周强. ERP原理与应用教程[M]. 北京：清华大学出版社，2010.

[16] 罗鸿. ERP原理·设计·实施[M]. 北京：电子工业出版社，2020.

[17] Wight O W. The Executive's Guide to Successful MRPⅡ.Oliver Wight Limited Publications, Inc.，1982.

[18] 杨晓雁，周艳军，傅永华. 供应链管理[M]. 上海：复旦大学出版社，2005.

[19] 马刚，李洪心. 客户关系管理[M]. 大连：东北财经大学出版社，2008.

[20] 陈光会，康虹. 企业流程设计与现代质量管理[M]. 西安：西北工业大学出版社，2009.

[21] 田俊国. ERP项目实施全攻略[M]. 北京：北京大学出版社，2007.

[22] 张云涛. 商业智能设计、部署与实现[M]. 北京：电子工业出版社，2004.

[23] 姬小利. ERP原理、应用与实践教程[M]. 上海：立信会计出版社，2009.